Studien und Materialien
zum Straf- und Maßregelvollzug

herausgegeben von
Friedrich Lösel, Gerhard Rehn und Michael Walter

Band 9

Justizvollzug & Pädagogik:
Tradition und Herausforderung

Bundesarbeitsgemeinschaft der Lehrer
im Justizvollzug (Hg.)

2. Auflage

Centaurus Verlag & Media UG 2001

Redaktion, Satz und Layout: Peter Bierschwale

Peter Bierschwale, Studienrat, Diplom-Pädagoge, ist Leiter der Pädagogischen Abteilung der Justizvollzugsanstalt Celle sowie 1. Vorsitzender
der Bundesarbeitsgemeinschaft der Lehrer im Justizvollzug. e.V.

Die Deutsche Bibliothek – CIP-Einheitsaufnahme

Bibliographische Information der Deutschen Bibliothek:
Die deutsche Bibliothek verzeichnet diese Publikation in der
Deutschen Nationalbibliographie; detaillierte bibliographische
Daten sind im Internet über http://dnb.ddb.de abrufbar.

ISBN 978-3-8255-0270-6   ISBN 978-3-86226-423-0 (eBook)
DOI 10.1007/978-3-86226-423-0

ISSN 0944-887X

© *CENTAURUS Verlags-Gmbh. & Co. KG, Herbolzheim 2001*

Inhalt

Vorwort

Das 1977 in Kraft getretene Strafvollzugsgesetz (StVollzG) spricht in seinem „Vollzugsziel" davon, daß der Gefangene während des Vollzuges der Freiheitsstrafe zu einem Leben in sozialer Verantwortung ohne Straftaten „*fähig*" werden solle. Der Justizvollzug hat daher zweifellos eine pädagogische Aufgabe. Nun hätte man ganz naiv erwarten können, daß die Pädagogik und die Pädagogen eine zentrale Rolle dabei spielen würden, die Ziele des Vollzuges zu realisieren.

Die mit der Einführung des StVollzG auch beabsichtigte „*Pädagogisierung*" *des Justizvollzuges* war - neben dem damaligen Zeitgeist - sicher auch den positiven Erfahrungen geschuldet, die man bis dahin im Bemühen gesammelt hatte, die Gefangenen zu „bessern", zu bilden oder, wie das neue Wort hieß: zu resozialisieren. Bei der Formulierung des Vollzugszieles war der Blick über die Grenzen in die europäischen Nachbarländer hilfreich gewesen. Aber es gab auch viele Fachleute, die der Vorstellung, man möge sich dem Gefangenen erzieherisch nähern, nahestanden.

Ermutigende Erfahrungen hatte insbesondere der „älteste Fachdienst" (Max Busch), nämlich die Vollzugslehrer, vorzuweisen: Seit Jahrhunderten hatten sie sich, wenn zunächst auch nur in geringer Zahl, bemüht, den in der Regel kaum gebildeten Gefangenen Grundkenntnisse zu vermitteln. 1958 durchbrachen die Lehrer dann in einem ersten Schritt ihre individuelle Isolation in den jeweiligen Anstalten und schlossen sich zur „*Arbeitsgemeinschaft der Oberlehrer in Justizvollzugsanstalten*" zusammen, gaben dann sogar eine eigene Zeitschrift heraus (die später in der Zeitschrift für Strafvollzug und Straffälligenhilfe aufging, deren Mitherausgeberin sie wurde). Vieles, was damals über die Resozialisierbarkeit von Gefangenen verbreitet wurde, war „Glaube und Hoffnung", Euphorie und Spekulation. Aber sie, die Lehrerinnen und Lehrer des Vollzuges, waren es, die in ihrer täglichen Arbeit ganz praktische Erfahrungen bei dem Versuch, Gefangene zu bilden, gesammelt und diese auch publik gemacht hatten.

Nach der Verabschiedung des StVollzG sah es zunächst gut aus für die Vollzugspädagogik: Eine Vielzahl von Publikationen, Handreichungen und ähnliches erschien, und eine große Anzahl von Lehrerinnen und Lehrern wurde eingestellt. Folgerichtig nahm auch die Zahl der Lehrgangsmaßnahmen zu.

Nachdem einige Jahre lang die Vollzugs-Pädagogik und die Lehrgangsmaßnahmen das Thema des Vollzuges waren, trat aus mehreren Gründen anderes in der Vordergrund: Der Personalbestand wurde insgesamt vergrößert, auch die übrigen Fachdienste, wie Sozialarbeiter und Psychologen, nahmen personell zu und entwickelten neue Projekte. Als dann noch die Worte von der Bedrohung der Gesellschaft durch die „Organisierte Kriminalität" und die „ausländischen Straftäter" stärkeres Gewicht bekamen und sich außerdem Ausbrüche aus Anstalten sowie Straftaten während Vollzugslockerungen zu mehren schienen, begannen die Politiker und die Justizministerien - nicht zuletzt auf Druck der Öffentlichkeit - damit, den Blick verstärkt darauf zu lenken, daß der Justizvollzug auch dem „Schutz der Allgemeinheit vor weiteren Straftaten" dienen solle, eine Formulierung, die sich im StVollzG direkt nach dem Ziel der „Befähigung" der Gefangenen findet. Nun waren statt des beschwerlichen Weges der Bildungsbemühungen „schnelle" Lösungen gefragt: Beschränkung der Vollzugslockerungen, Überwachungs- und Sicherungsanlagen und anderes Gerät.

Nachdem dies Ende der 80er und Anfang der 90er Jahre überhand zu nehmen schien, teilweise gar Ausmaße anzunehmen begann, die die Substanz des StVollzG zu tangieren drohten, bestand für die sog. „Behandler", also diejenigen, die besonders auf die positiven Beeinflussungsmöglichkeiten bei den Gefangenen setzen, die Notwendigkeit, sich stärker in die Auseinandersetzungen einzuschalten. So waren in der öffentlichen und in der fachlichen Diskussion die positiven Entwicklungen des Justizvollzuges zuweilen völlig aus dem Blick geraten, eben auch, daß das Bildungsangebot inzwischen d a s Behandlungsangebot des Vollzuges darstellte.

Auch die in der Bundesarbeitsgemeinschaft zusammengeschlossenen Lehrerinnen und Lehrer des Justizvollzuges beteiligten sich zum einen an den Diskussionen, berieten sich aber außerdem und formulierten ihr Berufsverständnis nach entsprechenden Vorarbeiten ab 1991 schließlich im Jahr 1995 neu. Das Ergebnis wurde nach einem entsprechenden Beschluß der Bundesarbeitstagung 1995 in Form einer Broschüre herausgegeben. Obwohl diese Broschüre eine Auflage von mehr als 1.000 Exemplaren hatte, war sie schon nach einigen Monaten vergriffen und es galt, sie neu aufzulegen.

An dieser Stelle sollen nicht die Schwierigkeiten verschwiegen werden, die – seit jeher - mit der Formulierung eines „Berufsbildes" verbunden waren und sind: Vollzug ist Ländersache und die Bedingungen sind in den Ländern naturgemäß nicht gleich. Aber auch in den verschiedenen Vollzugsarten sind die Anforderungen und die Möglichkeiten von Lehrern sehr unterschiedlich, vom offenen Vollzug über den Jugendvollzug bis hin zu Anstalten besonderen Sicherheitsgrades – um nur drei zu nennen. Die Kolleginnen und Kollegen haben die Ausbildung für ganz unterschiedliche Lehrämter durchlaufen, vom Berufsschullehrer über den Assessor des höheren Lehramtes bis hin zum Sonderschullehrer. Und sie finden ganz unterschiedliche Bedingungen und Möglichkeiten vor, ihre Vorstellungen zu entwickeln und diese zu verwirklichen: Der eine muß darum kämpfen, unter nahezu unmöglichen räumlichen und materiellen Bedingungen wenigstens Unterricht mit schulpflichtigen Jugendlichen machen zu „dürfen", der andere hat es gar zum Anstaltsleiter gebracht. Und dann kamen noch die Umwälzungen in den Neuen Bundesländern hinzu. Diese unterschiedlichen Faktoren haben bei der Größe und der inhaltlichen wie personellen Ausstattung des „Pädagogischen Dienstes", der „Schulabteilungen", der „Pädagogischen Abteilungen" - oder wie sie immer bezeichnet werden - zu einer deutlichen „Ungleichzeitigkeit des Seins" in den verschiedenen Bundesländern und den unterschiedlichen Vollzugsarten geführt.

Daß wir dennoch in der Lage waren, ein gemeinsames „Berufsbild" zu formulieren, ist unstrittig auch ein Ausdruck der Tatsache, daß der Umgang der Lehrerinnen und Lehrer des Vollzuges von einem hohen Maß an Kollegialität, Kompromißbereitschaft und Sachorientierung geprägt ist – und vielleicht auch davon, daß sich im Laufe der Zeit über die Bundesarbeitsgemeinschaft eine Vielzahl von kollegialen Freundschaften gebildet hat. Das macht eine ihrer Stärken aus und wird sicher auch in den nächsten Jahren die Bundesarbeitsgemeinschaft tragen.

Nun traf es sich, daß die BAG im Jahr 1998 ihr immerhin 40jähriges Bestehen feiern konnte und die Bundesarbeitstagung 1998 in Ludwigshafen entsprechend ausgerichtet war. Bei solchen Anlässen bietet es sich natürlich an, auch eine Bilanz zu ziehen, und es gibt in der BAG eine Tradition, dies auch in Form von Publikationen zu tun.[1]

Wir haben also zunächst die 1998 in Ludwigshafen gehaltenen Vorträge aufgenommen und diese dann um einige Beiträge ergänzt, die nach unserer Auffassung die Entwicklungen und Debatten der zurückliegenden Jahre charakterisieren. Dabei war es leider – wie stets bei solchen Vorhaben - wegen des zur Verfügung stehenden Raumes nötig, einige interessante Beiträge unberücksichtigt zu lassen. Darüber hinaus haben wir die Herausgabe der vorliegenden Schrift mit einer Neuauflage unserer Schrift „Lehrerinnen und Lehrer im Justizvollzug. Beschreibung eines pädagogischen Arbeitsfeldes" verbunden.

Wir hoffen, durch die unterschiedliche Provenienz und Diktion der Verfasser das Leseinteresse zu wecken. Andererseits fühlten wir uns natürlich auch verpflichtet, einem dokumentarischen Interesse zu dienen und die Entwicklungslinien zu hinterlegen und nachvollziehbar zu machen. Wir haben versucht, durch die Auswahl der Beiträge und deren Reihenfolge

- die Entwicklungen der Pädagogik des Justizvollzuges der letzten Jahrzehnte auch für Außenstehende nachvollziehbar zu machen,
- auch auf unser fachliches Umfeld einzugehen, insbesondere die wissenschaftliche Pädagogik und den Justizvollzug sowie
- den aktuellen Diskussions- und Entwicklungsstand zusammenzufassen.

Abschließend läßt sich sagen, daß durch die Verabschiedung des Strafvollzugsgesetzes und die nachfolgenden Entwicklungen die von den Vollzugslehrern „veranstaltete" Pädagogik sicher ein gutes Stück vorangekommen ist, wenngleich auch sicher nicht so, daß wir uns zufrieden geben könnten. Und es besteht angesichts der zu erwartenden Entwicklungen sicher keine Veranlassung, sich zurückzulehnen.

---

[1] Hinweise dazu finden sich im Beitrag vom Herbert Hilkenbach.

Auf der anderen Seite scheinen sich jedoch in der jüngsten Zeit die Dimensionen etwas verschoben zu haben:

Während die Berichterstattung insbesondere der Boulevard-Presse den Blick nach wie vor auf spektakuläre Straftaten der Organisierten Kriminalität und auf Sexualdelikte lenkt, haben Fachleute und Interessierte längst bemerkt, daß den eigentlich dramatischen Bereich der beachtliche Zuwachs an Kinder- und Jugendkriminalität bildet. Daß hier keine „Schnellschüsse" oder andere Einfachlösungen den Königsweg bilden werden und vorrangig die Pädagogik mit sinnvollen (!) Maßnahmen gefragt ist, werden auch diejenigen bedenken müssen, die üblicherweise andere Wege bevorzugen.

Aber trotz aller Bemühungen im Vorfeld der Straffälligenhilfe werden bei manchen Jugendlichen pädagogische Maßnahmen weiterhin erst *nach* einer Inhaftierung greifen können. Man mag das bedauern, aber ernstzunehmende Stimmen für die völlige Abschaffung der Strafverbüßung gibt es wohl nicht mehr.

Und auch im Bereich der erwachsenen Gefangenen zeigen die Biographien der Inhaftierten, daß die meisten von ihnen weder schulisch erfolgreich noch beruflich und gesellschaftlich integriert waren; die sich anschließenden Beiträge werden – auch – auf diese Fragen detaillierter eingehen.

Aber eines läßt sich prognostizieren: Den Pädagogen des Justizvollzuges wird es auch zukünftig an Arbeit und Nachfrage nicht mangeln und das Erfordernis, immer wieder neue pädagogische Ansätze zu entwickeln, wird sicher nicht abnehmen.

Dies dürfte nicht nur für unsere Rolle als *„Agenten der Bildung und Kultur"* gegenüber den Gefangenen gelten, sondern ebenso hinsichtlich unserer Aufgaben in der Beamtenaus- und fortbildung, des Einflusses auf die Gestaltung des Justizvollzuges insgesamt sowie der Öffentlichkeitsarbeit, in der die Vollzugslehrer häufig eine zentrale Rolle spielen.

Schließlich werden die Vollzugslehrer auch den Blick nach innen richten müssen, denn wir werden uns weiterhin fragen müssen, was uns für unsere vielfältigen Tätigkeiten motiviert und was uns qualifiziert bzw. wie wir unsere Qualifikationen auch zukünftig halten und verbessern können.

Die Bundesarbeitsgemeinschaft wird sicher bemüht sein, ihre Kompetenz und die aller ihrer Mitglieder nach Möglichkeit in die Waagschale zu werfen, aber es werden auch die Landesarbeitsgemeinschaften und die Landesjustizverwaltungen weiterhin gefordert sein; zukünftig vielleicht sogar „Europa" – wie immer es sich auch zu entwickeln vermag.

Eines jedoch scheint in den Jahrzehnten im Grundsatz fortzubestehen:

Die Vollzugspädagogik bleibt, was sie schon immer gewesen ist: eine Herausforderung an alle!

Wir danken allen Autoren und der Zeitschrift für Strafvollzug und Straffälligenhilfe (ZfStrVo) - vertreten durch Prof. Dr. Dr. Heinz Müller-Dietz - für ihre Bereitschaft zur Mithilfe und ihr Einverständnis, die Beiträge abzudrucken. Und schließlich haben wir den Herausgebern und dem Verlag für ihre Bereitschaft zu danken, unsere Schrift in ihrer Reihe herauszubringen.

Für den Vorstand der Bundesarbeitsgemeinschaft der Lehrer im Justizvollzug e. V.

Peter Bierschwale
1. Vorsitzender

Lehrjahre statt Leerjahre

Grußwort anläßlich der 41. Bundesarbeitstagung der Bundesarbeitsgemeinschaft der Lehrer im Justizvollzug am 18. Mai 1998 in Ludwigshafen

Peter Caesar

Ich freue mich, daß Sie Ihre diesjährige Bundesarbeitstagung in Rheinland-Pfalz durchführen. Das trifft sich gut. So haben wir am Verfassungstag des Landes Rheinland-Pfalz zusätzlich ein rundes Jubiläum zu feiern: Das 40-jährige Bestehen der Bundesarbeitsgemeinschaft der Lehrer im Justizvollzug. Dazu gratuliere ich Ihnen herzlich und wünsche der Bundesarbeitsgemeinschaft auch für die Zukunft ein erfolgreiches Arbeiten.

Obwohl: So ganz erfolgreich war ihre Arbeit ja nicht - jedenfalls wenn man sich an George Orwell hält. Der meinte vor etwas mehr als 40 Jahren über die Lehrer: „Der ist der beste Lehrer, der sich nach und nach überflüssig macht."

Daß aber ausgerechnet die Lehrer im Justizvollzug irgendwann überflüssig werden, halte ich für ausgeschlossen. Jedenfalls solange zum Vollzugskonzept auch die Bildung der Gefangenen gehört. Und daran wird sich so schnell nichts ändern - hoffe ich jedenfalls.

Die Aus- und Weiterbildung von Gefangenen im Strafvollzug hat sich über viele Jahrzehnte bewährt. Die Idee, aus Haftjahren Lehrjahre zu machen, ist schon sehr alt. Nur das Verständnis von pädagogischer Arbeit im Justizvollzug, die dahinterstehende Philosophie und vor allem die Methoden wurden immer wieder verändert.

Schon am Anfang des neuzeitlichen Strafvollzuges war man bemüht, auf die Gefangenen erzieherisch und bildend einzuwirken. Allerdings mit einem ganz anderen Schwerpunkt als heute. Damals stand die religiöse Erziehung im Vordergrund: Das Prinzip „ora et labora". Das Berufsbild des Lehrers war in dieser „Elementar-Schule" - oder besser „Volksschule im Gefängnis" - deutlich umschrieben.

Das änderte sich mit der Vollzugsordnung von 1961/62. Damals zog die Erwachsenenbildung verstärkt in den Justizvollzug ein. Die Aufgaben der Lehrer im Vollzug wurden komplexer. Es waren nicht mehr nur die Gefangenen individuell zu betreuen und fortzubilden.

Vielmehr mußten sie zusätzlich Verwaltungsgeschäfte übernehmen, oft verbunden mit allgemeiner Betreuungsarbeit. Diese zusätzlichen Funktionen wurden durch das Strafvollzugsgesetz von 1976 noch erweitert.

So sind Lehrerinnen und Lehrer heute etwa bei der Aufstellung und Fortschreibung des Vollzugsplanes gefragt oder bei der Freizeitgestaltung oder in der Verwaltung der Anstaltsbücherei. Das alles hat gewiß nicht unmittelbar etwas mit individueller Fortbildung der Gefangenen zu tun. Und das Berufsbild des Pädagogen im Justizvollzug ist unklarer denn je.

Aber all diese Aufgaben gehören zum pädagogischen Gesamtkonzept. Und sie machen die Arbeit der Lehrerinnen und Lehrer im Strafvollzug auch vielseitig und interessant.

Die von Ihrer Bundesarbeitsgemeinschaft herausgegebene „Beschreibung eines pädagogischen Arbeitsfeldes" belegt das sehr eindrucksvoll. Sie zeigt, welchen wichtigen Beitrag die Arbeit der Lehrer zur Erreichung des Behandlungszieles leistet. Haftjahre bedeuten für den Gefangenen zunächst den Verlust der persönlichen Freiheit, den Verlust an sozialen Kontakten, häufig den Verlust des Arbeitsplatzes und möglicherweise auch einer Partnerschaft.

Es ist menschlich verständlich, daß sich damit erst einmal ein großes Loch vor den Augen der Gefangenen auftut. Die erste Reaktion ist dann meist Resignation - oft auch Wut - und Angst vor der Zukunft. Verlorene Jahre scheinen unausweichlich vorprogrammiert.

In dieser Situation kann den Gefangenen mit Hilfe von Aus- und Weiterbildungsangeboten am besten geholfen werden. Die Zäsur, die durch die Haft entsteht, kann ein völlig neuer Anfang sein. Die Haftjahre müssen nicht vergeudete Zeit sein. Sie lassen sich nutzen, um sich Wissen und Fähigkeiten anzueignen, mit deren Hilfe sich nach der Haft ganz neue Perspektiven bieten können. Perspektiven und Hoffnungen, wie sie jeder Mensch braucht, und die die Gefahr einer Rückfälligkeit vermindern können. Sie alle - die Pädagogen und Ausbilder im Justizvollzug - tragen dabei große Verantwortung. Sie können helfen, aus vermeintlich verlorener Zeit eine sinnvoll genutzte Zeit zu machen - eben aus schlimmen Leerjahren fruchtbare Lehrjahre. Lehrerinnen und Lehrer leisten so einen wichtigen Beitrag zu einer möglichen Resozialisierung.

Ihre Stellung im Strafvollzug darf deshalb auch nicht allein an ihrer Zahl gemessen werden. Sie gehören einer relativ kleinen Berufsgruppe innerhalb des Vollzugsapparates an. Derzeit sind es in Rheinland-Pfalz zwei Lehrerinnen und elf Lehrer, die an sieben Anstalten unterrichten. Als Lehrkräfte im Justizvollzug kommen noch die Lehrer der berufsbildenden Schulen und die Ausbilder des Berufsfortbildungswerks dazu.

Aber auch wenn der Lehrkörper der rheinland-pfälzischen Justizvollzugsanstalten vergleichsweise klein ist, so leistet er in unserem Justizvollzug gute pädagogische Arbeit. Denn er hilft den inhaftierten Menschen zu einem künftigen straffreien Leben in unserer Gesellschaft.

Dabei wissen wir alle, daß mangelnde Schulkenntnisse keineswegs die einzige Ursache des Verbrechens sind. Oder umgekehrt: daß nicht allein durch eine

Verbesserung der Kenntnisse ein Rückfall vermieden werden kann. Das wäre zu einfach. Das wäre zu schön, um wahr zu sein.

Aber eine gute Ausbildung erhöht zumindest die Chancen des einzelnen Gefangenen in der Arbeitswelt draußen. Die Ausbildung im Vollzug hat deshalb für uns einen hohen Stellenwert. Das zeigt sich schon daran, daß in Rheinland-Pfalz in zwei Justizvollzugsanstalten die stellvertretenden Anstaltsleiter Lehrer sind: In der Justizvollzugsanstalt Mainz und in der Jugendstrafanstalt Schifferstadt.

Pädagogischer Sachverstand ist gerade in einer Jugendstrafanstalt wie Schifferstadt besonders wichtig. Bei jungen Menschen ist die pädagogische Behandlung erfolgversprechender als bei älteren. Hier läßt sich noch vieles verändern und die weitere Entwicklung in die richtige Bahn lenken.

An diesem Beispiel wird auch deutlich, wie das Berufsbild der Lehrerinnen und Lehrer durch die Gefangenen mit geprägt wird. Die konkrete Situation in einer bestimmten Anstalt bringt spezielle Anforderungen mit sich. Seit einiger Zeit wird das im Vollzug durch veränderte Haftbedingungen besonders spürbar:

Die permanente Überbelegung der Haftanstalten, der sehr hohe Anteil ausländischer Strafgefangener, die steigende Arbeitslosigkeit unter den Gefangenen - das sind nur einige Faktoren, die die pädagogische Arbeit beeinflussen. Vor allem die Überbelegung bringt erhebliche Probleme mit sich. Es drückt auf die Stimmung innerhalb einer Anstalt, wenn sogar Gemeinschaftsräume in Zellen umgewandelt werden müssen. Oder wenn Zellen doppelt oder gar dreifach belegt sind. In dieser Situation die Gefangene so zu motivieren, daß sie sich weiterbilden, an die Zukunft denken, ist nicht einfach.

Und häufiger als früher müssen aus Sicherheitsgründen ablehnende Entscheidungen getroffen werden, was Ihnen aus pädagogischer Sicht oft nicht lieb ist. Ihre Rolle als Sicherheitsträger rückt immer mehr in den Vordergrund.

Gefangene, die hoffnungslos und ohne Perspektive ihren Vollzugsalltag verbringen, werden schneller und leichter zu Sicherheitsrisiken. Indem Sie als Pädagogen neue Perspektiven aufzeigen und die Gefangenen Ihre Anerkennung als Mensch spüren, werden diese Gefahren schon deutlich gemindert.

Allerdings müssen die Perspektiven, die Sie vermitteln, realistisch sein. Das gilt vor allem für die berufliche Aus- und Weiterbildung. Sie muß sich am aktuellen Arbeitsmarkt orientieren. Nur dann bieten sich den Gefangenen tatsächlich auch Möglichkeiten nach ihrer Entlassung. Als Ausbilder müssen Sie also auch hier immer auf der Höhe der Zeit sein.

Um diesem Anspruch gerecht zu werden, haben wir in Rheinland-Pfalz seit 1972 in der Justizvollzugsanstalt Zweibrücken ein Berufsausbildungszentrum eingerichtet. Wir betreiben es gemeinsam mit dem Berufsfortbildungswerk des DGB.

Zur Zeit werden 13 arbeitsmarktorientierte Berufe angeboten. Insgesamt stehen 220 Ausbildungsplätze zur Verfügung. Und die Erfolge können sich sehen lassen. Das Berufsausbildungszentrum erzielt in der Regel eine Durchhalte- und Erfolgsquote von rund 80%. Darin sind auch sogenannte Anpassungsmaßnahmen enthalten für Gefangene mit abgeschlossener Berufsausbildung, jedoch fehlender Berufserfahrung.

In der Justizvollzugsanstalt Zweibrücken haben wir auch eine vollzugseigene Berufsaufbauschule. Daneben werden in den vollzugseigenen Betrieben der übrigen Anstalten Gefangene in Handwerksberufen ausgebildet.

In der Justizvollzugsanstalt Wittlich und der Jugendstrafanstalt Schifferstadt werden Hauptschulabschlußkurse angeboten. Hinzu kommt das Berufsvorbereitungsjahr und die Möglichkeit einer handwerklichen Ausbildung.

Bei zu kurzer Haftzeit oder mangelnden intellektuellen Voraussetzungen bieten wir sogenannte „Schnupperkurse" an. In der Fachwerkstatt können sich die Gefangenen damit berufliche Fertigkeiten aneignen. Darüber erhalten sie eine Bestätigung von der Industrie- und Handelskammer - im Vollzugsjargon „Hilfsarbeiter mit Fachbrief" genannt.

Mit dieser breiten Palette versuchen wir, möglichst vielen Gefangenen ein individuell passendes Angebot zu machen: *„Lehrjahre statt Leerjahre"* in breitem Umfang anzubieten.

Aber auch hier gilt wie überall: Gutes läßt sich noch verbessern. Wir müssen deshalb ständig gemeinsam nach neuen Angeboten suchen. Nach Angeboten, die sich an den veränderten Anforderungen der Gesellschaft orientieren.

Vor allem im Frauenvollzug. Zwar können auch die weiblichen Gefangenen an den Berufsausbildungen für Männer im Berufsausbildungszentrum Zweibrücken teilnehmen. Aber oft sind die Strafzeiten zu kurz, um eine Ausbildung abzuschließen. Und der in diesen Fällen angebotene Blockunterricht in Hauswirtschaft oder eine Anleitung in der Schneiderei reichen nicht aus, eine Berufsausbildung zu ersetzen.

Deshalb richten wir zur Zeit in der Frauenabteilung der Justizvollzugsanstalt Zweibrücken einen EDV-Kurs für weibliche Gefangene ein. Mit einer solchen zeitgemäßen Ausbildung können wir hoffentlich auch die Wiedereingliederungschancen der Frauen verbessern.

Neue Impulse lassen sich auch in unseren Nachbarländern finden. So zeigt etwa ein Vergleich mit französischen oder spanischen Projekten, daß es hilfreich sein kann, die Anstalten nach außen weiter zu öffnen.

Eine Ausbildung innerhalb des Vollzuges ist gut. Eine Aus- und Weiterbildung mit einer Einbindung der Gesellschaft ist besser. Das bedeutet, daß auch Lehrer oder Ausbilder von draußen in die Anstalt kommen und umgekehrt, daß Gefangene auch außerhalb der Anstalt ausgebildet werden.

Natürlich können solche Projekte nur mit geeigneten Gefangenen durchgeführt werden. Es müssen alle Voraussetzungen für eine Vollzugslockerung vorliegen. Die Sicherheit der Bevölkerung bleibt auch hier oberstes Prinzip.

Das bringt höhere Anforderungen auch für das Lehrpersonal mit sich. Neben der Vermittlung qualifizierten Wissens tritt immer stärker eine Vermittler- und Betreuungsfunktion nach außen. Eine neue Herausforderung, der sich Lehrerinnen und Lehrer im Justizvollzug stellen müssen. Aber Sie werden das schon schaffen - wie immer. Und eine wichtige Hilfe dabei bietet der möglichst umfassende Austausch von Erfahrungen. Dazu haben Sie ja in diesen drei Tagen in Ludwigshafen viel Gelegenheit.

Ich wünsche Ihnen für Ihre diesjährige Bundesarbeitstagung viel Erfolg und allen Teilnehmerinnen und Teilnehmern eine erkenntnisreiche und schöne Zeit in Rheinland-Pfalz.

40 Jahre BAG der Lehrer im Justizvollzug

Herbert Hilkenbach

Der Vorstand hat mich gebeten, Rückblick zu halten auf die Zeit der Gründung der Bundesarbeitsgemeinschaft und ihre Entwicklung in den letzten 40 Jahren. Das will ich gern in kurzer Form tun, zumal sich meine aktive Tätigkeit im Vollzug von 1957 bis 1997 nahezu deckt mit der Zeit des Bestehens der BAG, deren 1. Vorsitzender ich 24 Jahre von 1970 bis 1994 war.

Nun will ich nicht - und sollte ich wohl auch nicht - Ihnen hier meinen Lebenslauf aufzeigen, aber es könnte ganz nützlich und vielleicht auch interessant sein, in Erinnerung zu rufen bzw. zu erfahren, wie die Situation sich für die Lehrer im Strafvollzug damals darstellte. Zunächst ist festzuhalten, daß zum Gründungszeitpunkt im ganzen Bundesgebiet lediglich 78 Lehrer hauptamtlich im Vollzug tätig waren, und zwar überwiegend im Jugendvollzug. In den Ländern Berlin, Bremen und im Saarland gab es lediglich nur je einen Lehrer, in vielen Anstalten somit auch nur einen bzw. keinen. Vielerorts waren die Lehrer ganz auf sich allein gestellt, hatten keinen Kontakt zu Kollegen in anderen Anstalten, schon gar nicht in anderen Bundesländern und wußten häufig nicht einmal von deren Existenz. Soweit ihnen nicht allgemeinpädagogische und insbesondere administrative Aufgaben übertragen waren, versuchten sie - je nach Neigung und eigenen Interessen - sich ihr Arbeitsgebiet selbst abzustecken und einen Wirkungskreis zu schaffen. Diese Situation wirkte sich im übrigen lange Jahre für die BAG sehr schwierig aus bei der Erstellung eines Berufsbildes für den Lehrer im Strafvollzug und führte immer wieder bei den jährlichen Bundestagungen zu langen und intensiven Diskussionen.

Manche Kollegen hatten sich, um den Reibereien mit anderen Diensten auszuweichen, in eine Nische zurückgezogen, widmeten sich ausschließlich der Gefangenenbücherei oder besannen sich auf ihre Hobbies und zogen sich in den Freizeitbereich zurück. Das entsprach im übrigen durchaus dem in der Dienst- und Vollzugsordnung festgelegten Aufgabenbereich des Lehrers von 1961, die erst am 1. Januar 1977 durch das Strafvollzugsgesetz abgelöst wurde. Dort hieß es nämlich u. a. in der Nr. 27 neben dem Unterrichtsauftrag:

„Er (der Lehrer) verwaltet in der Regel die Gefangenenbücherei und wirkt bei der Persönlichkeitsforschung, beim Aufstellen und Durchführen des Vollzugsplanes, bei den Leibesübungen, der Freizeitgestaltung und der Pflege der Musik und des Chorgesanges mit." Außerdem hieß es in Nr. 126 DVollzO, der Unterricht solle in der Regel in der Freizeit erteilt werden.

Auch im Jugendvollzug spielte der Unterricht nur am Rande des Vollzuges eine Rolle. So wurde mir beim Eintritt in den Jugendvollzug 1957 die Betreuung einer Erziehungsgruppe übertragen in der Stärke von 150 Gefangenen, und samstags hatte ich sechs Stunden Unterricht zu erteilen. Die Teilnahme war im übrigen Pflicht, und es erfolgte keine Aufgliederung nach Alter, Wissensstand oder Schulabschluß. Die Klassenstärke bewegte sich um 40 Gefangene. Der Klassenraum, eine große Gemeinschaftszelle, die zeitweilig auch mit Gefangenen belegt war, wurde jeden Samstag ausgeräumt. Eine Tafel auf drei Beinen wurde hineingestellt. Die Gefangenen rückten mit ihren Hockern aus der Zelle an. Tische gab es nicht. Bei schriftlichen Aufgaben knieten die Gefangenen vor ihren Hokkern. Da Kugelschreiber nicht im Besitz von Gefangenen sein durften - sie hätten für Tätowierungen mißbraucht werden können -, wurden Bleistifte ausgeteilt, die nach dem Unterricht wieder eingesammelt werden mußten. Das gleiche galt für das Papier. Außer einigen veralteten Landkarten gab es keinerlei Lehr- oder Lernmittel. Eine einwöchige Information durch einen Verwaltungsinspektor, der die Anstalt verließ, über die Organisation der Anstalt und insbesondere über die Aufgaben eines Erziehungsgruppenleiters war die gesamte Einweisung.

So oder ähnlich erging es vielen Lehrern bei ihrer Einstellung. Fortbildungstagungen gab es nur vereinzelt in dem einen oder anderen Bundesland, die aber eher den Charakter von Dienstbesprechungen hatten.

Unter diesen Voraussetzungen wurde bei manchem Lehrer der Wunsch immer stärker, Erfahrungen mit Kollegen austauschen zu können, pädagogische Fragen zu besprechen und Anregungen für die eigene Arbeit zu bekommen. Es bedurfte nur eines besonderen Auslösers und der Initiative eines Einzelnen.

Vom 13.-15. März 1958 fand in Schwäbisch Hall eine Tagung der Vollzugs- und besonderen Vollstreckungsleiter statt, an der auch die Lehrer von Schwäbisch Hall und je ein Lehrer aus Bayern, Hamburg, Hessen und dem Saarland teilnahmen. So ergab sich die Gelegenheit, über die Probleme der Anstaltslehrer zu diskutieren und die Frage des Zusammenschlusses auf Bundesebene zu erörtern. Einstimmig wurde die Notwendigkeit bejaht und Oberlehrer Alfons Besenfelder, Schwäbisch Hall, als Initiator der ersten Tagung beauftragt. Diese Gründungstagung fand am 22. und 23. Oktober 1958 in Butzbach statt, an der 19 Oberlehrer aus sechs Bundesländern (BW, HE, HH, NDS, NRW) teilnahmen.

Nach langer Diskussion über die Bezeichnungen Oberlehrer, Lehrer, Lehrkräfte oder Pädagogen einigte man sich schließlich auf die Namengebung „Arbeitsgemeinschaft der Oberlehrer an Justizvollzugsanstalten in der Bundesrepublik Deutschland e. V." Diese Auseinandersetzung wurde übrigens in den nächsten Jahren fortgesetzt und führte im Mai 1971 auf der Tagung in Heilbronn bei der Überarbeitung der Satzung zu der heutigen Bezeichnung „Bundesarbeitsgemeinschaft der Lehrer im Justizvollzug e. V."

Von den Kollegen, die an der konstituierenden Sitzung teilnahmen bzw. die Satzung unterschrieben, sind noch zwei bei uns, nämlich der Kollege Karl Schüler und ich. Damit hatten sich die Lehrer als erster Fachdienst auf Bundesebene zusammengeschlossen. In späteren Jahren folgten dann die Sozialarbeiter, Anstaltsleiter und Psychologen. Zum 1. Vorsitzenden wurde Kollege Besenfelder gewählt, der diese Funktion zwölf Jahre bis 1970 innehatte. Für jedes Bundesland wurde ein Vertrauensmann bestellt, der Kontakt zum Bundesvorstand halten sollte. Daraus bildete sich später der erweiterte Vorstand, der sich ab 1975 zunächst jährlich, dann in unregelmäßigen Abständen mit dem Vorstand zum Erfahrungsaustausch und zur Vorbereitung der Bundestagungen traf.

Schon auf der Gründungsversammlung wurden einige Punkte festgelegt, die bis heute Bestand haben. So wurde beschlossen, alljährlich eine Arbeitstagung in jeweils einem anderen Bundesland durchzuführen - und zwar in der Woche von Christi Himmelfahrt -, um die einzelnen Lehrer aus ihrer Isolation herauszuholen, sie mit den modernen Bestrebungen des Erziehungs- bzw. Behandlungsvollzuges bekannt und mit neuen wissenschaftlichen Erkenntnissen vertraut zu machen und letztlich, um Erfahrungen aus der Praxis auszutauschen. Diese Tagungen wurden in der Regel am Dienstort eines Lehrers ausgerichtet mit der Möglichkeit, die dortige Vollzugsanstalt zu besichtigen. Die Referate wurden zunächst in der eigenen Zeitschrift „Strafvollzug und Pädagogik" veröffentlicht und ab 1975 in der „Zeitschrift für Strafvollzug und Straffälligenhilfe", die in Zusammenarbeit mit der BAG von der Gesellschaft für Fortbildung der Strafvollzugsbediensteten e. V. herausgegeben wird und in deren Schriftleitung wir vertreten sind.

Die Gründung der BAG wurde jedoch nicht überall begrüßt. Einige Ministerien und Verbände waren mißtrauisch und befürchteten, daß sich eine neue Interessengemeinschaft gebildet hätte, um berufsständische und besoldungsbezogene Forderungen durchzudrücken. Diese abweisende Haltung wurde schon bei der Gründungstagung deutlich, als den Teilnehmern vom zuständigen Ministerium die Genehmigung versagt wurde, die in der Nähe gelegene Jugendstrafanstalt zu besichtigen.

Dagegen äußerte sich der Generalstaatsanwalt desselben Landes in seinem Grußwort auf derselben Tagung sehr positiv. Er wünschte der BAG ein langes und segensreiches Wirken und war erfreut über soviel angetroffenen Idealismus. Er hatte auch keine Bedenken, den Besuch der örtlichen Vollzugsanstalt zu genehmigen.

So unterschiedlich die Meinungen Außenstehender über den Zusammenschluß der Lehrer waren, so verschieden waren auch die Anschauungen und Vorstellungen der einzelnen Lehrer über ihr Berufsbild und ihren Auftrag in den Anstalten. Die unterschiedlichen Auffassungen galt es demnach in den nächsten Jahren zu koordinieren, um in einer Sprache sprechen und nach außen geschlossen auftreten zu können. Nachdem zwölf Jahre auf den Bundestagungen über diese Fragen diskutiert worden war und auch von den Vollzugsabteilungen der einzelnen Länderjustizministerien keine Regelung der Aufgabengebiete zu erwarten war, gelang es schließlich 1971 auf der Bundestagung in Heilbronn erstmals, das Berufsbild des Lehrers im Strafvollzug zu erarbeiten und zu verabschieden. Hierin wurden das Dienstverhältnis und die Aufgabengebiete des Lehrers sowie seine notwendige Ausbildung dargestellt.

Die Jahrestagungen dienten - wie es die Satzung vorsieht - der Fortbildung der Lehrer, und sie befaßten sich mit der Entwicklung neuer Formen des Vollzuges, wobei Wissenschaft und Praxis in gleicher Weise ihre Bedeutung fanden. Immer wieder hat sich die BAG mit Fragen der Pädagogik auseinandergesetzt, mit allgemeiner und beruflicher Bildung, mit musischer Bildung und Freizeitgestaltung, mit der Methodik der Erwachsenenbildung, der Mitarbeit der Gefangenen, dem sozialen Lernen und dabei praxisnah und realistisch neben der Erziehung und Behandlung die notwendige Sicherheit nicht außer acht gelassen. Immer konnten namhafte Referenten aus den Kreisen der Universitäten und Hochschulen, der Politik und der Praxis gewonnen werden. Aber auch die Mitarbeit und die Erfahrungen der Kolleginnen und Kollegen waren gefragt und kamen in den Arbeitsgruppen, die seit 1981 modern „Workshops" genannt wurden, auf zwanzig Tagungen zur Geltung.

Nach und nach wurden die Bundestagungen genutzt, um über die Grenzen der Bundesrepublik hinaus Einblick in den Vollzug der Nachbarländer zu gewinnen. Schon 1963, während der Tagung in Zweibrücken und Saarbrücken, erfolgte eine Besichtigung der Jugendstrafanstalt Dreiborn in Luxemburg. 1969 in Straubing referierte Dr. Sluga aus Wien über die Gruppenbehandlung im Strafvollzug. 1972 informierte in Lübeck Fleming Skadhauge aus Kopenhagen über Untersuchungen des Unterrichts im dänischen Strafvollzug. 1977 in Vechta teilte er die Erfahrungen mit, die im dänischen Vollzug mit der Mitwirkung und Mitverantwortung Gefangener gemacht waren, und Herr Besier vom niederländischen Justizministerium berichtete über die dortigen Feststellungen. 1983 in Saarlouis hieß das Tagungsthema „Pädagogik im Strafvollzug - international", und neben den Referaten namhafter Vertreter des Vollzuges aus Frankreich, Luxemburg, Österreich und der Bundesrepublik erfolgte auch der Besuch der Anstalt in Oermingen / Frankreich.

Am längsten und intensivsten und in vielen Fällen auch freundschaftlich besteht jedoch der Kontakt zu Vertretern des österreichischen Strafvollzugs. Schon 1979 nahmen an der Tagung in Bernau der Sektionsleiter im Bundesministerium für Justiz, Wien, Herr Generalanwalt Dr. Mann und Herr Oberschulrat Bober teil und seit vielen Jahren Herr Oberstaatsanwalt Dr. Gödl und weitere Mitarbeiter, die natürlich auch heute anwesend sind, d. h.: 20 Jahre Treue zur BAG und aktive Mitarbeit auf den Jahrestagungen. So bot es sich an, 1993 mit der Tagung unter dem Thema „Bildungsarbeit im Strafvollzug - grenzübergreifend" der Einladung nach Wels in Österreich zu folgen. Um diplomatische Verwicklungen zu vermeiden, möchte ich jedoch feststellen, daß diese Ortswahl nicht getroffen wurde auf der Grundlage des Beschlusses in der Gründungsversammlung, jedes Jahr in ein anderes Bundesland zu gehen. Wir hatten dort die Möglichkeit, neben dem eindrucksvollen Besuch der Strafvollzugsanstalt in Stein a. d. Donau durch

Referate Einblicke zu erhalten in den österreichischen, ungarischen und slowakischen Strafvollzug. Allen Teilnehmern wird diese Tagung unvergeßlich sein.

Ein ganz besonderes Anliegen der BAG war es, Lehrerinnen und Lehrern, die neu in den Anstaltsdienst traten, in ihre Aufgaben einzuführen. Jahrelang versuchte die BAG vergeblich über die Ministerien, eine berufliche und spezifische Einführung der Kolleginnen und Kollegen in das ihnen völlig fremde Aufgabengebiet zu erreichen. Es scheiterte insbesondere daran, daß der Strafvollzug Ländersache und nicht Bundessache war und ist. Keiner war nämlich auf die pädagogischen Besonderheiten und noch weniger auf die oft sehr hemmend wirkende Organisation in den Anstalten und die vorschriftenreiche Verwaltung vorbereitet. Der häufig einzige Lehrer in der Anstalt wurde nach seiner Einstellung bestenfalls einige Wochen in einer anderen Anstalt durch den dortigen Kollegen mit dem Anstaltsleben vertraut gemacht. Dann wurde er auf seinem Arbeitsplatz allein gelassen, den er sich nicht selten noch erst erarbeiten mußte.

Im Jahre 1976 gelang es schließlich der BAG, beim Bundeshilfswerk für Straffällige e. V. finanzielle Unterstützung zu erreichen und im Tagungshaus des Vereins, dem Ludwig-Clostermann-Haus in Bonn / Bad Godesberg, einwöchige Grundseminare für diese im Vollzug jungen Lehrkräfte durchzuführen. Diese Einführungslehrgänge wurden fast jedes Jahr abgehalten, nach Veräußerung des Clostermann-Hauses 1989 in der Familienbildungsstätte Oberreifenberg. Die Gestaltung lag in den Händen einiger Mitglieder, namentlich den Kollegen Lang, Bode, Dr. Große Boes, Bauer, Frau Braukmann und Frau Lange. Das Interesse war sehr groß, und bislang nahmen mehr als 300 junge Kolleginnen und Kollegen daran teil, wodurch die Notwendigkeit dieser Einrichtung eindrucksvoll bestätigt wurde.

Nachdem die Einstellungsquote bedauernswerterweise jedoch sehr gering geworden ist, wäre für die Zukunft evtl. zu überlegen, ob nicht inhaltlich anders konstruierte Seminare der Weiterbildung angeboten und eingerichtet werden können, insbesondere für Kolleginnen und Kollegen, die in ihren Ländern aufgrund der geringen Lehrerzahl keine differenzierte Fortbildung erfahren.

Vor 40 Jahren war die - wie ich meine positive - Entwicklung der BAG nicht vorauszusehen, insbesondere nicht, wenn man an die skeptischen bis ablehnenden Kommentare aus behördlichen und verbandspolitischen Kreisen erinnert. Dazu möchte ich noch einmal aus dem Protokoll über das Grußwort eines Ministerialdirigenten auf der Bundestagung 1960 zitieren: „Insbesondere wies er darauf hin, daß da und dort erhebliche Bedenken existierten, als sich die AG der Oberlehrer konstituierte. Es sei damals befürchtet worden, es wolle sich eine neue Form eines Verbandes bilden, der auf eine Interessengemeinschaft abziele, um berufsständische und Besoldungsforderungen durchzudrücken. An einem solchen Verband habe man kein Interesse gehabt. Darum hoffe er, daß daraus eine echte und wirkliche AG erwachse, dann könne auch mit staatlicher Hilfe gerechnet werden. Darüber würden allerdings noch Jahre ins Land gehen, im Strafvollzug aber lebe man ja von Optimismus." Derselbe Referent äußerte sich damals auch über den Zweck des Strafvollzugs mit folgender Aussage: „Die Begriffe »Schuld«, »Sühne«, »Abschreckung« dürfen nicht vom Begriff, »Erziehungsvollzug« überdeckt werden. Sie sind vorrangig." So ist es auch nicht verwunderlich, wenn von dem Lehrer in einer Aufnahmeabteilung erwartet wurde, daß er sich Gedanken darüber zu machen habe, wie lange die Isolierung von Mitgefangenen zur Erzielung eines nachhaltigen Strafeindrucks erforderlich sei.

Bei dieser Einstellung und Erwartung vom Vollzug reichte es jedoch nicht, nur Optimist zu sein. Es bedurfte vielmehr sachlicher und fachkompetenter Überzeugungsarbeit sowohl in der und durch die Gemeinschaft als auch durch Vorstand und Mitglieder in der Öffentlichkeit und in anderen Organisationen. So waren bei allen Tagungen die Medien, Justizministerien sowie Vertreter der politischen Parteien aus den Ländern, den Städten und Behörden eingeladen und vertreten. Es wurden Kontakte aufgenommen zu anderen Verbänden der Straffälligenhilfe, z. B. dem Bundeszusammenschluß für Straffälligenhilfe, dem Bundeshilfswerk für Straffällige e. V. und der Deutschen Bewährungshilfe e. V. Durch Mitarbeit in deren Vorständen und verschiedenen Ausschüssen wurde versucht, der Pädagogik im Strafvollzug auch dort Gehör zu verschaffen und Einfluß durch die Verbände zu nehmen. So war der langjährige Schriftleiter Kollege Schüler u. a. Mitglied im Fachausschuß 1 für Strafrecht des BZ, der damalige Vorsitzende war Mitglied in den Ausschüssen Öffentlichkeitsarbeit, Therapeutische Anstalten und im Reformausschuß Strafvollzug.

Unter anderem durch die Veröffentlichung der Protokolle und Referate von den Bundestagungen in der Zeitschrift für Strafvollzug und Straffälligenhilfe wurden die Tagungen und die BAG selbst immer bekannter und wohl auch attraktiv für immer mehr Kolleginnen und Kollegen. So stieg die Zahl der Mitglieder mit dem Anwachsen der Lehrerplanstellen ständig an. Waren es, wie schon erwähnt, 1958 78 Lehrkräfte im Strafvollzug der Bundesrepublik, von denen 19 an der Gründungsversammlung teilnahmen, so waren es 1978 bei 240 Planstellen schon 196 Mitglieder, und 1994 erreichte die BAG den bisherigen Höchststand von 249 Mitgliedern, davon 10 aus den neuen Bundesländern. Entsprechend entwickelte sich auch die Zahl der Teilnehmer an den Bundesarbeitstagungen, die bis zu 130 anstieg.

Aber auch den behördlichen Stellen blieb das Wirken der BAG nicht verborgen und fand Beachtung bzw. Anerkennung. Die Aussagen der BAG zu Entwicklungen im Strafvollzug waren gefragt. So wurde der damalige Vorsitzende u. a. als Sachverständiger in der Strafvollzugskommission tätig, die einen Entwurf des Strafvollzugsgesetzes erarbeitete.

1976 wurde der Vorsitzende durch den Bundesminister der Justiz als ordentliches Mitglied und einziger Pädagoge in die Jugendstrafvollzugskommission berufen, die ein Jugendstrafvollzugsgesetz vorbereiten sollte. Der Schlußbericht wurde 1979 vorgelegt. Bedauernswerterweise kam das Gesetzgebungsverfahren bislang über mehrere Referentenentwürfe nicht hinaus.

Schon 1970 erfolgte die Berufung des Vorsitzenden durch den Senat der Pädagogischen Hochschule Rheinland in die Projektgruppe Pädagogik, die sich mit der Erstellung des Berufsbildes des Lehrers im Justizvollzug und der Planung eines gesonderten Studiums befaßte.

Die Anerkennung des Wirkens der BAG fand u. a. auch Ausdruck in dem persönlichen Grußwort des Bundesministers der Justiz Dr. Engelhardt aus Anlaß der Tagung zum 25. Jahrestag der Gründung der BAG in Saarlouis 1983, in dem er der BAG bescheinigte, sie habe zum Selbstverständnis der Lehrerinnen und Lehrer bei der Reform des Strafvollzuges tatkräftig beigetragen.

Die BAG trat in unregelmäßigen Zeitabständen immer wieder mit besonderen Beiträgen an die Öffentlichkeit, die insbesondere auch den Justizministerien, politischen Institutionen und Universitäten zugingen. Das galt z. B. für das schon erwähnte 1970 erstmals erarbeitete Berufsbild für Lehrer im Justizvollzug. 1978 erschien die vom Gründungsvorsitzenden Alfons Besenfelder verfaßte Chronik: „Pädagogik im Strafvollzug - 20 Jahre Bundesarbeitsgemeinschaft der Lehrer im Justizvollzug".

Zum 30jährigen Bestehen gab die BAG ein Sonderheft mit zwanzig auf den Bundestagungen gehaltenen Referaten zur Pädagogik im Strafvollzug heraus. Schließlich erfolgte 1995 die Herausgabe der Schrift „Lehrerinnen und Lehrer im Justizvollzug - Beschreibung eines pädagogischen Arbeitsfeldes".

Ich habe versucht, Ihnen in einem kurzen Rückblick darzustellen, wie aus der kleinen Zahl von 19 Kollegen, die sich 1958 in Butzbach trafen, um über die Möglichkeit einer bundesweiten Vereinigung der Lehrer im Strafvollzug zu beraten, schließlich die Bundesarbeitsgemeinschaft der Lehrer im Justizvollzug e. V. entstand, mit der - wie ich meine - stattlichen Zahl von heute nahezu 250 Mitgliedern. Die Lehrer waren, wie ich eingangs erwähnte, die ersten Bediensteten einer Fachrichtung, die sich bundesweit zusammengeschlossen haben. Sie waren offenbar, wie sich das für Pädagogen ja auch gehört, damit Vorbild für die Gründung anderer Personenvereinigungen ähnlicher Art. Die BAG hat sich während der vergangenen 40 Jahre nie gesehen als eine Vereinigung, die darauf abzielte, für ihre Mitglieder besondere Vorrechte zu erringen, finanzielle Vorteile zu erwirken oder gewerkschaftliche Ziele zu erreichen.

Sie war vielmehr immer darauf bedacht, sich aus allen direkten gewerkschaftlichen und parteipolitischen Ideen und Strömungen herauszuhalten. Es ging und geht auch heute noch darum, der Pädagogik im Strafvollzug den gebührenden Platz zu verschaffen und den im Strafvollzug untergebrachten *Menschen* in den Vordergrund zu stellen. Diesem Anliegen wurde zwar im Jugendgerichtsgesetz durch den dort verankerten Erziehungsauftrag entsprochen, und es hat auch im Strafvollzugsgesetz seit Januar 1977 durch die Forderung des Behandlungsvollzuges im Erwachsenenvollzug eine gesetzliche Grundlage erhalten. Wir alle wissen aber auch, daß die Umsetzung dieses gesetzlichen Auftrages in der Praxis noch weitgehend auf sich warten läßt. Wir sind also noch weit entfernt von unserer Zielsetzung, und es bedarf diesbezüglich noch erheblicher Anstrengungen.

In der heutigen Zeit der leeren Kassen und sparsamen Haushaltsführung werden überall Organisationsuntersuchungen durchgeführt. Es werden immer neue Arbeitsgruppen eingerichtet, die Aufgabenkritik üben, Konferenzsysteme erdenken und Organisationsstatute erarbeiten. Jede Behörde versucht, sich ein Leitbild - was immer das sein mag - zu geben. Aber wo sind die Arbeitsgruppen, die sich mit Fragen der Behandlung und Erziehung auseinandersetzen? Oder ganz einfach ausgedrückt: die sich mit dem Gefangenen befassen, der ja eigentlich im Mittelpunkt stehen soll und für den wir letztlich einen gesetzlichen Auftrag haben? Sind wir, die Pädagogen, nicht aufgerufen, darauf mit allem Nachdruck hinzuweisen und den Blick auf das Wesentliche zu richten - auf den Menschen im Vollzug?

Darin liegt m. E. eine Herausforderung für die BAG und für jedes einzelne Mitglied, das durch seine Arbeit, seinen Einsatz in der Anstalt die Glaubwürdigkeit diesbezüglicher Aussagen und Forderungen der BAG bekräftigen würde.

Es ist nicht Aufgabe der BAG, Strategien zu entwickeln, um Arbeitsplätze für Lehrer zu erhalten, sondern es geht darum, deutlich zu machen, und zwar überzeugend deutlich zu machen, daß der gesetzlich vorgegebene und damit verpflichtende Auftrag der Behandlung und Erziehung nicht ohne Pädagogik, d. h. folglich auch nicht ohne eine entsprechende Anzahl von Lehrerinnen und Lehrern, erfüllt werden kann.

Berufsbild des Lehrers im Justizvollzug

Arbeitsgemeinschaft der Oberlehrer an Justizvollzugsanstalten in der Bundesrepublik Deutschland e. V. (Mai 1971)

Das Berufsbild des hauptamtlichen Lehrers im Justizvollzug wird bestimmt durch die Inhalte, Formen und Ziele des allgemeinen Bildungswesens und die besonderen Aufgaben des Justizvollzugs.

Neben der allgemeinen Ausbildung für ein Lehramt sind eine spezielle Ausbildung und kontinuierliche Fortbildung erforderlich.

I. Dienstverhältnis:

1. Dienstvorgesetzter des hauptamtlichen Lehrers im Justizvollzug ist der Anstaltsleiter. Die fachliche Beratung obliegt dem Referat „Pädagogischer Dienst" bei der Aufsichtsbehörde.
   Die Besetzung des Fachreferates erfolgt unter Mitwirkung der Lehrer.
2. Im Rahmen des Vollzugsplanes bestimmt der Lehrer Inhalt und Methode seiner Arbeit nach fachlichem Ermessen.
3. Die Dienstzeit richtet sich nach den im öffentlichen Dienst geltenden Bestimmungen und den besonderen Aufgaben des Lehrers im Justizvollzug.
   Sie wird im Einvernehmen mit dem Anstaltsleiter festgesetzt.

II. Aufgaben:

Der hauptamtliche Lehrer im Justizvollzug trägt durch Bildungsangebote und Förderung sozialer Lernprozesse dazu bei, daß der Gefangene in sozialer Verantwortung ein Leben ohne Straftaten führen kann.
Die Ergebnisse der Persönlichkeitsforschung und die Grundsätze der Jugend- und Erwachsenenbildung werden berücksichtigt.
Die Aufgaben des Lehrers im Einzelfall ergeben sich aus der Struktur und besonderen Aufgabenstellung der jeweiligen Anstalt.

Hierzu gehören:

1. Auswahl, Vorbereitung und Durchführung der allgemeinen und beruflichen Bildungsmaßnahmen,

2. Einsatz und Betreuung von nebenamtlichen und nebenberuflichen Lehrkräften,

3. Erteilung von Unterricht in seinem Fachbereich,

4. Auswahl der Lehr- und Lernmittel,

5. Mitwirkung bei der Persönlichkeitserforschung und der Gestaltung des Vollzugsplanes nach pädagogischen Gesichtspunkten,

6. Leitung der Gefangenenbücherei,

7. Mitwirkung bei der Freizeitgestaltung und bei der Auswahl des kulturellen Angebotes,

8. Pädagogische Behandlung der Gefangenen in Gruppen und im Einzelgespräch,

9. Beteiligung bei Hausstrafverfahren, Gutachten und Stellungnahmen,

10 Mitwirkung bei der Auswahl der Bewerber für den Justizvollzugsdienst sowie bei der Aus- und Weiterbildung der Bediensteten.

III. Ausbildung:

Die Ausbildung der hauptamtlichen Lehrer im Justizvollzug erfolgt in einem viersemestrigen Aufbaustudium nach bestandener Staatsprüfung für ein anderes Lehramt oder in einem achtsemestrigen grundständigen Studium.

Didaktische Grundprobleme der Bildungsarbeit im Justizvollzug

Hans-Jürgen Eberle

1. Problemstellung

Das Grundproblem aller Praxis ist das *Problem der Komplexität*, daß es mehr Möglichkeiten gibt, als Berücksichtigung finden können. Die Bildungsarbeit im Justizvollzug ist deshalb, wie jedes Handlungssystem, auf Reduktionsleistungen angewiesen, damit sie auf die Anforderungen der Umwelt überhaupt kompetent reagieren und gestaltend in das Lernfeld eingreifen kann; denn die pädagogische Praxis wird um so unvollkommener und willkürlicher sein, je weniger gewußt wird, was man tut und warum man es tut (Schleiermacher). Dieses geforderte Selbst-Verständnis durch Selbstreflexion ist zunächst identisch mit der Forderung nach einer Metatheorie, denn „alle Fragen nach dem ‚Warum‘ und ‚Wozu‘, der Zielsetzungen und Funktionen des Handelns eines Systems, müssen dort beantwortet werden".[1]

Metatheoretische Aussagen und Entscheidungen sind aber auch deshalb unverzichtbar, weil nur hierdurch die erkenntnis- und wissenschaftstheoretische Transparenz und damit die Rationalität, d. h. die Überprüfbarkeit des jeweiligen theoretischen Ansatzes, sichergestellt werden kann. Die Aufgabe der Metatheorie ist demnach, sowohl die Theorie als auch die Praxis objektiv zugänglich und subjektiv einsichtig zu machen, d. h. den jeweiligen Ansatz wissenschaftlich zu begründen. Eine nicht solchermaßen theoretisch begründete und damit nachvollziehbare Praxis ist irrational und manipulierbar.

Die *Reduktion der Umweltkomplexität* muß ergänzt werden durch die *Erhöhung der Eigenkomplexität* des Handlungssystems (des Pädagogen), denn es muß in einem angemessenen Verhältnis zur Komplexität der Umwelt stehen. Je komplexer ein System nämlich strukturiert ist und je mehr Zustände es demzufolge annehmen kann, desto komplexer kann auch seine Umwelt sein, desto angemessener. desto situationsgerechter, desto aufgeklärter kann es existieren, erleben und handeln, denn hohe Eigenkomplexität bedeutet: „Zulassen von Alternativen, Variationsmöglichkeiten, Dissens und Konflikten".[2]

Stephan Quensel hat in einem Aufsatz als Hauptgrund für das Scheitern bisheriger Reformansätze im Justizvollzug *das Fehlen rationaler, intersubjektiv ver-*

---

[1] F. Haag u. a , Überlegungen zu einer Metatheorie der Sozialarbeit, in: Otto, H.-U. / Schneider S (Hrsg), Gesellschaftliche Perspektiven der Sozialarbeit, Band 1, Neuwied und Berlin 1973, S 168.

[2] Luhmann. N , Soziologische Aufklärung, Band 1, 3. Auflage, Opladen 1972, S. 160.

mittelbarer wissenschaftlicher Konzepte ausgemacht. Bisherige Reformansätze im Vollzug seien nur „der Reflex intuitiv-emotionaler Handlungen" derjenigen gewesen, die den Strafvollzug gestalten. Die Reformen waren deshalb immer personabhängig, d. h. mit dem Weggang der Initiatoren fiel auch das Projekt in sich zusammen.[3] Die Konzipierung einer justizvollzugsspezifischen Didaktik ist deshalb für die in den Justizvollzugsanstalten tätigen Pädagogen unverzichtbare Voraussetzung für eine rationale und effektive Praxis. Im folgenden sollen hierfür einige Hinweise und Orientierungsangebote gegeben werden.

2. Funktion der Didaktik

Eine nicht nur instrumentalistische Didaktik wird, um ihrem kritischen wissenschaftlichen Anspruch gerecht werden zu können, zwei Schwerpunkte in ihre Fragestellung aufnehmen müssen. Zunächst wird sie die für den Unterricht bedeutsamen personalen Rahmenbedingungen analysieren: An welche Adressaten richtet sich der Unterricht; Stellung dieser Gruppe in und zur Gesellschaft; welches pädagogische Interesse ist für diese Adressaten zu definieren (*personaler Aspekt*)? Sodann wird sie, da Unterricht kein von der Gesellschaft isolierter Vorgang ist, die gesellschaftlichen und politischen Rahmenbedingungen untersuchen, nämlich die Wechselbeziehungen zwischen Institution und sozioökonomischer Struktur der Gesellschaft sowie die Wechselbeziehungen zwischen Institution und Unterrichtsprozessen (*institutionell-organisatorischer Aspekt*). Erst wenn die Rahmenbedingungen ermittelt und kritisch gewertet worden sind, kann sich Didaktik dem Bildungsprozeß selbst zuwenden. Hier zielt ihre Fragestellung auf die Auswahl des Bildungsgutes ab (*inhaltlicher Aspekt*), die Gesetzmäßigkeiten des Lehr- und Lernprozesses (*prozessualer Aspekt*) und die Methodik und Technik des Unterrichtens (*methodischer Aspekt*).

Die Didaktik ist also in zweifacher Weise Übersetzungsmedium: Zum einen ist alle Wissenschaft und Emanzipation, wenn sie praktisch werden sollen, auf Didaktik angewiesen, denn man muß etwas verstanden haben, um das Verstandene dann kritisieren zu können; d. h. unterscheiden zu können, was man annehmen will und was nicht, was man weiterführend verändern kann und was neu aufbauen. Der Didaktik geht es insofern also darum, Wissengegenstände zu verstehen und verstehbar zu machen. Die Didaktik hat aber auch Übersetzungsmedium in dem Sinne zu sein, daß sie die Absicht verfolgt, Strategien zur Realisierung von Bildungsprozessen und Lernveränderungen zu entwickeln. Es ist nämlich zu bezweifeln, ob es gelingen kann, ohne didaktische Strategien Menschen und Institutionen im Sinne bestimmter Ziele und Zwecke so in Lernprozesse einzubinden, bzw. sie zu verändern, daß diese Ziele auch erreicht werden; denn man kann nicht erwarten, daß sich die Ziele sozusagen selbsttätig durchsetzen. So verweist beispielsweise ein auf Autonomie ausgerichteter didaktischer Ansatz

---

[3] Quensel, St , Strafen oder Behandeln? In: Radius, 16 Jg , 1/1971, S.39.

darauf, daß der Lernprozeß so organisiert und strukturiert werden muß, daß autonomes Handeln innerhalb der Lerngruppe auch tatsächlich möglich wird - gerade unter Bedingungen des Justizvollzugs keine Selbstverständlichkeit.

Die Erfüllung dieser Aufgabe setzt eine *doppelte Distanzierungsleistung* der Didaktik voraus. Zunächst erhält sie insofern Unabhängigkeit und kritische Distanz vom vorgegebenen gesellschaftlichen und kulturellen Rahmen, indem sie von einer relativen „Identität" ihrer Maßstäbe ausgeht, d. h. sich nicht als unmittelbares und ungebrochenes Instrument zur Durchsetzung aktueller gesellschaftlicher Anforderungen versteht, sondern einen denkbar möglichen „besseren" Zustand als Orientierung nimmt.

„Damit tritt die ‚Didaktik' als die Wissenschaft ‚bildender Lehre' allem Vorgebenen an institutioneller Schulverfassung, an geplanter Lehrordnung, an überkommener ‚Methodik' und eingespielter ‚Praxis', jedem Vorurteil ... über die erziehlichen oder bildnerischen Möglichkeiten der fachlichen Unterrichtsbereiche in kritischer Bestimmung gegenüber".[4]

Zum anderen geht sie als anthropologische Didaktik primär nicht von der Struktur der Sachen, Stoffe, Disziplinen usw. aus, sondern von einzelnen Menschen, seinen Möglichkeiten und seiner Sinnwelt. Was oder wen wollte man schließlich in der Bildungsarbeit ansprechen, wenn Selbsterziehung nicht möglich wäre? „Erkenntnis muß schließlich jeder aus sich selbst finden, sie ist nicht wie eine Ware zu übertragen, sondern nur zu erwecken"[5]. Es bliebe andernfalls nur der Weg der Standardisierung, Klassifizierung und Abrichtung des Menschen oder aber der Veränderung der Umweltdeterminanten; in jedem Fall aber würde ein Herrschaftsverhältnis (eine Subjekt-Objekt-Beziehung) entstehen.

Die Didaktik der Bildungsarbeit umfaßt drei verschiedene Ebenen, nämlich die

• intrapersonale (die persönlichkeitsinterne), die interpersonale/zwischenmenschliche und die institutionelle/politische,

denen als Bildungsdimensionen die

• sittliche (oder affektive), die intellektuelle (oder kognitive) und die ästhetische (oder soziale/politische) Bildung[6]

zuzuordnen sind. Trotz ihrer Belastung in der Vergangenheit sollte an Begriffen wie „sittlich" oder „ästhetisch" bewußt festgehalten werden, da sie Inhalte des aufklärerischen bürgerlich-liberalen Mündigkeitsentwurfs verkörpern, die noch immer nicht in der gesellschaftlichen Wirklichkeit ihre Entsprechung finden. Trotz ihrer Belastung sind diese Begriffe deshalb noch immer mit kritischem

---

[4] Siewerth, G., Didaktik als Wissenschaft, in: Heiland, H. (Hrsg.), Didaktik, Bad Heilbrunn/Obb 1968, S. 87.

[5] Jaspers, K., Was ist Erziehung? Textauswahl und Zusammenstellung von H. Horn, o. O. (Hagen), o. J. (1976), S. 44.

[6] Vgl. Eberle, H.-J., Lernen im Justizvollzug. Voraussetzungen und Ansätze einer Justizvollzugspädagogik und ihrer Didaktik, Frankfurt/Main 1980, S. 333-352.

Potential versehen und damit Anstoß für Veränderungen. Der Problematik der Begriffe durch den Gebrauch moderner Schlagworte zu entgehen, erscheint mir als unbefriedigende kosmetische Korrektur. Sinnvoller dürfte es sein, diese problematischen Begriffe als solche beizubehalten und als Bezeichnungen einer ebenfalls problematischen Wirklichkeit zu verstehen. Im übrigen haben die Unterscheidungen lediglich richtungsgebende Funktion; in der Praxis können die einzelnen Aspekte nicht getrennt voneinander gesehen werden.

3. Grundprobleme einer Didaktik der Bildungsarbeit im Justizvollzug

Bei dem Versuch, allgemeine didaktische Grundzüge der Bildungsarbeit im Justizvollzug herauszuarbeiten, muß natürlich über weite Strecken auf allgemeine, vollzugsunspezifische lerntheoretische und didaktische Erkenntnisse und Prinzipien zurückgegriffen werden. Insofern ist man bei der Konzipierung einer vollzugsspezifischen Didaktik darauf angewiesen, für die Bildungsarbeit im Vollzug den neueren Forschungsstand im Bereich der Didaktik zu rezipieren.

Demgegenüber gibt es jedoch durchaus vollzugsspezifische Aspekte, auf die an dieser Stelle der besondere Wert gelegt werden soll. Das *Spezifische* der Vollzugsdidaktik liegt

a) in den auf die spezifischen Bedürfnisse der Adressatengruppe abgestimmten Reduktions- und Selektionskriterien (Auswahlkriterien)

b) in der didaktischen Schwerpunktbildung und

c) in den Auswirkungen der besonderen institutionellen Rahmenbedingungen auf die Didaktik, wie sie durch eine JVA gegeben sind.

Diese drei Aspekte sollen im folgenden näher erläutert werden. Unter *Bildungsarbeit* wird im folgenden die lehrende Berufstätigkeit des Pädagogen (Lehrer, Diplompädagoge, Andragoge) im Wechselspiel mit der Lerngruppe verstanden (§ 38 StVollzG: Unterricht, berufsbildender Unterricht, berufliche Fortbildung; § 67 StVollzG: Lehrgänge, Weiterbildung).

a) Der Bildungsprozeß als offener Prozeß

Es wurde schon darauf hingewiesen, daß sowohl die Theoriebildung als auch die pädagogische Praxis vor der Aufgabe stehen, in Wechselseitigkeit voneinander Umweltkomplexität zu reduzieren und zugleich die Eigenkomplexität, d. h. die eigene Aufnahme- und Verarbeitungskapazität zu erhöhen. Dies hat zur Folge, daß der Bildungsprozeß offen zu gestalten ist, da nur so sichergestellt werden kann, daß die Inhaftierten die Chance der Mitgestaltung des Bildungsprozesses erhalten; denn über eine autoritär-dogmatische „Verordnung" der Lernstoffe wird es bei den Lernenden wohl kaum zur erstrebten Selbständigkeit im Denken und zur Selbsttätigkeit im Handeln kommen können. Nur durch konzeptionell abgesicherte Offenheit der pädagogischen Arbeit kann gesichert werden, daß die jeweiligen Bildungsinhalte in der Vollzugspädagogik einer bildungstheoretischen Ableitung entspringen - eine Voraussetzung für Rationalität - und nicht den jeweiligen Interessen und Vorlieben des Pädagogen, was leicht zu einer beliebigen Anreihung von Zufälligkeiten und Wünschbarkeiten ohne Systemcharakter führt.

Von der Didaktik wird im Bildungsprozeß deshalb eine doppelte *Reduktionsleistung* verlangt. Als Medium der Reduktion/Selektion hat sie den Bezug herzustellen zwischen der tatsächlichen Kompetenz der Lernenden und den Bildungsinhalten, indem sie die Materialien in angemessener Weise dem Lern- und Erfahrungshorizont der Lernenden zuordnet. Sodann hat sie als Medium der Aufklärung über den Weg der Erhöhung der Eigenkomplexität der Lernenden diese durch Lernprozesse und durch Aufklärung an die Komplexität der Umwelt anzupassen.

Die erstgestellte Aufgabe sieht so aus, daß aus dem komplexen Angebot denkbarer Bildungsinhalte die besonders geeigneten gefunden werden müssen bzw. die nicht zur Bildung beitragenden Inhalte ausgesondert werden. Das didaktische Kardinalproblem besteht dann in der Ermittlung pädagogisch gültiger und vor dem Hintergrund des spezifischen Lernfeldes Justizvollzug legitimierbarer Auswahlkriterien, mit deren Hilfe die vollzugsspezifische didaktische Schwerpunktbildung geleistet werden kann, auf die noch näher einzugehen sein wird.

Bei der Wahrnehmung der Aufklärungsaufgabe ist die Didaktik die zwischen Gesellschaft und delinquentem Individuum vermittelnde Instanz. Für eine Didaktik, die sich Selbständigkeit und Selbstverantwortlichkeit zum verbindlichen Maßstab bestimmt, impliziert dies, daß die Lernenden an der permanenten Lehrplan-Revision beteiligt werden müssen, andererseits aber auch - selbst bei Widerstand der Lernenden - auf bestimmte Inhalte nicht verzichtet werden darf, wenn diese unerläßlich sind für die Realitätsbewältigung. Für eine nicht autoritär verfahrende Erziehungspraxis ergibt sich hieraus die Aufgabe, für solche Fälle geeignete neue Konfliktlösungsmuster zu entwickeln.

Deshalb kann hier kein behavioristisch-lerntheoretisch orientiertes Curriculum angestrebt werden, wie wir es häufig beim sogenannten „sozialen Training" vorfinden, das aufgrund genau und eng definierter (operationalisierter) Lernerfahrungen und -wirkungen ein *geschlossenes* System darstellt, im eigentlichen Sinn also keine offenen Bildungsprozesse will, sondern eine sozialtechnische Dressur.

Die didaktische Matrix, das didaktische Strukturgitter, wie es von H. Blankertz u.a. entwickelt worden ist, dürfte ein geeignetes Auswahlinstrument sein, da es keine Lerninhalte diktiert, sondern nur als Such- und Frageinstrument dient, die Auswahlkriterien (die didaktischen Kategorien) andererseits aber das Ausblenden wichtiger Wirklichkeitsbereiche verhindern. Ein mögliches Beispiel könnte die folgende Matrix (Abb. 1) zur Gewinnung der Bildungsaufgaben sein, wobei die Felder je nach Standpunkt durchaus unterschiedlich ausgefüllt werden könnten:

Abb. 1: Strukturgitter der Bildungsaufgaben

didakt. Kategorien	Bildungsbereiche	affektive (sittliche) Bildung	soziale (ästhetische) Bildung	kognitive (intellekt.) Bildung	politische Bildung
Kriminalisierung (Vergangenheitsbedeutung)		Kompensation d. psych. Defizite	Kompensation d. sozialen Defizite	Kompensation d. Bildungsdefizite	Aufdecken d. politische Inkompetenz
Prisonisierung (Gegenwartsbed.)		Selbstdistanzierung (Existenzanalyse)	Rollendistanzierung (institution. Analyse)	Kritikfähigkeit/Motivat. Reflexion u. Neugier)	Normen-/Institutionen-distanzier. (takt. Verh.)
Sozialisierung (Zukunftsbed.)		Selbstverantwortung (Zukunftsorientierung/ Sinnhaftigkeit	soziale Verantwortung (Selbstorganisation)	intellekt. Verantwortung Bildung/Lernhaltung)	politische Verantwort. polit. Partizipation)

Abb. 2: Strukturgitter der Bildungsinhalte

Sozialisationsmedien	Bildungsbereiche	affektive (sittliche) Bildung	soziale (ästhetische) Bildung	kognitive (intellektuelle) Bildung	politische Bildung
Sprache		Identität/Ichstärke	Konsensfähigkeit	kommunikative Kompetenz/Diskursfähigk.	Normierung
Arbeit		Kreativität	Produktivität	Arbeitnehmerkompetenz	Organisation
Herrschaft		Autonomie	Spontaneität/ Souveränität	Reflexivität/ pol. Kompetenz	Institutionalisierung/ Solidarität

Der Wert der didaktischen Matrix liegt darin, daß die Aufgabenbereiche nicht nur systematisiert und überschaubar werden, sondern auch in einen Zusammenhang zueinander gebracht sind.[7] [8]

b) Der didaktische Schwerpunkt: die Bildungsfelder

Es stellt sich nun die Frage, welche Fächer bzw. Bildungsfelder und Fragestellungen die didaktische Mitte der Bildungsarbeit im Justizvollzug ausmachen. Vorab ist die Forderung aufzustellen, daß die Bildungsarbeit von der Lebenswirklichkeit der Insassen auszugehen hat, d. h. von ihren früheren Erfahrungen, ihren augenblicklichen Situationsdefiziten und Interessen/Bedürfnissen und von der Lebenswirklichkeit, die sie nach ihrer Entlassung antreffen werden (vgl. Abb. 1). Es können nur solche Inhalte in Frage kommen, die den Lernenden als wirkliche Probleme erfahrbar sind und im gesellschaftlichen Zusammenhang gesehen werden können. Ohne dieses Erleben des eigenen *Betroffenseins* bleiben die Stoffe weitgehend sinnentleert, worunter Verständnis- und Aufnahmefähigkeit leiden müssen.

Von den subjektiven Erfahrungen der Lernenden ausgehend, kann das Objekt rekonstruiert und einsichtig werden. In der konkreten pädagogischen Maßnahme nimmt dieser Ansatz z. B. die empirischen Bedingungen der Unterprivilegierung in vollem Umfang in die Unterrichtswirklichkeit hinein und konfrontiert damit die Insassen mit Materialien, an denen sie am ehesten interessiert sein dürften und - das ist besonders wichtig - die sie aufgrund ihrer eigenen Erfahrungen selbst überprüfen und in gesellschaftliche Zusammenhänge bringen können.

Hat die Didaktik in Richtung auf das Individuum die Betroffenheit herzustellen, so hat sie im Rahmen des Justizvollzugs unter Wahrung legitimer gesellschaftlicher Interessen *den* Bereich zur inhaltlichen Mitte zu erheben, der am ehesten den gesellschaftlichen *und* den pädagogischen Zweck repräsentiert.

Der Rechtsbruch wird im Rahmen des hier vorgestellten Ansatzes vom Kriminalisierungsprozeß her als ein Indiz spezifischer politischer Inkompetenz des Rechtsbrechers definiert, dem wiederum spezifische gesellschaftliche und politisch-demokratische Defizite entsprechen. Zudem können im Blick auf die Zeit nach der Haftentlassung ganz bestimmte Schwierigkeiten (z. B. aufgrund der Stigmatisierung) mit Sicherheit antizipiert werden. Unter Beachtung aller Aspekte zeigt es sich, daß *die Hauptproblematik für den inhaftierten Rechtsbrecher in dem für ihn defizitären Bereich der gesellschaftlichen Sozialisationsmedien (Sprache/Kommunikation, Arbeit, Herrschaft) liegt* (s. Abb. 2).

Der Bildungsarbeit stellt sich von daher die vorrangige Aufgabe, den Insassen mit Hilfe von Reflexion über den Weg der Sprachentwicklung/-förderung aus seiner „Welt- und Selbstvergessenheit" herauszureißen und eine neue Welterfah-

---

[7] Quelle Abb. 1: Eberle, a.a.O , S 381.
[8] Quelle Abb. 2: Ebd., S. 383.

rung zu ermöglichen,[9] durch Analysen die bisher unbegriffene alltägliche Umwelt, vor allem die Machtstrukturen, durchschaubar zu machen und schließlich Hilfestellung zu leisten, daß er künftig unter den Lebensbedingungen der industriellen Gesellschaft Mittel und Wege kompetenterer Umweltbewältigung und Lebensgestaltung erhält bzw. findet, d. h. daß ihm u. a. für den Bereich der Arbeit die Chance von Alternativen, damit von Selbstverwirklichung eröffnet wird.

Die Kernbereiche der Gefängnisschule sind - entsprechend der dreifachen Aufgabenstellung: Mitmenschlichkeit, Selbstbehauptung und Existenzsicherung - deshalb:

Deutsch (besonders Förderung der Kommunikations- und der Konfliktlösungsfähigkeit), politische Bildung und berufliche Förderung.

Diese drei Fächer/Fachbereiche[10] haben im Vergleich zueinander komplementäre Funktion. So dürften innerhalb eines am Vollzugsziel (§ 2 StVollzG) orientierten Bildungsfeldes *Arbeit* und Bildung nicht länger als Antipoden auftreten. Arbeit ohne gleichzeitige Bildung, ohne politische und gesellschaftliche Erziehung - das hatten schon Pestalozzi und Makarenko erkannt - hat ebenso wenig Nutzen wie eine kognitive Bildung ohne Verbindung mit produktiver Arbeit.

Das hieße ebenfalls, daß - würde man das Vollzugsziel ernst nehmen - aus pädagogischen Gründen nur noch sinnvoll-produktive Arbeit unter dem Gesichtspunkt der bildenden Kraft eingesetzt würde (das liefe darauf hinaus, daß der Staat grundsätzlich die Gefängnisarbeit in eigene Regie nehmen müßte) und die fiskalische Funktion (Senkung der Haftkosten durch die Einnahmen aus der Gefangenenarbeit) keine Rolle mehr spielen dürfte. Auch kann unter diesem Gesichtspunkt die Arbeitsgewöhnung kein pädagogisches Lernziel sein.

Umgangssprachliche Kommunikation ist Ausdruck für die historisch gewordenen und überlieferten Bedingungen des sozialen Umgangs (Austausch).

Die Bedeutung der *Sprache/Kommunikation* für die Bildungsarbeit kann deshalb gar nicht überschätzt werden. Sprache vermittelt Wirklichkeit, indem sie die Welt begreifen hilft und sie auch mit erzeugt: Mündigkeit setzt voraus, daß sich der Mensch aussprechen kann, seiner selbst durch die Sprache mächtig wird."[11]

Gewalttäter werden oft nur straffällig, weil sie eine Situation nicht mehr „überblicken". Es ist kein Zufall, daß Gewalttäter häufig Menschen sind, die sich nicht recht ausdrücken können. Demgegenüber steigert hohe sprachliche Eigenkapazität die Fähigkeit zur Zulassung von Alternativen, Variationsmöglichkeiten, Dissens und Konflikten im sozialen Umgang. Häufigkeit und Intensität der

---

[9] Vgl. Kentler, H., Jugendarbeit in der Industriewelt, 2. erw. Auflage, München o. J. (1962), S. 155.

[10] Diese drei Felder entsprechen ungefähr den von Alfred Adler genannten drei Lebensbereichen, in denen sich der Mensch zu bewähren hat: Arbeit/Beruf, Ehe/Familie (kommunikativer Bereich) und Gemeinschaft (gesellschaftliches, politisches Feld).

[11] Heydorn, H.-J., Zu einer Neufassung des Bildungsbegriffs, Frankfurt/Main 1972, S. 13 f.

Gespräche steigern die wirklichkeitssetzende Kraft, schaffen ein verhaltensstabilisierendes Milieu. Der Mensch teilt sich mit; aber auch das ihn umgebende System tritt über die Sprache an ihn heran mit all seinen Versprechungen und Forderungen.

Man kann deshalb Sprache nicht nur als soziales Handeln, sondern auch als Instrument sozialer Kontrolle auffassen. Der Mensch gewinnt mit der Sprache seine persönliche Wirklichkeit, Orientierung und damit seine Verhaltenssicherheit.[12]

Dem Unterrichtsfach *Politische Bildung* fällt die Aufgabe zu, das Problem der Macht, den Normenkonflikt zwischen dem Delinquenten und der Gesellschaft vor dem Hintergrund der Demokratisierungsproblematik und der faktischen Ungleichbehandlung innerhalb der Gesellschaft zu thematisieren. *Dieses Fach nimmt den eigentlichen pädagogischen Resozialisationsauftrag intentional wahr.*[13]

Pädagogisches Ziel dieses Bildungsauftrags kann allerdings nicht Legalität (Leben ohne Straftaten) sein, und zwar schon deshalb nicht, weil es denkbar ist, daß es unmoralische, also ethisch nicht zu rechtfertigende, Gesetze geben kann: pädagogisches Ziel ist vielmehr die *Moralität* des einzelnen, d. h. seine Bereitschaft und Befähigung, die individuelle Willkür unter Zwecke zu stellen (Leben in sozialer Verantwortung). Eine an Autonomie orientierte Pädagogik darf diesen Pflichtbegriff jedoch nur formal definieren, da jede vorweg erfolgte inhaltliche Füllung des Pflichtbegriffs zwangsläufig zur Fremdbestimmung führen müßte. Erst durch ihre Verbindung mit der konkreten Wirklichkeit und Wirklichkeitserkenntnis sind die für sich leeren Begriffe der Ethik (Selbstbestimmung, Verantwortung, Freiheit, Gerechtigkeit usw.) konkretisierbar, dann allerdings im Sinne einer „Politisierung" des Gefangenen, nämlich „Politisierung verstanden als Fähigkeit und Bereitschaft, die eigenen Interessen zu erkennen, mit denen anderer auszugleichen und im Sinne übergreifender Ideen zum Zuge zu bringen".[14] Derart verstandene politische Kompetenz ist demnach sowohl auf politisches Bewußtsein als auch politisches Handeln hin definiert, „sowohl in bezug auf die reflektive, utopische und ‚neugierige' Ebene als auch auf die Ebene des täglichen Kampfes um das geringere Übel; um als kompetent zu gelten, muß man ein gewisses Verständnis für jeden dieser beiden Bereiche aufbringen".[15]

---

[12] Vgl. Baacke, D., Kommunikation und Handeln, in: Popp, W. (Hrsg), Kommunikative Didaktik Soziale Dimensionen des didaktischen Feldes, Weinheim und Basel 1976, S. 34.

[13] Vgl. Eberle, a.a.O., S. 423 ff.

[14] Ellwein, Th., Was hat die politische Bildung erreicht? In: Pfizer, Th. (Hrsg.), Bürger im Staat. Politische Bildung im Wandel, Stuttgart-Berlin-Köln-Mainz 1971, S. 55

[15] Riesman, D./Glazer, N, Kriterien der politischen Apathie, in: Zimpel, G., Der beschäftigte Mensch. Beiträge zur sozialen und politischen Partizipation, München 1970, S. 120.

Geht man davon aus, daß § 2 StVollzG für *alle* Inhaftierten gleichermaßen gilt,[16] dann müßte auch für alle Insassen gleichermaßen die Tatsache des Rechtsbruchs und des Freiheitsentzugs thematisiert und problematisiert werden, wie auch allen die Chance kommunikativer und sprachlicher Förderung zuteil werden müßte. Wie weit auch berufliche Förderung angebracht ist, wird wegen der unterschiedlichen Voraussetzungen wohl nur im Einzelfall zu entscheiden sein. Soll die Bildungsarbeit einen ernsthaften Beitrag zur Resozialisierung leisten, wird man als *Deputat für den Insassen* kaum weniger als 6 - 8 Wochenstunden ansetzen dürfen.

c) Die Lehrbedingungen in der JVA

Es stellt sich nun die Frage nach der Leistungsfähigkeit der Inhaftierten, ihrer Belastbarkeit durch die Bildungsarbeit. Im Zusammenhang mit der Frage nach der Resozialisierungsfähigkeit insbesondere Erwachsener ist die Auffassung weit verbreitet, daß Resozialisierungsbemühungen wegen der „entscheidenden" Umwelteinflüsse der ersten Lebensjahre zum Scheitern verurteilt seien. Diese Auffassung ist wissenschaftlich kaum aufrechtzuerhalten. Dieser Standpunkt stützt sich auf die Tatsache des sequentiellen Aufbaus der menschlichen Entwicklung, durchsetzt dieses Faktum jedoch mit unzulässigen Spekulationen.[17]

Die Gutachten der Bildungskommission des Deutschen Bildungsrates kommen zu dem Fazit, daß „die Bedeutung der sachstrukturell richtigen Abfolge der Lernprozesse, der Entwicklung effektiver Lernstrategien, kurz: die Abhängigkeit der Begabung von Lernprozessen und die Abhängigkeit aller Lernprozesse von *Sozialisations- und Lehrprozessen"* erkannt werden müsse.[18] Damit aber ist der Pädagoge als der zunächst in erster Linie für Erfolg oder Mißerfolg des Bildungsprozesses Verantwortliche dingfest zu machen.

Entscheidendes Gewicht, das zeigen die Forschungsergebnisse, ist der *Motivation* beizumessen. Dies auch deshalb, weil Lernen ein zielgerichtetes aktives Tun des Menschen ist. Bei dieser Problematik erweist sich die Lehrertätigkeit als Schlüsselfunktion, denn die Leistungs- und Lernmotivation ist ebenfalls weitgehend ein Lernprodukt.[19] Selbst das Alter der erwachsenen Insassen kann nicht

---

[16] Laut Urteil des Bundesverfassungsgerichts vom 5. 6. 1973 kommt dem Resozialisierungsauftrag der Rang eines Verfassungsgebotes zu (1 BVR 536/72).

[17] Ein Beispiel hierfür ist die umfangreiche, methodisch jedoch umstrittene empirische Studie von B. Bloom, der die entscheidende Bedeutung des früheren Lernens und die Resistenz gegen spätere Veränderung/Extinktion nachweisen zu können glaubt. Vgl. Ders., Stabilität und Veränderung menschlicher Merkmale, Weinheim-Berlin-Basel 1971, S. 239. Kritisch hierzu u. a : U Enderwitz, in: Argument 88 (1974), S. 976 ff. Mühle, G., Definitions- und Methodenprobleme der Begabungsforschung, in: Roth, H (Hrsg.), Begabung und Lernen, Ergebnisse und Folgerungen neuer Forschungen, 2. Auflage, Stuttgart 1969, S. 82.

[18] Roth, H., Einleitung, a.a.O., S. 22.

[19] Vgl. ebd., S. 33 f.

als Hinderungsgrund angeführt werden, denn auch die altersbezogene kognitive Leistungsfähigkeit hängt stark vom Grad der Motivation ab.

Dies alles darf allerdings nicht darüber hinwegtäuschen, daß es durchaus auch wesentliche *objektive* motivations- und lernhemmende Faktoren zu berücksichtigen gilt.[20] Noch einschneidender als frühere negative Schulerfahrungen beispielsweise sind die unmittelbare Lebenssituation und die Zukunftserwartung der Insassen zu werten. So stehen hauptsächlich die akut erlebte Deprivation und Zwangsanpassung in der JVA sowie die häufig fehlende Zukunftsperspektive der Bildungsarbeit hinderlich im Weg. Die Bildungsarbeit sollte deshalb ihren *Schwerpunkt zunächst auf das Erzielen größerer Unabhängigkeit (Autonomie und Spontaneität)* - möglicherweise auch in Auseinandersetzung mit der Haftanstalt-, auf *Steigerung der Kommunikationsfähigkeit und Kreativität* legen, um überhaupt erst einmal eine tragfähige Basis für weiterreichende Ziele zu schaffen. Erforderlich ist darüber hinaus eine auf die besonderen Verhältnisse des Justizvollzugs bezogene *Modifizierung der Leistungskriterien*, die sich nicht einseitig an Wertvorstellungen der Mittelschicht orientieren dürfen und die vom Gesamtteam des Fachdienstes erarbeitet werden sollten.

Es kann folgendes vorläufiges Fazit gezogen werden:

Die Bildungsarbeit im Justizvollzug ist in besonderem Maße angewiesen auf eine

- anhaltende Lernmotivation,
- Herausbildung von Tätigkeitsbewußtsein bei den Lernenden und auf
- strukturelle Qualität der Kenntnisse bei den Lernenden.

d) Didaktische Prinzipien

Um diese Voraussetzungen für eine erfolgreiche Bildungsarbeit schaffen zu können, sind von dem Pädagogen didaktische Prinzipien zu beachten, die - wie schon erwähnt - geeignet sein müssen, die sachstrukturelle richtige Anordnung der Lernprozesse zu gewährleisten.

Analysiert man die Literatur der letzten 200 Jahre zur Strafvollzugspädagogik, so zeigt es sich, daß die in der Vergangenheit dominierenden Grundsätze der Unterrichtsführung die Prinzipien des Elementaren, der Lebensnähe und das der Priorität der Erziehung (vor Bildung und Ausbildung) waren.

Das Prinzip des Elementaren - man kann es anhand der Literatur nachweisen - wurde in der Praxis verkürzt auf das Primitive, das Schlichte, das Leichtverständliche und Unkomplizierte. Mit dem Prinzip der Lebensnähe wurde nahezu ausschließlich die Vernachlässigung intellektueller Förderung zugunsten der Rücksichtnahme auf die „Bedürfnisse des praktischen Lebens" gemeint, das

---

[20] Vgl Eberle, H.-J., Überlegungen zum Unterricht für Jugendliche in der Untersuchungshaftanstalt, in: Zeitschrift für Strafvollzug und Straffälligenhilfe, 27. Jg., 2/1978, S. 77 f

hieß in der Regel, die praktische Verwertbarkeit des Lehrstoffs beispielsweise in Form berufskundlichen Wissens. Das dritte, in der Literatur immer wieder postulierte Prinzip der Priorität der Erziehung bzw. das der moralischen/ideologischen Beeinflussung sollte wiederum verhindern, daß der Unterricht nach der praktischen Seite hin ausartet. Je nach Standort des Pädagogen war der - inhaltliche - Maßstab entweder die christliche Religion, das jeweils gegebene Gesetzwerk oder die gesellschaftliche Produktionsweise. Alle drei genannten Unterrichtsgrundsätze werden auch in der Gegenwart noch vertreten, obgleich doch eigentlich offensichtlich ist, daß sie zur Verfestigung von Vorurteilen geführt haben: das Prinzip des Elementaren produziert die Vorstellung vom *schwach begabten Inhaftierten*, die Forderung nach Lebensnähe führt zu einer Zementierung der *untergeordneten sozialen Stellung* und das moralisierend verstandene Erziehungsprinzip geht von dem Vorurteil des *moralisch minderwertigen Menschen* aus („sittliche Hebung" als zentrale Kategorie).

Da die Bildungsinhalte innerhalb dieser Konzepte als unumstritten und unbestreitbar galten, blieb dem Erziehungs*objekt* im Lernprozeß kein Freiraum mehr für Autonomie und Spontaneität; der Unterricht wurde zur *Zwangsveranstaltung*, was natürlich entsprechende Einflüsse auf das pädagogische Verhältnis hatte. Der Pädagoge war das Inhalte setzende „Vorbild". Demgegenüber kann die Selbstbeschränkung darauf, nur - formales - Lern-„Modell" zu sein, den für Selbstbestimmung nötigen Freiraum erhalten helfen. In Absetzung von simplifizierenden Grundsätzen der Unterrichtsführung sollten deshalb Prinzipien gefunden werden, die

1. in der Lage sind, die Eigenkomplexität des Systems der pädagogischen Arbeit zu erhöhen, so daß auch komplizierte, konfliktreiche, differenzierte Bedingungen sach- und situationsgerecht aufgenommen und verarbeitet werden können, und die

2. an den Bildungsprozeß selbst gebunden sind, also prozeßorientierte Grundsätze sind, so daß die Offenheit des Lernprozesses und damit der Freiraum für Selbständigkeit und Selbsttätigkeit hergestellt werden, denn man wird wohl davon ausgehen müssen, daß ohne Selbst-Disziplin keine Disziplin und ohne Selbst-Verantwortung keine soziale Verantwortung zu erzielen sind.

Die Kraft, die Lernneugierde weckt und damit zum suchenden Handeln motiviert, kann durch nichts besser geweckt werden als durch ein dem Lernenden sinnhaft erscheinendes *Problem,* denn aus Ratlosigkeit erwächst Einsicht, wenn die Problemwerte so eingegrenzt sind, daß die Gruppe auch die Lösung finden kann. Motivation zu problemlösender Denkarbeit kann also aus der Spannung, die die Aufgabe selbst enthält, entwickelt werden; darüber hinaus aber auch durch Betroffenheit. Insofern sind die Lernstoffe, die an die biographischen Erfahrungen der Insassen anknüpfen, die für Lernmotivation günstigsten. Die Problemstellung muß jedoch so beschaffen sein, daß die auf die Problemstellung folgenden Schritte als ihre Lösung erscheinen. Die didaktische *Zielorientierung*, die hiermit als erstes Prinzip angesprochen ist, macht die Lernenden von den Fragen des Lehrers weitgehend unabhängig, indem sie sich die Fragen selber stellen. Angestrebt wird hierbei primär nicht das Lernen von Einzelwissen sondern das Erkennen von Zusammenhängen, die Einsicht in die Struktur einer Sache, das Ein- und Zuordnen der Teiloperationen in einem Handlungskomplex. Denn nur dies, nicht Wissensanhäufung, kann die so dringend erforderliche Erhöhung der Eigenkomplexität der Lernenden gewährleisten.

Zielorientierung als Gerichtetheit des Menschen auf einen bewußt angestrebten Tätigkeitseffekt setzt auf seiten des Pädagogen voraus:

- Notwendigkeit klarer Zielbestimmung,
- Bestimmung profilierter, exemplarischer, gegenständlicher und Gefühle weckender Stoffe, möglichst aus der Lebenswelt des Lernenden,
- präzise Feststellung voraussetzbarer Anfangsleistungen bei den Lernenden.

Eng mit dem Prinzip der Zielorientierung ist das der *Selbsttätigkeit und Selbständigkeit* verknüpft. Es sollte dem Pädagogen daran gelegen sein, über das Stadium reiner Wissens- und Kenntnisvermittlung hinauszukommen, die eine Sache der bloßen Belehrung des Lernenden wäre. Es sollten eher produktive und kreative als reproduktive Leistungen gefordert werden; nicht bloße Faktensammlung, sondern Problemlösen und Strategienbildung;[21] nicht Hinnahme von Autoritäten, sondern Kritikfähigkeit und Selbstbehauptung. Erst ein Durcharbeiten des Stoffes zielt ab auf sein Durchdenken durch die Lernenden, denn „Denken bedeutet operieren", damit Handeln.[22] Denken als Operieren zeichnet sich durch drei charakteristische Eigenschaften aus:

- durch Tätigkeit im Gegensatz zu bloßem Wissenserwerb;
- durch Umkehrbarkeit (Reversibilität) im Gegensatz zum Automatismus (z. B. bloßes Formeldenken);
- Durch variable Gruppierbarkeit (Assoziativität), also Erprobung neuer Erfahrungen in unbekannten Bereichen statt bloßer Gewöhnung.[23]

Diese drei Eigenschaften führen zu Offenheit, Beweglichkeit und Sicherheit im Denken und im Handeln. Die geeignetste Methode zur Umsetzung dieses Prinzips dürfte wohl der Projektunterricht sein.

Reflexion/Metakommunikation ist ein weiteres didaktisches Prinzip, das sich - auf den Lernprozeß bezogen - vor allem darin zeigt, daß sowohl der Inhalts- als

---

[21] Hier muß allerdings vor falschen Polarisierungen gewarnt werden, denn ohne ein Grundwissen ist Bildung natürlich nicht möglich: „Bildung ist *Lebensform* diese hat zu ihrem Rückgrat Disziplin als Denkenkönnen und zu ihrem Raum geordnetes *Wissen"* Jaspers, a.a.O., S. 112 (Hervorh. im Orig.).

[22] Vgl. Aebli, H., Psychologische Didaktik. Didaktische Auswertung der Psychologie von Jean Piaget, 2. Auflage, Stuttgart 1966, S. 87.

[23] Vgl. ebd., passim.

auch der Beziehungsaspekt überprüft wird. Metakommunikation kann die Be-
wußtheit, Rationalität, Methodik, Intentionalität und die Urteilskraft/Kritik-
fähigkeit steigern, indem sie Distanz herstellt zu Sachen und Prozessen und damit überhaupt erst Beurteilungsmöglichkeiten schafft (Reden und zu *merken*,
daß und was man redet, sind zwei deutlich unterscheidbare Zustände). Die
Gruppe gewinnt „Abstand" und hierdurch erst das Potential für bewußtes ge-
staltendes Eingreifen. Das verlangt dem Pädagogen ab, daß er selbst nicht in die
Szene völlig verwickelt ist, sondern sie von „außen" verstehend und unbefangen
immer wieder neu bedenkt, sie gewissermaßen zu „rekonstruieren" sucht.

Das Prinzip der *Faßlichkeit und Anschaulichkeit* geht auf das Wissen zurück,
daß der geistige Akt sich fortschreitend aufbaut, von früheren und einfacheren
Reaktionen ausgehend, und daß von daher die Unterforderung ebenso wie die
Überforderung der Lernenden zu vermeiden sind. Das heißt für den Pädagogen,
daß er sich genaue Kenntnis darüber verschaffen muß, wie leistungsfähig die Insassen in den einzelnen Lernbereichen sind, womit die Bedeutung pädagogischer Diagnostik angesprochen ist. Aus diesem Prinzip ergibt sich das der *Individualisierung und Differenzierung* (als Beispiel: Lernprogramme im Recht-
schreibunterricht usw.).

Wenn ich zu den didaktischen Prinzipien auch das der *Systematik* rechne, so ist
damit nicht eine enge, stark lehrergesteuerte Planmäßigkeit während des Unterrichts gemeint, sondern das den bisher genannten Prinzipien durchgängig zugrunde liegende Postulat, induktives Vorgehen, Beliebigkeit und Zufälligkeit bei
der didaktischen Planung auszuschließen. Optimale Lernprozesse können unter
den erschwerten Bedingungen des Justizvollzugs bei der oft nur begrenzt zur
Verfügung stehenden Zeit nicht beliebig oder assoziativ organisiert werden; sie
erfordern vielmehr unnötige Schnörkel und Strukturlosigkeit vermeidende De-
duktion. Auch von daher dürfte der Einsatz von didaktischen Strukturgittern ein
hilfreiches Instrument zur Konzentration der Bildungsarbeit auf das Notwendige
sein.

Als über den konkreten Bildungsprozeß hinausreichendes Prinzip ist das *Trans-
fer-Prinzip* zu nennen. Mit der Transferleistung ist die Fähigkeit gemeint, an einem konkreten Gegenstand oder in einer bestimmten Situation gewonnene Einsichten auf andere, neue, Gegenstände und Situationen variiert anwenden zu
können, die aber ähnliche Strukturen wie das Gelernte aufweisen müssen.

Die entscheidende Bedingung für den Transfer ist deshalb das bewußte, themati-
sierte Herausarbeiten der Strukturen während des Lernprozesses, womit sich erneut die Bedeutung von Zielorientierung und Reflexion offenbart.

Das Prinzip des Transfers ist ein Prinzip der Ergebnissicherung durch souverä-
nes Handeln in neuen Situationen unter Anwendung der Vorerfahrungen. Die
Fähigkeit, selbständig und produktiv zu denken, kann hierdurch verbessert werden. Für den Pädagogen ist wichtig, daß sich die Transferwirkung auch bei ge-

lungener Zielorientierung nicht quasi von allein einstellen muß. Es empfiehlt sich deshalb, die Transferwirkung in einem eigenen Lernschritt zu sichern.

4. Organisation der Lernprozesse

Die didaktischen Überlegungen verwiesen schon auf die Bedeutung der vom Pädagogen zu leistenden Organisation der Lernprozesse. Empirische Untersuchungen konnten nachweisen, daß eine enge Wechselwirkung zwischen der Qualität der Lehrerleistung und der Qualität der Schülerleistung besteht. Die *Lehrerleistung* wirkt sich auch auf das emotionale Klima und die sozialen Beziehungen innerhalb der Lerngruppe aus: „Unsere empirischen Befunde bestätigen die Tatsache, daß *die Schüler-Lehrer-Beziehung wesentlich vom Leistungsverhalten des Lehrers* (d.h. von seinen didaktisch-methodischen Fähigkeiten und Fertigkeiten) *abhängen*".[24] Dies ist schon deshalb für jeden Lehrer unmittelbar einsichtig, weil er um die hierarchische Struktur komplexer Lernziele weiß, die eine planmäßige Organisation des Lernprozesses - und dies gilt auch und erst recht für offene Lernprozesse! - in eine Folge aufeinander aufbauender Teilziele und Lernschritte erfordern.

Man kann aufgrund des heutigen Forschungsstandes sogar so weit gehen, zu sagen, daß mit der Entwicklung der Lerngruppe auch die Erwartungen und Ansprüche an die Lehrerpersönlichkeit wachsen bzw. die Erwartungen und Ansprüche der Lernenden an den Lehrer die bisher geleistete pädagogische Arbeit widerspiegeln.[25] Die sowieso schon vorhandenen lernbehindernden Bedingungen der Haftanstalt darf der Pädagoge nicht noch durch eigene Fehler verschärfen.

Untersuchungen haben auch gezeigt, daß das Interesse der Lernenden direkt proportional zu dem Maß an *Handlungsmöglichkeiten* wächst, die ihnen eingeräumt werden. An diesem Punkt zeigt sich erneut die Lernfeindlichkeit der Haftanstalt; um so wichtiger ist es, den Insassen Möglichkeiten eigener Initiativen (Projekte?) zu erschließen.

Einige Bemerkungen sind noch zur *Differenzierung der Lerngruppen* zu machen, die sich aus der Wünschbarkeit der Individualisierung der Lernprozesse innerhalb des Lernkollektivs ergibt. Diese Frage sollte aber nicht isoliert, sondern im Zusammenhang mit den didaktisch erforderlichen Kursen gelöst werden. Es wäre von daher anzustreben, daß systematisch aufgebaute Lehrgänge entwickelt und erprobt werden, die auch eine variable Gruppierung der Teilnehmer zulassen.

Ausgehend von dem Kernanliegen der Bildungsarbeit (sprachliche und berufliche Förderung, politische Bildung), das sich am Vollzugsziel *(§ 2 StVollzG)* orientiert, könnten heterogen zusammengesetzte und gegliederte Gruppen gebildet

---

[24] Kessel, W., Problem der Lehrer-Schüler-Beziehungen. Berlin (DDR) o. J. (1964), S. 113.
[25] Vgl. ebd., S. 28 und 115.

werden, für die *detaillierte Lehrgänge* in diesen drei Bereichen *nach dem Bau-kastenprinzip* zu entwickeln sind, die von daher auch die nach einiger Zeit zu erwartende Fluktuation in der Gruppe berücksichtigen.[26] In diesen *ungegliederten Kern-Lerngruppen* (in denen das Gespräch bzw. die Diskussion vorherrschen) arbeitet der Pädagoge nur mit dem Mittel der inneren Differenzierung, falls sich die Notwendigkeit hierzu ergibt. Neben diesen, alle Insassen erfassenden Kerngruppen sind die *Unterrichtsgruppen für Schulabschlußkurse bzw. deren Vorbereitungskurse* einzurichten. Auch hier sollten die Gruppen in einem dafür geeigneten *Kernbereich* (Geschichte, Deutsch, Erdkunde usw.) ungegliedert bleiben und nur mit innerer Differenzierung arbeiten, wo dies angebracht ist. Lediglich in den Sprachen und den naturwissenschaftlichen Fächern wird äußere Differenzierung nach Leistungsvermögen geboten sein.

Zur Variabilität der Kurse gehört auch die Einführung eines *variablen Systems von Lehreinheiten* in 30-, 45-, 60- und 90-Minuten-Einheiten. Die Notwendigkeit hierfür ergibt sich einerseits aus den Erfordernissen ‚andragogisch' arbeitender Erwachsenenbildung, die hier nicht näher begründet werden muß, und aus den spezifischen Gegebenheiten unterschiedlicher Inhaltsstrukturen, den unterschiedlichen personalen Lernvoraussetzungen der Insassen (z. B. Belastbarkeit, Konzentrationsfähigkeit usw.) und schließlich auch aus den besonderen Bedingungen einer Haftanstalt.

Abschließend sei noch die *Gruppengröße* angesprochen. Nach allgemeiner Erfahrung liegt die optimale Größe bei 8 bis 10 Insassen. Die Bedeutung kleiner Lerngruppen ist unbestritten; unter den erschwerten Bedingungen des Lernens im Justizvollzug kommt ihnen zusätzliche Bedeutung zu.

5.   Methoden/Medien/Evaluation

Methodenvielfalt und stärkerer Gebrauch der audiovisuellen Medien setzen sich in den Haftanstalten ebenso durch wie die Auffassung, daß Unterricht im klassischen Sinn (als Schulunterricht) nicht in die Haftanstalt gehört, mit vielleicht wenigen Ausnahmen; vielmehr sollten die Pädagogen grundsätzlich die Methoden des Projektunterrichts und der Erwachsenenbildung anwenden. Darüber hinaus sollten sie verstärkt die (sozial-)pädagogische Gruppenarbeit - nicht mißzuverstehen als Gruppenunterricht - als eine von ihnen wahrzunehmende offene Arbeitsform erkennen und anwenden, möglichst in interdisziplinärer Zusammenarbeit. Als weiteres ist darauf aufmerksam zu machen, daß Diagnostik und Erfolgsmessung zu den selbstverständlichen Arbeitsmitteln der Vollzugspädagogen werden müssen, wenn es ihr Anliegen ist, die Rationalität, damit die Begründbarkeit und nicht zuletzt die Effizienz ihrer Arbeit voranzubringen und zu verbessern. Nur über die permanenten Bedingungsanalysen und Erfolgs- bzw. Mißerfolgsrückmeldungen wird die Vollzugspädagogik ihren unverzichtbaren

---

[26] Vgl Eberle, Überlegungen, a.a.O.

Stellenwert im Justizvollzug eindrucksvoll und glaubwürdig nachweisen können. Dies aber ist sie den Insassen schuldig.

6. Zusammenfassung

Der hier vorgestellte didaktische Ansatz fordert vom Anstaltspädagogen ein systematisches, theoretisch fundiertes, rational begründbares und damit überprüfbares professionelles Arbeiten; die Wahl der Bildungsangebote/Unterrichtsfächer soll nicht mehr vom jeweiligen - zufälligen - persönlichen Interesse der Lehrenden abhängig gemacht werden. Entscheidet ein Lehrer nach seinem persönlichen Interesse, wird er gewiß mehr oder weniger überzeugende, „objektiv" erscheinende Argumente für diese Auswahl ins Feld führen können, die Frage ist aber, ob man sich solche Luxusangebote leisten kann, solange nicht die basalen Bildungsbedürfnisse abgedeckt sind. Ohne eine Konzeptionalisierung der Arbeit kann aber nicht rational entschieden werden, ob die jeweilige Praxis diesen wirklich objektiven Bedürfnissen gerecht wird, denn nur ein *konzeptionelles Modell* (als mögliches Beispiel s. Abb. 3) erfüllt die für eine solche Entscheidung notwendige Voraussetzung der Durchschaubarkeit (Transparenz), Begründbarkeit (Legitimation) und Überprüfbarkeit (Rationalität).

Abb 3· Modell einer Konzeptionalisierung der pädagogischen Arbeit in einer Justizvollzugsanstalt

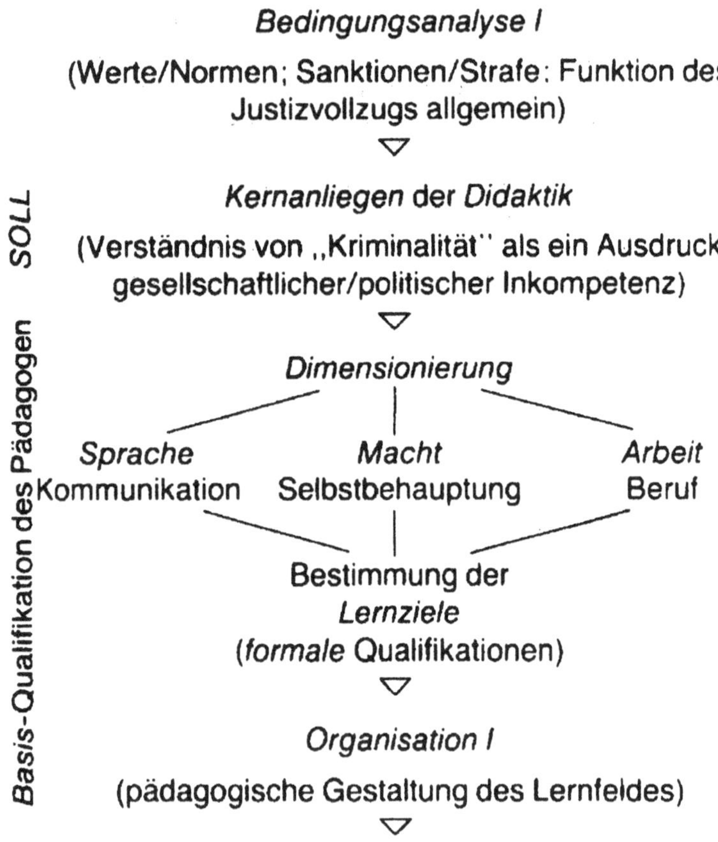

Bedingungsanalyse I

(Werte/Normen; Sanktionen/Strafe: Funktion des Justizvollzugs allgemein)

▽

Kernanliegen der *Didaktik*

(Verständnis von ,,Kriminalität'' als ein Ausdruck gesellschaftlicher/politischer Inkompetenz)

▽

Dimensionierung

Sprache   *Macht*   *Arbeit*
Kommunikation   Selbstbehauptung   Beruf

Bestimmung der
Lernziele
(*formale* Qualifikationen)

▽

Organisation I

(pädagogische Gestaltung des Lernfeldes)

▽

SOLL

Basis-Qualifikation des Pädagogen

Theoriefeindliche impressionistische Praxis mag den Interessen einzelner Anstalten oder Pädagogen entgegenkommen - dem Ansehen und der Überzeugungskraft der Vollzugspädagogik schadet sie jedoch ebenso wie den Insassen. In der Justizvollzugspädagogik ist nicht allein dem Insassen als dem Bildungsadressaten viel abzuverlangen - auch der Vollzugspädagoge ist erheblich gefordert (Abb. 4).

Bedingungsanalyse II

(institutionelle Analyse: die konkrete JVA:
Diagnostik: die konkrete Adressatengruppe
d. Pädagogen)

▽

Organisation II

(Strategien der pädagogischen Umsetzung bei
Berücksichtigung von *IST* und *SOLL*)

Person-	*Struktur-*
Orientierung	Orientierung
(Veränderung der	(Veränderung des
Adressaten)	Lernfeldes JVA)

Maßnahmen/Methoden

(Unterricht. Erwachsenenbildung, Diagnose,
Beratung. Fortbildung)

▽

Bewertung

(Evaluation)

IST

Anwendungs-Qualifikation des Pädagogen

Abb 4.   Methoden der Bewältigung von *Umweltkomplexität* [1]

	Pädagoge	Bildungsadressat
1. Reduktion der Umweltkomplexität (Legitimationsebene)	Gewinnen eines methodologischen Standpunktes: Entscheidung für einen (meta-)theoretischen Ansatz	Gewinnen eines moralischen Standpunktes: Entscheidung für ein moralisches und praktisches Gesetz [2]
2. Erhöhung der Eigenkomplexität (Handlungsebene)	Gewinnen professioneller Kompetenz: Theoriebildung/ Konzeptentwicklung Methodik	Gewinnen sozialer / politischer Kompetenz: Selbständigkeit im Denken/ Selbsttätigkeit im Handeln/ Selbstdisziplin

---

[1] Sowohl dem Pädagogen wie dem Insassen muß man abverlangen dürfen, Verhalten erklären und begründen (legitimieren) zu können. Dies erfordert primär das Gewinnen eines Standpunktes durch *Entscheidung* aus der Fülle der Möglichkeiten; demgegenüber erfordert kompetentes Handeln jeweils spezifische *Fähigkeiten* Erst das Zusammenfallen beider Aspekte sichert Klarheit und Kontinuität menschlichen und professionellen Handelns.

[2] Moralisches und praktisches „Gesetz" dürfen um der Selbstbestimmung des einzelnen willen jedoch nur formal bestimmt werden, wie es z. B. Kant geleistet hat. Das moralische Gesetz („kategorischer Imperativ") formulierte er u. a. folgendermaßen: „Handle so, daß die Maxime deines Willens jederzeit zugleich als Prinzip einer allgemeinen Gesetzgebung gelten könne". Kant, I , Kritik der praktischen Vernunft, Werke Band 6 (hrsgg von W Weischedel), Darmstadt 1968, S 140 Das von ihm formulierte „praktische" Gesetz fordert, immer so zu handeln, „ . daß du die Menschheit, sowohl in deiner Person, als in der Person eines jeden anderen, jederzeit zugleich als Zweck, niemals bloß als Mittel brauchest". Ders , Metaphysik der Sitten, ebd , S. 61.

Erziehung als Strafe

Max Busch

Zur Ausgangslage

Der Titel „Erziehung als Strafe" erscheint uns zunächst befremdend. Es ist uns seit unserer Kindheit vermittelt worden, daß Erziehung eine Wohltat sei und nur „zu unserem Besten" veranstaltet würde. Auch wenn wir uns als Kinder und Jugendliche gegen erzieherische „Zumutungen" gesträubt haben und lustlos das Geforderte taten, stellen wir in der nachfolgenden Lebensphase fest, daß unsere Erziehung nützlich gewesen sei. Niemand würde es wagen zuzugeben, daß er in einem Abschnitt seines Lebens „nichts gelernt" habe, daß er nur eingeengt und unterdrückt worden sei. Je älter wir werden, desto mehr glauben wir, daß Erziehung zwar eine oft verkannte und vielleicht auch ungeschickt eingesetzte, jedoch letztlich nützliche und entscheidende Orientierung geboten hätte. Wir selbst werden immer mehr zu Erziehenden und Beratern unserer Mitmenschen, und dies läuft parallel zu der Meinung, wir hätten Erziehung nicht mehr nötig. Die These, daß Erziehung als solche Strafcharakter habe, ist fragwürdig und bringt denjenigen, der eine so weitgehende Aussage macht, in den Verdacht, daß er in einer infantilen Trotzhaltung gegen empfangene, aber nicht verstandene Wohltaten verharre. Vermittelt uns nicht auch die These vom „lebenslangen Lernen" die Einsicht in die Bedeutung einer offenen und stets für Veränderungen aufgeschlossenen Haltung in einer Welt, die sich mit früher nicht gekannter Geschwindigkeit verändert? Vorab sei eine Fehlinterpretation der These von der Erziehung als Strafe genannt, die hier naheliegt. Selbst wenn die Behauptung richtig ist, bedeutet das nicht, daß Erziehung überflüssig oder entbehrlich wäre. Es könnte sein, daß auch übel oder negativ bewertete sowie schmerzhafte Erfahrungen notwendig und wertvoll sind, vielleicht sogar den gleichen Wert besitzen wie empfangene Wohltaten. Wie wir Erziehung in unseren Lebenszusammenhang einordnen könnten, wenn sich die Richtigkeit der Erkenntnis von Strafcharakter bestätigen sollte, werden wir dann im Schlußkapitel behandeln müssen, weil dies dann mit Recht von uns erwartet wird. Wir bleiben also nicht bei einer Erziehungskritik stehen.

Daß mit der Erziehung als Wohltat und Segen etwas nicht stimmen muß, kann man als Pädagoge recht deutlich erleben. Gibt man im Bekanntenkreis oder auch in fachlich anders orientierten Zusammentreffen bekannt, daß man Pädagoge sei, kommt häufig Unbehagen oder Verlegenheit auf. Hier und da erlebt man auch, daß recht spontan die Antwort folgt, man sei bemitleidenswert, habe eine undankbare Aufgabe, oder auch, man sei wohl doch gerade heute in erheblicher Verlegenheit. Ebenso ist immer wieder negative und emotionale Kritik an dieser

Zunft dann festzustellen, wenn man etwas offener die Probleme besprechen kann. Die wissenschaftliche Qualität der Pädagogik wird einerseits aus gerechtfertigten Bedenken angezweifelt, oft aber auch aus einer nicht weiter begründeten Aversion herabgesetzt. Über zwei Jahrzehnte unter dem Joch der Erziehung oder Bildung scheinen doch häufig nicht ohne Schädigungen und stereotype Verfestigungen in der Beurteilung vorübergegangen zu sein, auch wenn dies weithin verdrängt ist.

Strafe und Erziehung - ein vielschichtiges Verhältnis

In einem ersten Schritt wollen wir fragen, wie es mit dem Phänomen *Strafe im Erziehungssystem* aussieht. Daß Erziehung - so sehr man das bedauern mag - etwas mit Strafe zu tun hat, ist uns allen vertraut. Schon die biblische Weisheit „Den der Herr liebt, den weist er zurecht" (Sprüche Salomons 3,12), scheint uns dies deutlich zu machen, oder auch das Sprichwort „per aspera ad astra" oder „ohne Schweiß kein Preis". Zurechtweisung, aspera (Mühen), Schweiß und Anstrengung sind offenbar mit Erziehung verbunden. Erziehung mißlingt oft, und den Bemühungen des Erziehenden, seinem Tun Nachdruck zu verleihen, Widerstände zu überwinden und seine Effektivität zu erhöhen, wird u. a. durch Übelzufügung (Strafe) nachgeholfen, wenn Liebe, Zureden und Erklärung nicht ausreichen. Vom Liebesentzug bis zum Prügeln gibt es hier viele Nuancen. Psychologen und Pädagogen haben Theorien zur straffreien Erziehung entwickelt, aber diese scheint in der Praxis nicht zu funktionieren. Weithin wird die Strafe nicht beseitigt, sie wird nur getarnt oder instrumental verfeinert. Die Entwicklung im Strafvollzug ist bekannt: Früher gab es Arrest, hartes Lager, reduzierte Kost und Isolierung. Diese Mittel waren äußerlich erkennbar und meist auf kurze, intensive Interventionen begrenzt. Heute sind wir von der psychischen Mißhandlung zur psychischen Taktik übergegangen. Wir entziehen nicht mehr Verpflegung und haben keine harten Pritschen mehr. Wir stellen heute fest, daß ein Gefangener, der früher für eine Regelwidrigkeit Arrest erhalten hätte, nunmehr für Lockerungen oder Urlaub noch nicht reif und ausreichend gefestigt sei und daher noch drei Monate warten müsse. In „totalen Institutionen" wie dem Strafvollzug gibt es tausend Wege zum repressiven Reagieren auf Verhaltensauffälligkeiten. Aber ähnliche Entwicklungen erleben wir auch in der Schule. Psychologische und soziologische Erkenntnisse ermöglichen kaum erkennbare Durchsetzungsstrategien.

Ein gutes Gewissen haben wir bei der Anwendung des Erziehungsmittels Strafe nicht. Wenn wir einigermaßen sensibel sind, ist uns das Strafen auch dann peinlich, wenn es sachlich berechtigt erscheint. Wir erklären, daß beim Strafen Verhärtung, Feindschaft und „schädliche Nebenwirkungen" vermieden werden müssen. Bei uns nahestehenden Personen leiden wir sogar unter einem eventuell notwendigen Zwang zum Strafen. Die klammheimliche Freude, daß wir einen, der uns geärgert hat, endlich erwischt und damit das Recht erworben haben, ihn zu bestrafen, können wir kaum eingestehen. Letztlich wollen wir immer etwas

Gutes, und wir können das Phänomen Strafe dann als Aversionslernen, als natürliche Konsequenzen oder als Prägung interpretieren.[1] Die Schwierigkeiten des Betroffenen beim „Mitspielen" zeigen aber die Grenzen des als negativ erlebten Handelns. Daß Strafe häufig aus Gedankenlosigkeit, Bequemlichkeit, persönlichem Beleidigtsein oder einfach aus Machtstreben und Geltungsbedürfnis eingesetzt wird, wo durchaus positive Verstärkung und Konfliktlösung möglich wären, erleben wir immer wieder. Sicher ist es auch richtig, die Strafe nur als letztes Mittel (ultima ratio) zuzulassen, wenn wirklich alle anderen Wege erprobt wurden. Aber wo ist dies wirklich so konsequent getan worden, daß die Behauptung berechtigt wäre, wir hätten „alles nur Mögliche versucht"?

Die Theorien zur straffreien Erziehung scheinen also durchaus ihre einschränkende Funktion zu haben, und die antiautoritäre Erziehung[2] hat hoffentlich eine Sensibilisierung der fröhlich-unbekümmerten oder auch der selbstgerechten Erzieher bewirkt. Daß schließlich eine „Antipädagogik" das gesamte Erziehungssystem in Frage stellte,[3] hat zentral mit der Frage nach dem Straf- und Repressionscharakter vieler realer Erziehungsmethoden zu tun. Auf der anderen Seite wird der in den letzten Jahren sich abzeichnende Trend „Mut zur Erziehung" von Freund und Feind einer oft als konservativ bezeichneten Wende als Mut zur Strenge, zur Entschlossenheit und zielstrebigen Durchsetzung, letztlich auch durch Strafen, fehlinterpretiert.[4] Wir können diesen Diskussionen hier nicht nachgehen. Sie erfordern aber die Aufmerksamkeit aller derer, die mit Menschen umgehen, auch und gerade in der Strafrechtspflege.

Eine andere im Bereich der Strafrechtspflege näherliegende Frage ist durch das Problem „*Erziehung im Strafsystem*" gestellt. Die Justiz im Strafrechtsbereich, die noch im vergangenen Jahrhundert fast ausschließlich repressiven Charakter hatte, geriet mit der Ablösung der Körperstrafen durch die Freiheitsstrafe in eine Verlegenheit, die sich einfach und plakativ mit einer Zelleninschrift eines Gefangenen wiedergeben läßt: „Ob sie mich lieben oder hassen, einmal müssen sie mich doch entlassen." Die Tatsache, daß fast alle zu Freiheitsstrafen Verurteilten wieder in die Gesellschaft zurückkehren, ließ die Frage aufkommen, in welcher

---

[1] Derartige Interpretationen sind schon immer in vorwissenschaftlichen Bemühungen zu finden. Sie sind dann in der Psychologie und in Lerntheorien in vielen Varianten abgehandelt, z. B. bei *Tausch, R / Tausch, A -M*, Erziehungspsychologie, Göttingen 1970, insbesondere S 292 ff.

[2] zuerst dargelegt von *Neill, AS*, Theorie und Praxis der antiautoritären Erziehung, Reinbek 1969, und dann im Rahmen der 68er-Bewegung in den siebziger Jahren ausführlich diskutiert.

[3] Angeregt und im Anschluß an die antiautoritäre Erziehung auf den weg gebracht von *Ekkehard von Braunmuhl*, Antipädagogik, Studium zur Abschaffung der Erziehung, Weinheim/Basel 1975.

[4] *Wolfgang Brezinka*, Tüchtigkeit, Analyse und Bewertung eines Erziehungsbeispiels, München 1987, überschreibt sein Schlußkapitel „Mut zur Tüchtigkeit! Mut zu Tugenden!" Seine Überlegungen und auch seine Untersuchung „Erziehung in einer wertunsicheren Gesellschaft", München 1986, sind in unserem Zusammenhang weiterführend und wertvoll.

Verfassung diese Entlassenen dann anzutreffen sind und ob nicht die Gefahr bestehe, daß sie als Amateure in das System Strafvollzug kommen und als Profis in Kriminalität zurückkehren. Die Gesellschaft hätte sich dann mit dem Freiheitsentzug einen Bärendienst erwiesen, ganz unabhängig vom Schicksal des einzelnen Insassen und dessen Anspruch auf humane Behandlung. Die Entwicklung in den vergangenen 150 Jahren ist oft nachgezeichnet und in vielen Monographien behandelt worden.[5] Seit *Franz von Liszt* ist der Täter auch in den Mittelpunkt der strafrechtlichen Überlegungen gerückt. Zunächst waren schon in der ersten Hälfte des 19. Jahrhunderts Pfarrer, dann folgerichtig den Lehren der Aufklärung angemessen Lehrer und schließlich im 20. Jahrhundert Psychologen und Sozialarbeiter im Strafvollzug beschäftigt worden. Sie sollten Hilfe, Befähigung und Erziehung im Strafsystem realisieren. Auch im Verfahren setzten sich in den letzten Jahrzehnten über die schon früher beteiligten Psychiater hinaus[6] sozialpädagogische Fachkräfte durch, die dort die psychosoziale Genese von Kriminalität verdeutlichen und resozialisierende und erzieherische Aspekte in die Urteilsfindung einbringen sollten.[7] Auch die Interventionen selbst erhoben den Anspruch, erzieherische Aspekte zumindest zu berücksichtigen oder diese sogar ausdrücklich als Ziel der Maßnahmen zu deklarieren. Im Jugendgerichtsgesetz gibt es Erziehungsmaßregeln und Zuchtmittel und einen der Erziehung verschriebenen Jugendstrafvollzug. Im Erwachsenenstrafrecht wird Befähigung für ein straffreies Leben in eigener Verantwortung als Vollzugsziel deklariert (§ 2 StVollzG) und Strafaussetzung mit Bewährung - ebenfalls mit helfendberatenden und erzieherischen Funktionen - ermöglicht. Im Strafvollzug werden Schul- und Berufsausbildung und Soziales Training angeboten, und auch Locke-

---

[5] Eine neuere Zusammenfassung bringt in einem Überblick *Cornel, Heinz*, Geschichte des Jugendstrafvollzugs, Weinheim/Basel 1984. Ebenso im Überblick: *Müller-Dietz, Heinz*, Artikel „Strafvollzug", in: *Kaiser/Kerner/Sack/Schellhoss* (Hg.), Kleines kriminologisches Wörterbuch, Heidelberg 1985.
Zur Entwicklung von 1918 bis heute neuerdings *Busch, Max/Krämer, F.*, Strafvollzug und Schuldproblematik, Pfaffenweiler 1988, mit Beiträgen zur Geschichte von *Müller-Dietz* und *Böhm, Alexander*

[6] Die durch Jahrzehnte in unserem Jahrhundert zu beobachtende enge Verbindung zwischen Psychiatrie und Strafjustiz erscheint heute relativiert durch sozialpsychologische und soziologische Erkenntnisse. Sowohl bei der Diskussion um die sozialtherapeutischen Anstalten, insbesondere aber im Verfahren ist die psychiatrische Komponente wie in der Kriminologie nach wie vor von Bedeutung. Für die Sozialpädagogik stellt sie ein wichtiges Korrektiv dar, insbesondere wenn es um die Abgrenzung von Erziehung und Therapie sowie um den Aufweis von psychopathologischen Bedingungen von Erziehungsprozessen geht, die als solche nicht „voraussetzungslos" realisiert werden können.

[7] Jugendgerichtshilfe (§ 38 JGG) und Gerichtshilfe (§§ 463 d, 160 StPO) haben einen festen, wenn auch in der Ausgestaltung noch problematischen Platz in der Strafrechtspflege gefunden, wenn auch der Hilfebegriff hier im Vordergrund steht, ist Hilfe im Humanbereich stets mit bildenden und befähigenden Komponenten verbunden und kann nicht als wert-neutrales Sozialmanagement verstanden werden.

rungen, Urlaub und offener Vollzug haben letztlich pädagogische Implikationen.[8] Auch Alternativen zu den „klassischen" Sanktionsformen, z. B. Täter-Opfer-Ausgleich und sogenannten Diversionsmaßnahmen,[9] werden teilweise mit erzieherischen Argumenten gerechtfertigt und sollen zumindest positive Handlungsstrategien anbieten. Im heutigen Strafrechtssystem ist also Erziehung legitimiert und allgemein nicht nur zugelassen, sondern weithin zentrales Rechtfertigungsargument. Unsere Frage, ob Erziehung im Strafrechtssystem möglich, sinnvoll und effektiv sei, scheint also positiv beantwortet zu sein.

In den letzten Jahrzehnten ist aber die schon in den zwanziger Jahren erkennbare Kritik an Erziehung im Strafrechtssystem immer deutlicher und vernehmbarer geworden. Bezüglich des Strafvollzugs wird gefragt, ob Erziehung zur Freiheit und zu Verantwortung in Unfreiheit möglich sei.[10] Die Antworten werden immer vielgestaltiger. Sie reichen von der Forderung nach Abschaffung des Strafrechts überhaupt[11] bis zum Vorschlag, doch Strafe Strafe sein zu lassen und z. B. im Strafvollzug eine „humane Verwahrung" ohne erzieherischen Anspruch durchzuführen.[12] Vergeltung, Sühne und Schuldausgleich werden wieder aktuell und als bleibende und brauchbare Grundlage menschlichen Strafens bezeichnet.[13] In diese Diskussion soll hier weder zur Rechtfertigung pädagogischer In-

---

[8] Zum erzieherischen Aspekt von Lockerungen im Vollzug und zum Urlaub: *Böhm, Alexander*, Einführung in das Jugendstrafrecht, 2. Auflage, München 1985, und *Busch, Max*, Lockerung und Öffnung des Jugendstrafvollzugs, in: Zeitschrift für Strafvollzug und Straffälligenhilfe, Heft 1/80, S. 11ff.

[9] Zur sog. Diversion und zum Täter-Opfer-Ausgleich ist in den letzten Jahren eine umfassende Diskussion in der Fachliteratur festzustellen. Als grundlegende Information seien nur genannt: *Kury, H/Lerchenmüller' H* (Hg.). Diversion, Alternativen zu klassischen Sanktionsformen, 2 Bände, Bochum 1981, und: *Dieter Rössner/Rüdiger Wulf*, Opferbezogene Strafrechtspflege, Deutsche Bewährungshilfe, Selbstverlag 1984.

[10] Dies wird schon vor zwei Jahrzehnten im Titel eines Sammelbandes zu Strafvollzugsfragen verdeutlicht: *Busch, Max/Edel, Gottfried*, Erziehung zur Freiheit durch Freiheitsentzug, Darmstadt 1969.

[11] Dazu: *Müller-Dietz, H*, Grundfragen des strafrechtlichen Sanktionssystems, Heidelberg/Hamburg 1979. Für die Abschaffung des Strafvollzugs: *Mathiesen, Th*, Überwindet die Mauern! Neuwied/Darmstadt 1979.

[12] Auf die Tendenzen zu dem „diffusen Sammelbegriff des Neo-Klassizismus" weist *Müller-Dietz, H* neuerlich in „Entwicklungstendenzen des Strafvollzugs im internationalen Vergleich" hin. Abgedruckt in der Dokumentation der 15. Tagung der Bundesvereinigung der Anstaltsleiter im Strafvollzug, Berlin 1989, S. 32, auch in: Zeitschrift für Strafvollzug und Straffälligenhilfe, Heft 6/89, S. 323 ff

[13] Das neuerdings wiederbelebte Thema „Schuld und Sühne" müßte unter erziehungswissenschaftlichen Aspekten neu überdacht werden. Die klassischen schuldstrafrechtlichen Erörterungen sind weithin deshalb zu undifferenziert, weil sie die neueren empirisch abgesicherten Erkenntnisse zur Verbrechensgenese nicht berücksichtigen. Dies gilt auch für viele erzieherische Theorien zu Schuld und Sühne. Dabei müßte freilich berücksichtigt werden, daß es eine philosophisch getarnte repressive Strömung gibt, die lediglich an repressiver Strafverschärfung und Abschaffung erzieherischer Interventionen, interessiert ist.

terventionen noch zur Infragestellung derartiger Strategien eingegriffen werden. Wir stellen hier eine spezifische, für das Verhältnis Strafe und Erziehung wichtige und auch für die Diskussion zur Gestaltung der Strafrechtspflege zumindest indirekt weiterführende Frage, die bisher in dieser Form nicht gestellt wurde, nämlich, ob nicht Erziehung als solche Strafcharakter habe. Diese Frage wird provoziert durch die gerade in der Strafrechtspflege immer wieder auftauchende Behauptung, Erziehung sei eine Wohltat, ein Zugeständnis, eine Vergünstigung oder gar eine optimistische Verkennung realer Gegebenheiten.

Der Strafcharakter der Erziehung

Die Hypothese, Erziehung sei als solche immer schon Strafe, ist keineswegs selbstverständlich und wird zumindest von Erziehern - auch wenn sie sich z. B. als Jugendrichter als solche fühlen - als provozierend und zumindest maßlos übertrieben betrachtet. Die guten Absichten, die man mit erzieherischen Interventionen hat, werden als Beweis betrachtet, daß man nicht Strafe, sondern Hilfe im Auge habe, und dies soll hier auch zunächst nicht bestritten werden.

Wollen wir unsere Behauptung beweisen, so können wir dies am ehesten tun, indem wir wie die Erziehenden zu ihren Gunsten argumentieren. Sie definieren Erziehung und ihre Auswirkungen aus ihrer Sicht und gehen perspektivisch davon aus, daß ihre Absichten den positiven Charakter ihrer Bemühungen beweisen. Wir bedienen uns also einmal versuchsweise der Perspektive des anderen Partners des Erziehungsprozesses, nämlich des sogenannten Betroffenen. Diese Sichtweise wird allgemein vernachlässigt oder überhaupt nicht wahrgenommen, obwohl uns die moderne Psychologie, die Soziologie und die Pädagogik lehren, daß für jede Erziehungsstrategie der Ausgangspunkt der Adressat ist. Derjenige, der erzogen werden soll, der etwas lernen soll, muß daraufhin überprüft werden, wie er Erziehung und Intervention überhaupt sieht. Erzieher, Eltern und andere Beteiligte (auch z. B. in der Jugendstrafrechtspflege) reflektieren ihre Ziele und die Mittel, die sie zur Durchsetzung anwenden. Der Betroffene ist allenfalls das (zu analysierende) Material, mit dem gearbeitet wird. Die „Lehrkraft" bearbeitet das „Schülermaterial", das zugänglich oder widerspenstig ist, aber stets als Adressat und nicht als Agierender wahrgenommen wird. Sein Handeln und sein Verhalten werden allenfalls in das Aktionsprogramm der Erziehenden als Variable aufgenommen. Vielleicht scheitern an dieser Grundkonstellation viele pädagogische Bemühungen. Dies wird uns am Schluß unserer Betrachtung noch beschäftigen, wenn es um die Konsequenzen aus der Behauptung, daß Erziehung Strafcharakter habe, geht.

Zunächst muß noch verdeutlicht werden, warum und inwiefern Erziehung Strafe ist und wie diese Behauptung zustandekommt, geht doch eine solche These weit über die durchaus banale Feststellung hinaus, daß „Zöglinge" in Familie, Schulen, Heimen und auch in Jugendstrafanstalten oft lustlos, uneinsichtig und widerspenstig sind.

Hier nur einige Thesen und Erkenntnisse zu unserer Hypothese: Die Vergangenheit und insbesondere die gegenwärtige Situation und der Zustand der Betroffenen werden unter pädagogischen Dimensionen als unbefriedigend bezeichnet. Sein status quo muß überwunden werden. Veränderung ist das Ziel, und zwar unabhängig davon, ob sich der Adressat in seinem gegenwärtigen Zustand wohlfühlt oder nicht. Ist der zu Erziehende mit sich und der Welt unzufrieden, haben es die Erzieher leicht. Dann können sie ihre Zumutungen und Prinzipien leicht verkaufen, weil das Nicht-Befolgen als Ursache für das Fortbestehen des Unbehagens interpretiert werden kann. Ist aber Zufriedenheit oder fehlendes Veränderungsbedürfnis zu registrieren, so scheitert Erziehung häufig. Es liegt dann nahe, den Versuch zu unternehmen, das sogenannte Gute mit „Gewalt", zumindest mit Entschiedenheit und Nachdruck durchzusetzen, weil es ja objektiv notwendig ist. Wenn der Klient nicht will, wird Erziehung zur Zumutung, zum Zwang und letztlich zur Strafe.

Erziehung ist auf Zukunft gerichtet. Sie fordert immer wieder um künftiger Vorteile willen Verzicht, Bemühen und Anstrengungen in der Gegenwart, ohne daß gleich eine Belohnung oder ein Erfolg sichtbar werden. Soll der Adressat seine verspielte, glückliche und fröhliche Gegenwart einer ungewissen und kaum erkennbaren Zukunft opfern? Sollte man nicht jetzt leben in der Hoffnung, daß auch die Zukunft irgendwie funktionieren wird? Verzicht auf Gegenwart wird dann als Repression, als Strafe empfunden.

Die Erziehung, unser ganzes Bildungssystem und erst recht unser Konzept einer konstruktiven Interventionsskala eines erzieherisch ausgerichteten Jugendstrafrechts ist nicht ein Werk der Betroffenen, sondern der Erzieher, die die zu Erziehenden meist nicht befragen, sondern diese allenfalls definieren und einplanen. Es wundert nicht, daß diese kaum nachvollziehen können, was mit ihnen geschieht. Sie sehen oft nur die Zumutung, nicht den „Segen" der Erziehung. Nicht verstandene Zumutung ist aber ein Übel, Übel ist Strafe.

Das Leben zwischen Wohltat und Strafe

Um deutlich zu machen, daß es sich bei oben aufgeführten Thesen nicht einfach um einseitige und periphere Aspekte handelt, sondern daß hier eine zentrale Lebenswelt-Problematik angesprochen ist, sollen die entsprechenden Tatsachen biographisch - in der Abfolge von Lebensphasen - wenigstens grob und schlaglichtartig verdeutlicht werden. Um Mißverständnisse auszuschließen, sei zuvor noch einmal betont, daß es uns hier nicht um eine Diskussion um Erziehungsmittel oder Erziehungsstile geht, z. B. um die Frage des Verhältnisses von Strafe und Belohnung, um positive Verstärkung oder Aversionslernen, sondern um eine Analyse erzieherischer Interaktionen und Interventionen insgesamt und in ihrer kommunikativen Struktur.[14]

Zunächst einige Aspekte aus der Welt des Kleinkindes, das schon im 1. Lebensjahr „erzogen" wird: Das Kind soll trinken und essen und seine „Notdurft verrichten" nach einem Plan der Erwachsenen. Es soll schlafen oder auch lachen,[15] wann es den Erwachsenen angebracht erscheint. Es selbst hier und da oder gibt seinem Unbehagen lautstark Ausdruck.[16] Spätestens hier stellen Kritiker dieser Sicht (oder solche, die immer noch trotz obiger Hinweise meinen, es gehe um Erziehungsmethoden) die Frage, wie denn Kinder in unsere Zivilisation hineinwachsen sollen, wenn dies alles als negativ oder gar als Übelzufügung bezeichnet wird. Diese Frage ist nicht als solche falsch. Sie muß gestellt werden. Sie wird nur leider falsch beantwortet, wie wir am Schluß unserer Ausführungen noch sehen werden. Meist erfolgen an dieser Stelle die mühsamen Rechtfertigungsversuche oder die Uminterpretationen, die versuchen, aus dem Übel eine Wohltat zu machen. Schon hier sei gesagt: Das Übel ist unvermeidbar, allenfalls reduzierbar, wir sollten seinen „negativen Erlebniswert" nicht mit einem positiven Zweck oder Ziel und entsprechenden Interpretationen zudecken.[17]

Werfen wir einen Blick auf die Schulzeit. Hier soll nur ein unverdächtiger Zeuge zitiert werden, nämlich der Dichter *Gerhard Hauptmann*, der zur Eröffnung der heute zwischen 10 und 13 Jahre dauernden Marathon-Strecke der Bildung, die er dann offensichtlich erfolgreich absolviert hat, folgendes schreibt: „Der durch Jahre vorausgeworfene Schatten des ersten Schultags verdichtete sich. Eines Tages nach Weihnachten sagte meine Mutter zu mir: ‚Wenn das Frühjahr

---

[14] Den Prozeß von einer letztlich „internen" Pädagogikkritik zu einer Diskussion um eine grundsätzliche Kommunikationsanalyse in Prozessen des Umgangs der Generationen miteinander kann man bei einem in dieser Hinsicht sehr aufschlußreichen Vergleich zweier Bücher von *Eckehard von Braunmühl* verfolgen: *E v B* , Antipädagogik, Studium zur Abschaffung der Erziehung, Weinheim 1975, und neuerdings: *E v B* , Der heimliche Generationenvertrag, Jenseits von Pädagogik und Antipädagogik, Reinbek 1986.

[15] Es erscheint oft geradezu abenteuerlich, wenn Mütter arglos ihre Kleinkinder stolz Bekannten „vorführen" mit der selbstverständlich vom Kind nicht verstandenen Aufforderung „Lach' mal schön!", einige Jahre später: „Gib der Tante schön die Hand!" Dies alles ist gut gemeint, und im Laufe der Zeit lernt das Kind auch, seiner Mutter den Gefallen zu tun, entsprechend zu reagieren, weil dies auch für alle Beteiligten von Nutzen ist. Man muß daraus nicht gleich den Schluß ziehen, hier werde das Kind für künftige Diktaturen (oder reibungsloses Einsitzen im Strafvollzug) präpariert, wo es dann auch darauf ankommt, sich „richtig" zu verhalten, auch wenn man die Gründe nicht versteht oder akzeptiert.

[16] Wie die „Zumutung" der Erwachsenen (oder Macht Ausübenden) bis in die Sprache hinein fixiert wird, zeigt die auch früher im Strafvollzug häufig verwendete Floskel, man habe etwas „zur Unzeit" getan, was dann sogar zu Disziplinarmaßnahmen führen konnte.

[17] Im Strafvollzug wird dies besonders deutlich Dort wirkt derartiges Bemühen dann aber auch besonders grotesk und ist auch meist von deutlichem Mißerfolg gekrönt. Hierher gehört auch die Rede vom „wohlverstandenen Besten", um das es gehe, bis hin zu theologischen Entsprechungen und zur „Besinnungsideologie".

kommt, mußt du in die Schule.' Ein ernster Schritt, der getan werden muß. Du mußt einmal stillsitzen lernen, und überhaupt mußt du lernen und lernen, weil auf andere Weise nur ein Taugenichts aus dir werden kann. Also, du mußt, du mußt, du mußt! Daß ich erst etwas werden solle, da ich doch schon etwas war, begriff ich nicht." Auch das moderne, wohl liberalere Schulsystem bleibt für einen Sechsjährigen nur schwer begreifbar. Diese Schulzeit eröffnet dann den Weg in neue, weitgehend fremdgesteuerte Systeme, in die Berufs- oder Universitätsausbildung.

Doch schließlich gleitet man zunächst unmerklich und dann mit der eigenen Fortpflanzung deutlich auf die „andere Seite", preist Erziehung als Segen an, verdrängt erlebtes Leiden und läßt die Vergangenheit in rosigem Licht erscheinen bis zum Höhepunkt des Klassentreffens. Wir sträuben uns gegen eine einseitige negative Interpretation. Ist dies nicht einfach Schwarzmalerei? Sind nicht Kinder, Schüler, Eltern und Lehrer ganz anders? Werden hier nicht einzelne Konflikte absolut gesetzt? Wir interpretieren unsere Erfolge als Ergebnis unserer Erziehung, auf die wir immer stolzer werden. Als „Nebenprodukt" erscheinen wir als solche, die Eltern und Lehrer ehren, und das ehrt uns. Damit werden wir zum „Vorbild" unserer Kinder.[18] Wir preisen unser „Angebot" und argumentieren dabei mit dem offensichtlich guten Ergebnis unserer eigenen Erziehung, durch die wir es „zu etwas" gebracht haben. Ist es nicht auch gut, alles Dunkle, Schwere und Negative zu vergessen? Ist das nicht Psychohygiene?[19]

Aber das ist oft nur die „Außenseite". Die Wunden sind bedeckt, die Narben verheilt. Oft blühen aber die Verwundungen im Untergrund weiter. Sie werden im Leben der Erwachsenen häufig wirksam, auch wenn sich dies nicht gleich in Schädigungswünschen verdeutlicht.[20] Oft kann man Erwachsene, die für strenge, rigoristische und sogar repressive Erziehung plädieren und zwar selbst da, wo sie keineswegs einen Anlaß dafür haben, erst aus dieser Retrospektive verstehen. Warum sie unter bereitstehenden „Erziehungsmitteln" das schärfere wählen, anstatt erst einmal „locker" oder flexibel an Probleme heranzugehen, hat sicher oft mit fehlender Anstrengungsbereitschaft oder auch mit Zeitmangel zu tun. Es könnten aber auch unbewußte „Rache" oder Vergeltung für erlittene, aber verdrängte Unbill mitwirken, die dann verhängnisvoll aus unseren Tiefen hervor-

---

[18] Auf die Rolle des Vorbild-Paradigmas in der Erziehung können wir hier nicht eingehen. In der Strafrechtspflege und im Strafvollzug spielt dieses kaum eine Rolle, woraus deutlich wird, daß hier auch über die ermittelte juristische Wahrheit hinaus die Echtheit und Wahrhaftigkeit einer Grenzsituation aufleuchtet, deren Chance oft viel zu wenig erkannt wird.

[19] Auch auf die heilende Wirkung zeitlicher Distanzierung (Die Zeit heilt Wunden: ein altes, bewährtes Sprichwort) können wir hier ebenfalls nicht eingehen, obwohl dies gerade in der Strafrechtspflege notwendig wäre, z. B. bei der Diskussion um Verjährung, Strafregisterproblematik und Resozialisierung.

[20] Schädigungswünsche werden in Redewendungen deutlich, die oft „erzieherisch" gemeint sind, z B. „Mir ist auch nichts erspart geblieben", oder: „Der muß sich auch erst die Hörner abstoßen".

bricht, wenn wir als Erzieher „an die Macht" kommen. Wie wäre es, wenn wir Erziehung kritisch unter diesen „biographisch" bedingten Aspekten nicht aufgeben, sondern einmal überprüfen und dann korrigieren würden? Vielleicht würden wir dann unsere Kinder, aber auch andere uns Anvertraute, in gemeinsamer Erkenntnis der in diesem Handlungsfeld immer bestehenden Überforderung etwas bescheidener und „brüderlicher"[21] erziehen. Dankbarkeit und Akzeptanz würden dann vielleicht später um so eher und um so echter entstehen.

Allgemeine Konsequenzen zur Fragestellung

Diese Betrachtungsweise der ersten beiden Lebensjahrzehnte des Menschen und unsere Formel von der „Erziehung als Strafe" führen nicht, wie mir vor kurzem vorgehalten wurde, zu einer subtilen Antipädagogik. Sie stellt auch keine destruktive Kritik am erzieherischen Bemühen, sei es im sozialen Nahraum (Familie), sei es im professionellen Kontext (z. B. Lehrer oder Sozialpädagoge), dar. Erziehung muß sein, sie ist nicht ersetzbar durch funktionale Konstrukte[22] oder durch einen Laissez-faire-Stil. Dies wäre illusionistisch, weil die Wirklichkeit des Lebens - übrigens in jeder real existierenden Gesellschaft - dies nicht zuläßt. Erziehung verändert sich aber zumindest in einigen Merkmalen, wenn wir sie so kritisch sehen, wie wir dies hier getan haben.

1. Erziehung wird sensibler für das subjektiv-genuine Erleben der Adressaten. Wir können uns ein wenig besser in sie „hineinversetzen" anstatt sie von außen zu interpretieren und zu definieren.

2. Erziehung könnte ihre Allmachts- und Allgegenwarts-Ansprüche relativieren. Sie könnte erkennen, daß Kinder und Menschen überhaupt „Spiel-Räume" brauchen, nicht Freizeitpädagogik und Programmierung durch Animateure, sondern „Freiheit von Pädagogik".

Dies entspricht nicht nur einer großen philosophischen, sondern auch einer pädagogischen Tradition. Hierzu noch zwei Zeugen: *Plato* spricht schon vor 2500 Jahren in Griechenland von „den wenigen, die selbst die Kraft haben, es auf einen kleinen Fingerzeig hin aus Eigenem aufzufinden", nämlich was richtig und orientierend ist. Er meint dann weiter, daß viele sehen, „was man alles lernen

---

[21] „Brüderlich" schließt hier selbstverständlich auch „schwesterlich" ein. Im übrigen konnten Gesellschaft und Politik mit Freiheit und Gleichheit in den 200 Jahren seit der französischen Revolution einiges anfangen. Die „Brüderlichkeit" ist dagegen blaß und vernachlässigt geblieben, und dies auch in der pädagogischen Wissenschaft. Vielleicht wirken „Solidarität" und ökologische Dimensionen hier auch einmal in unsere Erziehungsprozesse hinein

[22] Freilich gibt es „funktionale" Erziehung (z. B learning by doing). Sie kann aber den Erziehungsbedarf, auch wenn man diesen auf das Minimum reduziert, nicht abdecken. Dies zeigen schon simple Beispiele: Den Ofen, an dem die Kinder die Finger verbrennen können, wenn sie den Mahnungen der Mutter nicht folgen, gibt es weithin nicht mehr, so daß er als Beispiel wenig hergibt Aber kann eine Mutter ihr Kind bei „Rot" über die Straße zum geliebten Freund auf der anderen Seite laufen lassen, damit das Kind „Erfahrungen im Leben" macht?

muß und wie lang die Anstrengung ist und daß nur eine geordnete tägliche Lebensweise zur Sache paßt" und daß die Menschen dann merken, „daß es schwer und über ihre Kraft ist". Die Sache selbst, nämlich - auch das Ziel jeder Erziehung - eine sinnvolle und glückliche Lebenskonzeption, entsteht ganz anders. Sie läßt sich „gar nicht wie andere Einzelerkenntnisse in Worte fassen, sondern aus häufigem Beisammensein, das sich um die Sache selbst zusammenschließt, und aus wirklicher Lebensgemeinschaft wird es im Nu, wie sich aus einem springenden Funken ein Licht entfacht, in der Seele erzeugt, und: siehe da! schon nährt es sich aus sich selbst".[23]

Als zweiter Zeuge sei der Religions- und Erziehungswissenschaftler *Martin Buber* genannt, der davon spricht, daß „Mitsammensein" die Grundlage des Erziehens sei. In seiner chassidischen Geschichte „Gog und Magog" läßt er einen Rabbi erzählen: „Will man zwei Holzstücke fest aneinanderschließen, daß sie wie eines werden, muß man erst beider Unebenes abhauen. Wenn aber die Vorsprünge des einen sich in die Höhlungen des anderen fügen und umgekehrt, ist kein Abhauen not. Dies ist das wahre Mitsammen."[24]

Das Thema „Erziehung als Strafe" sollte provozierend wirken, es sollte durch „Pro-vokation" im ursprünglichen Sinn des Wortes herauslocken aus der Fixierung von Erziehung auf die immer mächtigeren Sachzwänge und die kulturell-intellektuell überlegene Interpretation von Erziehung durch die Erziehenden. Es wäre aber eine Fehlinterpretation, wenn man vermuten würde, es ginge darum, das Verhältnis einfach umzudrehen und das Kind / den Jugendlichen bestimmen zu lassen, was zu geschehen habe. Ziel war vielmehr, unser Erziehen oder auch unseren Umgang, auch wenn er nicht als Pädagogik deklariert ist, etwas kritischer und das Verhalten unserer Adressaten etwas flexibler zu sehen. Entscheidend ist, daß wir Erziehung immer als Vorwegnahme künftiger Einsicht und damit als Zumutung sehen.

Anmerkungen zur Erziehung im Strafvollzug

Im § 2 StVollzG wird nicht von Erziehung oder Resozialisierung, sondern von „Befähigung" gesprochen. Wenn man nicht gerade an die in manchen Anstalten eingerichteten Krafträume denkt,[25] hat Befähigung durchaus etwas mit Erzie-

---

[23] Zitiert nach der Übersetzung der Briefe Platons von *Heinrich Weinstock,* Frankfurt/Main 1947, S. 64. Auch wenn die Echtheits-Frage (von *Weinstock* bejaht) immer wieder gestellt wird, kommt es uns hier darauf nicht an, sondern auf die in Kontext der Lehre Plantons schlüssige und voll sich bestätigende Argumentation.

[24] Aus: *Martin Buber,* Gog und Magog, Frankfurt/Main 1957, S. 199 (Man erzählt sich Gleichnisse), in späteren Ausgaben der chassidischen Legenden wieder abgedruckt.

[25] *H M Tappen* schreibt hierzu in „Unsere Jugend", Heft 2/89, S. 46: „Schaue ich in die JVAs, egal ob für Jugendliche oder Erwachsene, staune ich, wieviel Krafttraining betrieben wird. Zeitweilig überlege ich, ob es nicht angezeigt wäre, den ‚Geist' mehr als den Körper zu stählen. Was wollen die ‚getrimmten Bodies' nach der Haftentlassung arbeiten? Zuhälter gibt es doch schon genug."

hung zu tun. Erziehung könnte auch etwas mit „Ziehen" zu tun haben, und eigentlich müßte man Gefangene bezüglich ihrer Motivation zur Befähigung hinziehen. Dies bleibt uns aber weithin erspart, weil selbst Gefangene, die schon oft auf Grund ihrer biographischen Mißerfolgserlebnisse nichts von Erziehung halten, durch die Erlebnisarmut und die Langeweile, die fehlenden Alternativen und mangelnden Chancen, aus der Zelle herauszukommen, in Veranstaltungen bildenden Charakters getrieben werden. Nachdem wir nun wissen, daß Erziehung eine Zumutung ist, und zwar allgemein und nicht etwa im Strafvollzug, werden wir Unwilligkeit nicht mehr einfach als Merkmal von abweichendem Verhalten betrachten, aber auch das Mitmachen nicht mehr schlicht als Bildungsinteresse interpretieren.

Wenn Erziehung also belastend und anstrengend, keineswegs ein Vergnügen ist, dann wäre ein erzieherisch ausgestalteter Strafvollzug schon insofern Strafe[26] und nicht, wie einige Gegner eines konstruktiven Strafvollzugs vermuten, eine Straferleichterung und eine zweifelhafte Liberalisierung. Für alle, die hier Vergeltungs-, Sühne- und Schädigungswünsche haben, kann beruhigend festgestellt werden: Befähigung und Erziehung sind zumindest kein schieres Vergnügen oder schlichte „Hafterleichterung". Sie sind mit Anstrengung und Anforderungen, mit dem Akzeptieren von Veränderungsbedarf verbunden und dies auch im Strafvollzug,[27] wenn auch durch die Leiden und Belastungen im Freiheitsentzug dieser Charakter der Erziehung in den Hintergrund tritt. Die ängstliche Bemühtheit um den Strafcharakter des Strafvollzugs, die uns von repressiv orientierten Kreisen entgegenkommt, ist höchst verdächtig: Sie präparieren die Erziehung zur Wohltat und zum Vergnügen, weil sie letztlich den Kriminellen kriminell bleiben lassen wollen, und hierfür gibt es viele Gründe, die wir hier nicht abhandeln können.

Neben den Argumenten repressiv orientierter Vertreter gegen Erziehung im Freiheitsentzug gibt es auch Stimmen aus erziehungswissenschaftlichen Kreisen, die ganz besonders aus dem Buchtitel „Damit Erziehung nicht zur Strafe wird" deutlich werden.[28] Hier soll Erziehung einerseits von allem Negativen, von Repression und Kontrolle freigehalten und andererseits nicht als Alibi oder auch

---

[26] Auf die Frage, ob dann ein Einsperren nur wegen der „Verteidigung der Gesellschaft" oder zu deren Schutz zu rechtfertigen sei und eine erzieherische Gestaltung den vielfach gewünschten Sühneaspekt eo ipso enthalte, kann hier nicht eingegangen werden.

[27] Ein Jugendlicher in der JVA Wiesbaden hat dies wohl empfunden, als er mir sagte: „Man kommt hier vor lauter Erziehung nicht einmal dazu, seinen Knast abzusitzen."

[28] In dieser Richtung ist der Titel des Buches „Damit Erziehung nicht zur Strafe wird" zu verstehen *(Siegfried Müller/Hans-Uwe Otto[Hg], Bielefeld 1986)* Eine „verhängnisvolle Allianz von Pädagogik und Justiz", wenn es sie gäbe, wäre sicher aufzukündigen (S. X) Andererseits aber ist es eine Illusion zu glauben, daß eine kontroll- und zumutungsfreie Pädagogik ohne jeden Anteil an Zwang oder zumindest „vorweggenommener" Zustimmung möglich sei Das Verhältnis einer realistischen Pädagogik zu einer Justiz, die ihre Grenzen erkennt und Erziehung nicht usurpiert und selbst definieren will, bedarf weiterer Klärung.

als Rechtfertigung für Freiheitsentzug mißbraucht werden. Eine so „unschuldige" und reine Erziehung kann es aber nicht geben, es sei denn in den Konstrukten lebensferner Phantasie. Erziehung findet immer in dieser unzulänglichen und vorläufigen Welt statt und ist stets unter nicht idealen Rahmenbedingungen zu realisieren, weil sie weder bis zum Idealzustand der Welt warten noch sich verweigern kann. Niemand wird ernsthaft bezweifeln, daß im Strafvollzug für jede befähigende Bemühung die Bedingungen extrem einengend sind (Subkultur, Personalmangel, kustodiale Organisation usw.). Wenn aber begriffen wird, daß Erziehung als solche ein oft mühsames, wenig Anerkennung findendes, ein mit Zumutung und Belastung verbundenes Geschäft ist, dann wird man auch unter den Bedingungen des Strafvollzuges handeln können. Daß dennoch erzieherisches Bemühen als Alibi für eine unterlassene Gesamtreform des Strafvollzugs mißbraucht wird, bleibt allemal unvermeidbar (so wie auch Medikamente mißbraucht werden).

Die Frage der Totalverweigerung von Erziehung im Strafvollzug darf übrigens nicht als Strategiefrage verharmlost werden. Hier liegt die Alternative nicht einfach zwischen Strafe einerseits und Erziehung andererseits. Hier steht auf der einen Seite ein schwieriges und täglich belastendes, vielfach mißbrauchtes Verhältnis von Strafvollzug und Erziehung, wie wir es unter der Fragestellung „Erziehung im Strafsystem" bereits weiter oben behandelt haben, und auf der anderem Seite ein nicht suspendierbarer Anspruch jedes Menschen zu jeder Zeit, die Chance zum Lernen, zur Veränderung und zumindest zur Erhaltung seiner positiven Fähigkeiten wahrnehmen zu können. Eine recht verstandene Menschenwürde (Art. 1 GG) besteht nicht nur in der Achtung der Menschenwürde sondern auch in deren Schutz, und dies bedeutet aktive Substanzerhaltung. Dieser Schutz wird nur durch das Angebot, durch eine offensive, allerdings nicht mit Zwang arbeitende Gewährleistung sichergestellt. Insoweit erübrigt sich die Frage, ob Erziehung im Strafvollzug bereitgestellt werden muß oder darf.

Unsere Hypothese von der Erziehung als Strafe kann hierzu nur das Argument beitragen, daß Erziehung den Strafvollzug nicht relativiert und gefährdet. Die von uns festgestellte Notwendigkeit von Erziehung und Befähigung, die Notwendigkeit, die mit der Lebensfähigkeit des Menschen überhaupt verbunden ist, gilt freilich für alle Beteiligten, auch für die Mitarbeiter des Strafvollzugs. Auch sie bedürfen einer keineswegs immer bequemen und vergnüglichen Weiterentwicklung, z. B. als Fortbildung, für die sie selbst etwas tun müssen, wenn sie das Interesse an menschlicher und nicht nur professioneller Qualität im Rahmen ihres kommunikativ zentrierten Berufes haben.

Gerade wenn Erziehung in ihrem Ernstcharakter, in ihrer Zumutung gesehen wird, bedarf sie aber - wie bereits oben bemerkt - auch einer Relativierung durch Spielräume. Es wäre verhängnisvoll, wenn durch ein erzieherisches Zwangssystem der Freiheitsentzug inhaltlich noch verschärft würde. So darf „Erziehung als Strafe" nicht verstanden werden. Sie muß trotz aller Zumutungen helfend und akzeptabel gestaltet werden. Weil aber Erziehung nicht als solche Wohltat oder Vergnügen ist, der Mensch aber Frei- und Spielräume benötigt, weil er ein Recht auf freie Entfaltung auch ohne fremdgesetzte Zwecke hat, muß Strafvollzug auch einen solchen Lebensbereich in der Lebenswelt des total vereinnahmten Menschen in ihrem System bereitstellen. Nicht die naive Vermischung von Erziehung und Freizeit, sondern gerade die deutliche Kennzeichnung von Erziehung als anspruchsbeladene Lebensnotwendigkeit verdeutlicht, daß auch im Strafvollzug Freizeit sein muß. Wenn dabei Bildung geschieht oder in befähigenden Aktivitäten auch noch Spaß und Freude vermittelt werden, ist dies nur zu begrüßen. Sehen wir den Strafvollzug „ökologisch"[29] als Lebenswelt mit Mängeln, Einengungen und Schädigungen, aber doch als zur Zeit noch gegebene Wirklichkeit, sind Erziehung und Freizeit Sektoren des Seins, die je für sich zu gestalten sind, auch im Freiheitsentzug unter extrem negativen Bedingungen. So wie es in unserer gefährdeten Welt nicht mehr um Entwicklung und Steigerung, um Fortschritt und Vollkommenheit[30] sondern ums Überleben geht, so geht es auch in der „Welt des Strafvollzugs" um das humane Überleben der Insassen. Zu den Grundbedürfnissen des Menschen gehören neben Wohnung, Ernährung und Gesundheit auch humane Substanzerhaltung durch die realistische Erziehung und daraus sich ergebender Bedarf nach Freizeit als Spielraum zur Regeneration für das oft anstrengende und ungeliebte Geschäft der Befähigung.[31]

Oft ist von „Erziehungsgedanken" im Strafvollzug oder vom Resozialisierungsziel des Strafvollzugs die Rede.[32] Die Betrachtung einer „Erziehung als Strafe" macht uns deutlich, daß hier nicht ein Gedanke als Zuckerguß über einen unangenehmen Lebensbereich gebreitet werden kann. Es geht auch nicht um Ziel- und Orientierungsvorstellungen, die sicher ihre Bedeutung haben. Vielmehr

---

[29] Ökologie ist hier nicht verengt als Umweltschutz oder als gesunde Lebensführung zu verstehen. Sie geht von der Wortbedeutung „oikos" als Haus aus, das alle Lebensfunktionen umfaßt und diese in einen sinnvollen und konstruktiven Zusammenhang bringen will.

[30] Wir können nicht mehr einfach wie *Herman Nohl* feststellen: „Das Entscheidende ist, daß unser Leben nur befriedigend und sinnvoll erscheint, wenn wir das Gefühl von Entwicklung und Steigerung dabei haben - wenn wir uns ‚bilden‘." *(Hermann Nohl,* Erziehergestalten, Göttingen 1958, S 80) Leider ist „Bildung" heute als Überlebensnotwendigkeit zu definieren, auch wenn sekundär-inhaltlich dann durchaus Interesse, ja sogar Spaß an Entwicklung und Fortschreiten gegeben oder entwickelt werden mag

[31] Worum es hier zeitlich und personell geht, wurde im Schlußplenum des 20. Deutschen Jugendgerichtstages 1986 in Köln deutlich. Freizeit, das lange Wochenende und die Feiertage sind hier allein schon bezüglich der personellen Ausstattungen der Anstalten die Brennpunkte Was geschieht von Freitagmittag bis zum Montagmorgen? Niemand wird ernsthaft fordern, daß diese Zeit mit Bildungsangeboten anzufüllen sei, selbst wenn entgegen der desolaten Lage in der Gegenwart das Fachpersonal hierfür zur Verfügung stünde. Und wenn es künftig weniger werden .. , Schriftenreihe der DVJJ, Neue Folge, Heft 17, München 1987, S 463 und 471.

[32] So neuerdings auch in *Walter, Michael* (Hg), Beiträge zur Erziehung im Jugendkriminalrecht, Köln 1989.

wird hier eine konkrete Pflichtaufgabe humaner Existenz erfüllt, die geliebt oder verachtet, akzeptiert oder als Übel empfunden werden mag, die aber allemal konkret auszufüllen und real anzubieten ist.

Von der Unterrichtsfähigkeit zur Gesellschaftsfähigkeit.

Bildung, Unterricht und Professionalität

Hermann Giesecke

Die gegenwärtige bildungspolitische und pädagogische Diskussion ist bestimmt vor allem durch folgende Probleme:

1. Wozu ist die Schule da im Kontext der außerschulischen Erziehungs- und Sozialisationsfaktoren angesichts einer radikal pluralistisch gewordenen Gesellschaft? Kann sie sich noch wie früher auf den Unterricht konzentrieren oder muß sie nicht vielmehr die Defizite der Kinder, die an anderen gesellschaftlichen Orten entstehen, ebenfalls aufgreifen und zu ihrem Thema machen? Dafür steht das Stichwort einer „Sozialpädagogisierung" der Schule.

2. Was muß man unbedingt in der Schule lernen - also die Frage nach dem Kanon der allgemeinen Bildung - und was kann man außerhalb der Schule lernen durch die Teilnahme am gesellschaftlichen Leben, durch die Medien, oder im Rahmen der Berufsausbildung bzw. der Weiterbildung auf dem üppig sprießenden Bildungsmarkt?

3. Was ist des Lehrers Profession? Welche Fähigkeiten bzw. welches Ethos muß ein Lehrer haben, damit sein Beruf in der Öffentlichkeit ähnlich deutlich in Erscheinung treten und respektiert werden kann wie etwa der des Arztes, des Anwaltes oder des Pfarrers?

Wenn ich es richtig sehe, treffen alle diese Probleme Ihre Tätigkeit - Unterricht im Strafvollzug - nur am Rande. Ihre Tätigkeit ist in der Öffentlichkeit weitgehend unbekannt, und auch ich habe Näheres darüber erst durch meine Vorbereitung auf diese Tagung erfahren. Ich habe also mit Ihrer besonderen pädagogischen Praxis keinerlei Erfahrungen. Deshalb will ich in meinem Vortrag darauf verzichten, ihnen über diese allgemeinen Probleme zu berichten und einen Aspekt herausgreifen, der Ihre Arbeit zumindest mittelbar betrifft: die Bedeutung des Unterrichts für die persönliche Entwicklung des Menschen und vor allem für seine gesellschaftlichen Teilhabemöglichkeiten.

Wer die gegenwärtige schulpolitische und schulpädagogische Diskussion verfolgt, wird feststellen, daß der Unterrichtung der Schüler durch ihre Lehrer immer weniger Bedeutung beigemessen wird. Vielmehr sollen die Schüler möglichst selbst herausfinden und bestimmen, was, wie und in welchem Tempo sie lernen wollen. Unterricht, der vom Lehrer ausgeht, gilt im Vergleich dazu als unmodern oder gar als politisch reaktionär. Der Lehrer müsse sich verändern, vom Unterrichter zum Erzieher und zum Moderator von Lernprozessen werden, heißt es vielfach. Das im Auftrag der nordrhein-westfälischen Landesregierung erstellte Gutachten „Zukunft der Bildung - Schule der Zukunft" faßt die künftigen Aufgaben der Schule im Bild vom „Haus des Lernens" zusammen, in dem zwar auch noch Unterricht stattfinden soll, aber nur noch als Teil vielfältiger und im einzelnen offener allgemeiner Lernprozesse. Der Begriff des Lernens hat den des Unterrichts weitgehend abgelöst. Fragt man Lehrer nach dem Kern ihres beruflichen Handelns, verweisen sie meist nicht auf ihre unterrichtliche Aufgabe, sondern auf die möglichst gute Beziehung zu ihren Schülern. Die verbreitete Abwertung des Unterrichts zeigt inzwischen auch dort Wirkung, wo Lehrer sich davon nicht leiten lassen wollen; denn ihre Schüler bleiben von dieser Meinung nicht unbeeindruckt und halten die Leistungsanforderungen der Schule leicht für eine unnütze Quälerei. Ist aber jener altmodische Unterricht, wie wir ihn früher als Schüler in den verschiedenen Schulfächern erlebt haben, wirklich unmodern geworden? Ist er den Aufgaben der Zeit nicht mehr angemessen?

Nach meinem Abitur Anfang der 50er Jahre habe ich in einem großen Industriebetrieb ein Praktikum absolviert. Einige Wochen davon verbrachte ich in der Lehrwerkstatt, zu der eine betriebseigene Berufsschule gehörte. Nachdem wir eine bestimmte Aufgabe in der Werkstatt erledigt, z. B. ein Metallstück mit einer Feile auf eine vorgegebene Meßgenauigkeit hin bearbeitet hatten, führte uns der Ausbildungsleiter in einen Nebenraum und unterrichtete uns dort wie ein Lehrer über Möglichkeiten der Metallbearbeitung überhaupt. Danach kehrten wir in die Werkstatt zurück, um eine neue praktische Aufgabe zu erhalten, die dann ebenfalls mit einer systematischen Unterrichtung abgeschlossen wurde, und so ging es eine Zeitlang weiter. An diesem Beispiel lassen sich einige grundsätzliche Einsichten über die Bedeutung des Unterrichts gewinnen.

Offensichtlich führt der Unterricht nicht einfach fort, was wir schon wissen und kennen, sondern er *konfrontiert* uns mit einer neuen Perspektive, in der das, was wir bereits kennen, in einem neuen Licht als Teil eines größeren Zusammenhangs erscheint. Welche Formen der Metallbearbeitung es überhaupt gibt, wäre uns nicht dadurch aufgegangen, daß wir nur lange genug Eisen gefeilt hätten. Unterricht ist nicht einfach die Fortschreibung des lebensweltlichen Zusammenhangs.

Wenn wir diese Einsicht verallgemeinern, zeigt sich, daß jeder Unterricht an einer bereits vorhandenen *Erfahrung* anknüpfen muß. In unserem Beispiel war es die sinnliche Wahrnehmung der Wirklichkeit, wie sie uns damals angesichts der vom Feilen schwielig gewordenen Hände spürbar bewußt wurde. Diese Erfahrung weckte z. B. das Interesse an der Frage, ob die Bearbeitung nicht auch weniger mühsam möglich ist. Aber was wir gemeinhin als Erfahrung bezeichnen, geht weit über dieses Beispiel hinaus. Kinder und Jugendliche halten sich ja nicht nur in der Lehrwerkstatt oder in der Schule, sondern auch in anderen sozialen Zusammenhängen auf. Sie erleben ihre Familie, ihre Freunde, treten als Käufer in den Geschäften auf und sitzen vor dem Fernsehschirm, und erst in diesem Wechselspiel mit den übrigen Lebenssituationen ergibt Unterricht in der Schule einen Sinn. Im außerschulischen Bereich lernen die Kinder nicht nur manches, was sie in der Schule gar nicht lernen könnten, vielmehr bringen sie Erfahrungen aus diesen außerschulischen Lebensbereichen auch in den Unterricht mit. Sie beziehen das, was sie sonst erleben, auf das, was sie im Unterricht kennenlernen, und stellen von daher ihre Fragen. Indem sie dies tun, versuchen sie den Stoff für sich sinnvoll in einen Bezug zu ihrem bisherigen Leben zu setzen; deshalb muß der Unterricht dafür Zeit lassen. Niemand kann im Unterricht also etwas lernen, ohne an etwas anknüpfen zu können, was er bereits im bisherigen Unterricht oder außerhalb der Schule gelernt bzw. erfahren hat. Das Grundschulkind kann z. B. deshalb lesen und schreiben lernen, weil es die Bedeutung von Symbolen bereits kennt, also von Zeichen, die für etwas anderes stehen und dennoch damit nicht identisch sind. Einfaches Beispiel: das Markenzeichen der Tankstelle, die die Eltern benutzen; es bekommt einen Sinn, obwohl es mit dem Benzin, das dort verkauft wird, nicht identisch ist. Erfolgreicher Unterricht ist immer erfahrungsorientiert, er spricht die bereits vorhandenen Erfahrungen an, treibt sie weiter, differenziert sie, bringt sie auf den Begriff klärt sie auf und verknüpft sie mit anderen. Insofern muß der Unterricht, wenn er erfolgreich sein will, *immer* auf das bisherige Leben Bezug nehmen, auch wenn das nicht jedesmal ausdrücklich betont wird; es gibt keinen Nullpunkt, von dem aus man lernen könnte. Jeder neue Unterrichtsanlauf muß zudem den *Fortschritt* an Erfahrung berücksichtigen; die Lernanforderungen müssen sich mit dem Älterwerden der Schüler steigern. Geschieht dies nicht, dann fühlen sich die Schüler unterfordert oder für dumm gehalten. Aber der Unterricht verlängert nicht einfach die bisherige Erfahrung oder verdoppelt sie nur, sondern er betrachtet sie gleichsam aus der Vogelperspektive und präsentiert so Zusammenhänge, die die bisherige Wahrnehmung überschreiten und sie andererseits in eine systematische Ordnung bringen können.

Wenn wir das Wort „Unterricht" hören, denken wir meist nur an die Schule. Aber er füllt auch einen großen Teil der Berufsausbildung aus. Das sogenannte „duale System" unserer Berufsausbildung, das ich im Praktikum kennengelernt habe, besteht aus zwei mit einander verbundenen Säulen: aus der praktischen Ausbildung und aus systematischer Unterrichtung. Nun ist die Verbindung zwischen beiden Ebenen selten so anschaulich möglich, wie ich es damals erlebt habe, als wir ständig zwischen ihnen wechseln konnten. Viele Lehrer halten diese Kombination für den Idealfall des Unterrichts überhaupt und versuchen, ihn im Rahmen schulischer Projekte zu kopieren; dabei wird dann etwas hergestellt - z. B. eine Ausstellung zu einem Thema - und in möglichst enger Anlehnung an diesen Arbeitsprozeß auch unterrichtet. Das ist jedoch nur gelegentlich möglich, weil die Zahl vernünftiger Projekte begrenzt ist und die Schule ja - im Unterschied etwa zum Handwerksbetrieb - nichts produziert. Normalerweise finden auch in der Berufsausbildung die schulische bzw. die praktische Phase zu unterschiedlichen Zeiten und an verschiedenen Orten statt, im Betrieb einerseits und einmal oder zweimal die Woche in der Berufsschule andererseits. Das ist schon aus organisatorischen Gründen meist nicht zu ändern, weil ja nicht jeder Betrieb eine eigene Berufsschule unterhalten kann. Es gibt aber auch einen sachlichen Grund dafür, daß der von vielen gewünschte pädagogische Idealfall selten zu verwirklichen ist: Die handwerkliche oder industrielle Produktion hat eine andere Logik und eine andere Reihenfolge als die systematische Unterrichtung. Die anschauliche Verschränkung von Theorie und Praxis, wie ich sie damals erlebt habe, war auch bei uns nur solange möglich, wie wir uns in der pädagogischen Provinz der Lehrwerkstatt befanden; sie mußte aufhören, als wir danach unsere Ausbildung im Betrieb fortsetzten. Dann mußten wir lernen, das Abrufen unserer Erfahrungen durch Unterricht im wörtlichen Sinne zu „vertagen", und das ist der Normalfall jeder Unterrichtung. Zum Prozeß der geistigen Reife gehört also auch die Fähigkeit, spontane Reaktionen zurückzustellen und aufkommende Fragen und Einwände für spätere Gelegenheiten aufzuschieben.

In der allgemeinbildenden Schule *lernen* die Kinder zwar, sich unterrichten zu lassen, aber sie *brauchen* diese Fähigkeit bis zum Ende ihres Berufslebens. Sonst würden sie als Erwachsene nicht in der Lage sein, einen Beruf zu finden, von dem sie sich ernähren könnten. Alle Wege zu einer solchen beruflichen Qualifizierung - gleich auf welcher Ebene der Berufshierarchie - führen über Unterricht. Unterricht aber heißt von der Grundschule bis zur Weiterbildung im oberen Industriemanagement im Kern immer dasselbe: Da gibt es Lehrende, die etwas wissen oder können, und die diesen Vorsprung in didaktisch möglichst geschickter Weise an diejenigen weitergeben, die es noch nicht wissen oder können. Daran ist weder für Kinder noch für Erwachsene etwas Herabsetzendes, wie manche Schultheoretiker zu glauben scheinen, wenn sie das Unterrichten durch einen Lehrer als eine menschliche Zumutung, als jedenfalls nicht kindgerecht betrachten. Wenn ich an einem Fachkongreß teilnehme, erwarte ich von den dort auftretenden Rednern ja auch, daß sie mich über ein Thema unterrichten, von dem sie mehr verstehen als ich, und in diesem Augenblick befinde ich mich wieder in der Rolle des Schülers. Dem Vortragenden kann ich jedoch nur deshalb folgen, weil ich bereits in der Schule und im weiteren Verlauf meines Lebens gelernt habe zuzulassen, daß mich jemand unterrichtet. Dazu gehört eine Reihe von Teilfähigkeiten wie: sich konzentrieren können, aufmerksam sein, zuhören können, einer gedanklichen Ordnung folgen und ein Mindestmaß an innerer und äußerer Disziplin wahren. Würde ich auf dem Kongreß mit meinem rechten Nachbarn schwätzen, den linken anrempeln, weil mir sein Gesicht nicht gefällt, oder mit Papierkügelchen auf Frauen zielen, würde man mich vermutlich als Störer hinauswerfen, jedenfalls könnte ich aus dem Vortrag nichts lernen.

Wer sich erfolgreich unterrichten lassen kann, verfügt damit gleichsam automatisch auch über wichtige Verhaltensweisen, die für das erfolgreiche Auftreten in der Öffentlichkeit von Bedeutung sind. So gesehen ist der gelingende Unterricht zugleich ein bedeutsames Moment der Sozialerziehung, und das soziale Lernen muß dem Unterricht keineswegs erst von außen als erzieherischer Zusatz hinzugefügt werden.

Die Fähigkeit, sich erfolgreich unterrichten zu lassen, ist für die produktive Teilnahme am Berufsleben bis zu dessen Ende unerläßlich geworden, und diese Tendenz nimmt zu und nicht ab, wenn man etwa die steigenden Aufwendungen der Wirtschaft für Fortbildungsmaßnahmen in Betracht zieht; diese beruhen nämlich alle auf Formen des Unterrichts. Deshalb kann es in der Schule nicht um die Inszenierung irgendwelcher beliebiger Lernprozesse gehen, vielmehr geht es um ganz besondere, nämlich um unterrichtliche. Die Fähigkeit, sich unterrichten zu lassen, muß also heute von allen gelernt werden, und diese Fähigkeit ist durch keine anderen Lernleistungen ersetzbar - so wichtig diese für sich genommen auch sein mögen. Das hat folgenden Grund:

Die Welt, mit der wir täglich zu tun haben - Wirtschaft, Politik, Kultur - ist als solche weder lehrbar noch lernbar; sie sagt uns von sich aus nicht, wie sie beschaffen ist. Um dies zu erfahren, müssen wir sie erforschen und die daraus gewonnen Erkenntnisse anderen mitteilen. Für sich genommen besteht die Welt nur aus einem Sammelsurium von Eindrücken, Einwirkungen, Forderungen und Signalen, so wie wir es etwa an einem abendlichen Fernsehprogramm ablesen können, wo nichts zusammenzupassen scheint. Erst die Erfindung des Unterrichts macht es möglich, komplizierte Sachverhalte und Zusammenhänge so zu vereinfachen und zu verdichten, daß sie Schritt für Schritt verstanden werden können. Dabei entstehen dann grundlegende, modellhafte, exemplarische oder ähnlich strukturierte Kenntnisse und Einsichten, die wiederum nichts Endgültiges haben dürfen, sondern dem Weiterlernen dienen sollen. Der Unterricht schlägt gleichsam Schneisen in die Wirklichkeit, auf denen wir uns bewegen und von denen aus wir uns dem zuwenden können, was wir noch nicht kennen. Unterrichten markiert einen Weg mit immer nur vorübergehenden Zielen, deshalb kann er ein Leben lang stattfinden und ist keineswegs auf die Schulzeit beschränkt Von sich aus kann der Schüler im allgemeinen auf die grundlegenden Strukturen der Wirklichkeit nicht kommen, dafür braucht er seine Lehrer. Von der Alltagserfahrung aus gibt es keinen direkten Weg dorthin. Zudem ist ein didaktisch und methodisch gut geplanter Unterricht die einfachste Möglichkeit, komplizierte Zusammenhänge zu verstehen; zu diesem Zweck ist er ja auch erfunden worden. Gerade lernschwache und unsichere Schüler sind auf einen gut strukturierten Unterricht angewiesen.

Dafür ist allerdings ein Preis zu zahlen: Unterricht ist ein *künstliches* Arrangement, das nicht aus dem Leben von selbst erwächst; er geschieht immer in *Distanz* zum sonstigen Leben, für dessen Bewältigung er andererseits gebraucht wird. Der Grundschüler wie der Manager *verlassen* ihr normales Leben, um sich unterrichten zu lassen, und kehren danach wieder in dieses zurück. Das Leben selbst lehrt zwar Vieles und Wichtiges, aber es unterrichtet nicht. So gesehen ist Unterricht eine geniale kulturelle Erfindung, weil er uns ermöglicht, die Unmittelbarkeit unserer Existenz zu überschreiten und für noch unbekannte spätere Verwendungssituationen gleichsam auf Vorrat zu lernen. Was dagegen das Leben lehrt, bleibt von sich aus fixiert an die Unmittelbarkeit der jeweiligen Situation. Das merken wir nur deshalb in unserem Alltag nicht, weil wir durch Unterricht die Fähigkeit erworben haben, das, was wir unmittelbar erfahren und erleben, zu systematisieren und zu verallgemeinern und es uns so für weitere Verwendungen nutzbar zu machen. Diese grundlegende Polarität von Unterricht und Leben darf nicht eingeebnet werden, wie gelegentlich mit Parolen einer „lebensnahen Schule" gefordert wird; würde man schulische Lernprozesse ähnlich organisieren wie das Leben es selbst tut, wäre die Schule überflüssig; ihr Sinn kann nicht darin bestehen, bloß zu verdoppeln oder zu verstärken, was das Leben sowieso beibringt. Der Unterricht muß zwar bei den Erfahrungen des Kindes ansetzen, darf aber nicht dabei stehen bleiben.

Vom Schüler aus gesehen dient der Schulunterricht dem Zweck, die in ihm schlummernden Fähigkeiten, die niemand vorher kennen kann, zu entfalten, damit er sich auf diese Weise „bilden" kann. Die Forderung an das Kind, sich unterrichten zu lassen, liegt so gesehen also auch in seinem wohlverstandenen Interesse; sie widerspricht keineswegs seinen wohlverstandenen Bedürfnissen, als sei sie per se nicht „kindgerecht". Im Gegenteil sind die Schulfächer mit ihren unterschiedlichen Anforderungen nicht zuletzt dazu da, die Fähigkeiten des Kindes herauszufordern, so daß es immer genauer zu erkennen vermag, was es gut kann und was weniger gut, was ihm mehr liegt und was weniger, damit es allmählich auf diesem Hintergrund seine Zukunftsplanung im Hinblick auf einen Beruf oder auf weitere Bildungsgänge zu entwickeln vermag. So gesehen ist die weniger gute Zensur genau so wichtig wie die gute, aber auch unterschiedliche Unterrichtsmethoden, die z. B. eher auf Einzelarbeit oder eher auf Zusammenarbeit mit anderen setzen, sind dafür wichtige Erfahrungen. Im Umgang mit verschiedenen Methoden des Lernens und in der Auseinandersetzung mit den Fächern und deren Stoffen lernt das Kind sich und seine Fähigkeiten immer besser kennen.

Nun besteht eine immer wieder in der Schule zu beobachtende Schwierigkeit darin, daß das Kind diesen Zusammenhang zwischen seiner Gegenwart und seiner Zukunft zunächst nicht versteht; es verbleibt lieber in seiner begrenzten, unmittelbaren Lebensaktualität. Es will zwar lernen, was ihm in seinem Alltag *sofort* zugute kommt, damit es sich erfolgreicher in seiner sozialen Umgebung bewegen kann; aber es hat von sich aus meist keinen darüber hinausgehenden Bildungswillen, den es aber andererseits für die Entfaltung seiner Fähigkeiten und somit auch zur Wahrnehmung seiner künftigen gesellschaftlichen Chancen braucht. Das lernwillige Kind ist deshalb nicht auch schon bildungswillig, weil der bildende, auf künftige noch unbekannte Verwendungssituationen orientierte Unterricht eine künstliche Konstruktion, nämlich eine kulturelle Erfindung ist. Die natürliche Lernbereitschaft des Kindes ist vermutlich genetisch vorgegeben, als Teil seines Überlebenswillens; das gilt aber nicht ohne weiteres auch für die gerade dazu ja in Distanz tretende Bildungsfähigkeit. Diesen Unterschied übersehen die Reformpädagogen der Gegenwart leicht.

Pädagogische Konzepte, die sich vordergründig auf die aktuelle Befindlichkeit des Kindes einlassen und diese überschätzen, betrügen es in Wahrheit um seine noch unentdeckten Möglichkeiten. Die Entfaltung der kindlichen Persönlichkeit, ihre Individualisierung, ist kein inneres Programm, dem man nur seinen Lauf lassen und das man allenfalls noch ermutigen müsse, vielmehr bedarf diese Entfaltung der Herausforderung durch objektive, gerade nicht aus der subjektiven Innerlichkeit sprießende Ansprüche und der tätigen und auch mühsamen Auseinandersetzung damit. Durch keinen pädagogischen Trick sind die Mühen und die Anstrengungen, die der Unterricht abverlangt, zu umgehen.

Indem das Kind seine Fähigkeiten einerseits durch Teilnahme am sozialen Leben seiner unmittelbaren Umgebung, andererseits aber eben auch durch systematischen Unterricht in der Schule erkennt und entwickelt, wird es in die Lage versetzt, seinen künftigen Standort in der Gesellschaft, seinen Status, in einem hohen Maße selbst zu bestimmen, zum Beispiel ohne Rücksicht auf die finanziellen Grenzen seiner Herkunftsfamilie. Schulleistungen sind die einzige Möglichkeit der Emanzipation des Kindes, über die es selbst verfügen kann. Das einzige Kapital, das ein Kind von sich aus vermehren kann, sind sein Wissen und seine Manieren. Ohne das für alle Kinder geltende Unterrichtsangebot der Schule würden die Reichen ihren Nachwuchs wieder wie früher privilegieren können. Ohne das Angebot des schulischen Unterrichts bliebe das Kind fixiert auf die Mechanismen seiner Sozialisation, die ihrerseits von den Zufälligkeiten seiner Geburt und seines Lebensmilieus abhängen. Wie bedeutsam dieser Zusammenhang ist, können wir in denjenigen Ländern beobachten, die sich eine höchstmögliche Bildung für alle Kinder finanziell nicht leisten können oder wollen. Dort bleiben die Armen unausweichlich arm.

Es geht aber nicht nur um die Ausstattung des Schülers für seine künftigen Lebenschancen. Vielmehr hat die Gesellschaft, die das Bildungssystem ja finanziert, ein existentielles Interesse daran, daß die jeweils nachwachsende Generation das bereits vorhandene Potential an Kenntnissen und Fähigkeiten zumindest übernehmen, möglichst sogar übertreffen kann. Ohne eine Garantie für diesen Stabwechsel der Generationen würden das gesellschaftliche Leben und damit auch die Lebensqualität eines jeden einzelnen zusammenbrechen. Die Gesellschaft, in der wir im Gemenge der Generationen leben, muß immer wieder durch intelligente Arbeit und Tätigkeit reproduziert und weiter entwickelt werden, und dafür sind unterrichtliche Qualifizierungen unerläßlich. Deshalb muß es Lehrpläne bzw. Richtlinien, Leistungsanforderungen und deren Kontrolle geben, weil sonst die Lernarrangements in den Schulen beliebig würden und insofern am gesellschaftlichen Zweck der Veranstaltung Schule vorbeigehen könnten. Es reicht nicht aus, die Kinder nur das lernen zu lassen, was sie wollen. Während der Unterricht im Rahmen der Berufsausbildung auf bestimmte berufliche Tätigkeiten ausgerichtet ist, dient er in der Schule der Allgemeinbildung der Schüler. Das heißt einerseits, wie schon erwähnt, daß er den Schülern helfen soll, ihre Fähigkeiten breit zu entfalten. Es heißt auf der anderen Seite aber auch, daß die

Gesellschaft auf einen *gemeinsamen* Bestand von Kenntnissen, Fähigkeiten und Vorstellungen angewiesen ist, damit die nachwachsenden Generationen die gesellschaftlichen Funktionen später wenigstens mit einem Minimum an *Gemeinsamkeiten* übernehmen können. Darüber heute einen politischen Konsens zu finden, ist nicht einfach, bleibt aber gleichwohl notwendig. Wegen dieser Bedeutung des allgemeinbildenden Schulunterrichts für das Gemeinwesen kann auch auf Zensuren nicht verzichtet werden; wer das trotzdem fordert, verkennt den gesellschaftlichen Auftrag der Schule.

Hält man sich nun vor Augen, daß Unterricht eine ganz besondere Form des Lehrens und Lernens ist, die nicht einfach durch andere Formen, wie sie das Leben sonst bietet, ersetzt werden kann, dann ist Skepsis angebracht gegenüber modisch gewordenen Versuchen, umgekehrt die Fülle und die Komplexität des Lebens selbst zum Maßstab des Unterrichts zu machen. Diese Tendenz läßt sich etwa in der Forderung vernehmen, Lernen müsse „ganzheitlich", also „mit Kopf, Herz und Hand" erfolgen.

Nun ist nicht zu bezweifeln, daß jedes menschliche Handeln - also auch das Lernen - rationale und emotionale Aspekte miteinander verbindet. Gleichwohl werden diese in unterschiedlichen Lebenssituationen verschieden akzentuiert - in Intimsituationen z. B. anders als in der Öffentlichkeit. Der Mensch muß jeweils entscheiden, welcher der beiden Dimensionen er in einer bestimmten Situation die Führung überläßt. In seiner Freizeit wird er vielleicht eher solche Angebote wahrnehmen, die primär seine emotionale Gestimmtheit ansprechen. Aber im Unterricht geht es in erster Linie um die Schulung des Denkens, was nicht ausschließt, daß die emotionalen Aspekte dabei durchaus angesprochen werden. Es ist also keineswegs kinderfeindlich, im Unterricht den intellektuellen Fähigkeiten einen Vorrang einzuräumen; denn berufliche Zuverlässigkeit - zumal wenn Sicherheitsrisiken minimiert werden sollen - beruht in hohem Maße ebenfalls auf rationalem Verhalten, und dort betrachten wir es ja auch nicht als menschlich einseitig. Außerdem gibt es keinen logisch zwingenden Zusammenhang zwischen bestimmten Gedanken und den durch sie mobilisierten Gefühlen und umgekehrt. Deshalb reagieren Schüler auf ein und denselben Schulstoff emotional durchaus unterschiedlich. Schon aus diesem Grunde ist es gar nicht möglich, Betroffenheiten ins unterrichtliche Kalkül einzubeziehen. Und die „Hand" gehorcht den Befehlen des Kopfes. Rationales Lernen ist keineswegs generell erfolgreicher, wenn es mit praktischen Tätigkeiten verbunden ist. Wäre dies anders, dann hätten wir damals in der Lehrwerkstatt nur solange etwas lernen können, wie wir zwischen Werkstatt und Unterricht pendeln konnten.

Den besonderen Sinn des Unterrichts verkennt auch die oft zu vernehmende schulpädagogische Forderung nach Abschaffung der 45-Minuten Schulstunde, weil sie die Lernprozesse zerreiße und die Schüler sich immer wieder auf neue Stoffe und Themen einstellen müßten. Aber eine konzentrierte Beschäftigung mit *einer* Sache ist kaum über 45 bis allenfalls 60 Minuten hinaus nach aller Erfahrung möglich. Danach muß ein neues Thema mit möglichst auch einem neuen Lehrer einsetzen. Der Unterricht bedarf auch einer für die Schüler kalkulierbaren zeitlichen Begrenzung, und die Lehrer müssen angehalten werden, ökonomisch mit der ihnen zur Verfügung stehenden Zeit umzugehen. Außerdem müßte der Wechsel der Themen und Perspektiven auch dann inszeniert werden, wenn die Aufteilung des Unterrichts in Einzelstunden aufgehoben würde.

Noch weiter geht die Forderung, die Schulfächer weitgehend abzuschaffen und den Unterricht möglichst fächerübergreifend zu gestalten; das Leben sei ja auch nicht in einzelne Fächer aufgeteilt. Diese Argumentation verkennt die notwendige Distanz von Unterricht und Leben gründlich. Ohne Aufteilung in Fächer, die ja verschiedene Aspekte der Wirklichkeit - der Natur, Kultur, Politik, Wirtschaft usw. - repräsentieren, wäre eine Wissenschaftsorientierung des Unterrichts nicht möglich; diese ist aber Voraussetzung für die sachliche Zuverlässigkeit dessen, was unterrichtet wird. Alle denkbaren Alternativen dazu wären von vornherein weltanschaulich-parteilich fundiert, wie wir aus der Geschichte des Schulunterrichts wissen. Die Fächer garantieren eine öffentlich kontrollierbare Ausbildung der Lehrer, ohne die wiederum weder Schüler noch Eltern Vertrauen in die Kompetenz der Lehrer haben könnten. Zudem könnten die Schüler ihre erworbenen Kenntnisse, Einsichten und Vorstellungen ohne Rückgriff auf die einzelnen Fächer nicht ordnen. Es ist nämlich nicht möglich, an und für sich zu lernen, vielmehr brauchen wir dafür begrenzte Aufgaben, die aus einem überschaubaren sachlichen Zusammenhang stammen. Das menschliche Denken braucht gleichsam Schubladen, in denen Ergebnisse abgelegt werden können.

Nun machen nicht wenige Lehrer aus ihrer Erfahrung geltend, daß die überlieferten Vorstellungen von Unterricht bzw. die damit verbundenen Erwartungen für eine zunehmende Zahl von Schülern nicht mehr anwendbar seien, weil sie zu große intellektuelle oder soziale Schwierigkeiten damit hätten. Um ihnen gerecht zu werden, müßten andere Formen des Lernarrangements gesucht werden, und der Begriff des Unterrichts müsse von daher neu gefaßt werden. Die Kindheit habe sich eben radikal verändert, und der Unterricht müsse das in Rechnung stellen. Nun wird gewiß ein guter Lehrer nicht ständig frontal unterrichten, sondern durch Methodenwechsel immer wieder neue und vielleicht sogar gelegentlich überraschende Perspektiven der Sache ins Spiel bringen. Aber die Hoffnung, dadurch könnten die Mühen des Lernens herabgesetzt werden, hat sich nicht erfüllt. Im Gegenteil scheinen die Schüler nachgerade methodenresistent zu werden. Was immer die Lehrer sich einfallen lassen, sie kurieren damit nicht, woran es hapert: den Mangel an Disziplin, an Konzentration, an Leistungsbereitschaft. Wenn es jedoch so ist, daß die Fähigkeit, sich unterrichten zu lassen, durch keine andere Lernfähigkeit ersetzt werden kann, ergibt es keinen Sinn, nach Alternativen dazu Ausschau zu halten, bloß weil sie angenehmer erscheinen. Selbstverständlich muß man schwächere Kinder besonders fördern, aber das ergibt nur Sinn, wenn dafür der *Normalfall* im Visier bleibt, daß nämlich auch diese Schüler irgendwann in die Lage versetzt werden, am üblichen Unterricht erfolgreich teilzunehmen. Dessen Maßstäbe selbst können nicht zur Disposition stehen, weil die Schule sie nur stellvertretend für die Anforderungen des Lebens zur Geltung zu bringen hat. Wenn man etwas für diejenigen Schüler tun möchte, die besondere Schwierigkeiten damit haben, sich unterrichten zu lassen, dann muß man das Bildungswesen so vernünftig gliedern, daß auch sie so weit wie möglich auf ihre Kosten kommen können. Geholfen wäre aber gerade ihnen nicht mit einer schulpädagogischen Sozialromantik, die das Leben spätestens dann bestraft, wenn der Berufseintritt bevorsteht.

Zusammenfassend läßt sich sagen:

1. Wer seine gesellschaftlichen Teilhabemöglichkeiten - beruflich, kulturell, politisch - optimal wahrnehmen möchte, ist darauf angewiesen, sich die außersubjektive Welt, also das, was außerhalb seiner unmittelbaren Kommunikationsmöglichkeiten liegt, bewußt zu machen. Er muß sich diese Welt in ihren wesentlichen Dimensionen und Strukturen *vorstellen* können.

2. Das ist nur möglich, indem man sich unterrichten läßt. Voraussetzung dafür wiederum ist die Fähigkeit, sich von seinen unmittelbaren Bedürfnissen, Wünschen und Stimmungen *zeitweilig* distanzieren zu können, aber auch die andere Fähigkeit, das im Unterricht Gelernte auf seine bisherigen Erfahrungen und künftigen Lebensbestrebungen hin übersetzen zu können. Ich nenne diesen Unterschied Handlungswissen und Bildungswissen. Handlungswissen bleibt gebunden an die Unmittelbarkeit der Existenz, Bildungswissen geht darüber hinaus. Aber beide Formen des Wissens müssen immer wieder miteinander verbunden werden; sie werden aber nie identisch. Die Logik des täglichen Lebens und der in ihm möglichen Lernprozesse ist eine gänzlich andere als die Logik des systematischen unterrichtlichen Zugangs zur Welt. So gesehen ist Bildung nichts anderes als Hilfe zur gesellschaftlichen Partizipation.

3. Diese Hilfe leisten zu können, ist der Kern der Professionalität des Lehrers - gleichgültig, in welcher Schulform er tätig ist und mit welcher Vorbildung seine Schüler ausgestattet sind. Ich möchte auch die Lehrer des Justizvollzuges gerne zu dieser Professionalität ermuntern, damit sie den oft gewiß tristen und erfolglos scheinenden Berufsalltag weiterhin als besonders wichtig gerade für *ihre* Schüler ansehen können. Wie gering die Unterrichtserfolge im einzelnen auch sein mögen: in jedem Falle erhalten die Schüler dadurch eine bessere Chance, ihre gesellschaftlichen Teilhabechancen erfolgreicher zu nutzen, als es ohne den Unterricht der Fall sein könnte.

Bildungsarbeit im Strafvollzug - grenzübergreifend - [1]

Heinz Müller-Dietz

I

Das Thema und seine Formulierung erfordern zwei Vorbemerkungen, die jeweils an die in ihr genannten Begriffe anknüpfen. Grenzen zu überschreiten ist - so könnte es heute scheinen - kein Thema mehr,[2] und wenn es noch eins sein sollte, dann jedenfalls kein relevantes. Dies ließe sich sogar in einem doppelten Sinne verstehen. Zum einen werden Grenzen in einem zusammenwachsenden Europa immer durchlässiger und allmählich abgebaut. Doch gibt es sie durchaus noch; diese Erfahrung haben wir ja gestern wieder einmal gemacht.[3] Beide auseinanderdriftenden, wenn nicht gegenläufigen Aspekte haben denn auch, wie zu zeigen sein wird, Konsequenzen für unser Thema. Zum zweiten könnte man meinen, daß in einer permissiven Gesellschaft, in der wir nach verbreiteter Lesart leben, kaum noch Grenzen irgendwelcher Art existieren, weil - wie es heißt - alles erlaubt sei, nichts mehr tabuiert werde. Ob dies Klischee oder Wirklichkeit ist, braucht uns hier nicht zu interessieren; hinsichtlich unseres Themas kann es, ja darf es jedenfalls kein Tabu geben:

Ich werde also Grenzen überschreiten - im einen wie im anderen Sinne.

Zum anderen werden wir im Rahmen unseres Themas mit Gegenstand und Inhalt der Bildung und Erwachsenenbildung konfrontiert. Man könnte sich dieser Fragestellung in gleichsam „klassischer" Weise nähern - etwa mit Definitionen operieren und die Entwicklung des Begriffs, seines Verständnisses sowie seiner praktischen Umsetzung Revue passieren lassen. Dies müßte man dann wohl in Unterscheidung und - späterer - Zusammenführung der Bildungsarbeit in der freien Gesellschaft und im Strafvollzug tun. Vor allem zum ersteren Bereich liegt reiches Material vor.[4]

---

[1] Erweiterte und mit Fußnoten versehene Fassung eines Referats, das anläßlich der Tagung der Bundesarbeitsgemeinschaft der Lehrer im Justizvollzug e. V. am 17.5.1993 in Wels (Österreich) gehalten wurde. Die Vortragsform ist beibehalten.

[2] Dem widersprechen freilich Arbeiten zu fachlichen „Grenzüberschreitungen". Vgl. z. B *Müller-Dietz*, Grenzüberschreitungen. Beiträge zur Beziehung zwischen Literatur und Recht, 1990

[3] Jedenfalls diejenigen Teilnehmer der Tagung (Fn. 1), die am 16.5 1993 aus dem Ausland anreisten

[4] Vgl. etwa *Rudolf Tippelt*, Bildung und sozialer Wandel. Eine Untersuchung von Modernisierungsprozessen am Beispiel der Bundesrepublik Deutschland seit 1950, 1990; Klaus *Harney*, Berufliche Weiterbildung als Medium sozialer Differenzierung und sozialen Wandels, 1990; Klaus *W Döring*, Praxis der Weiterbildung Analysen - Reflexionen – Konzepte, 1991; *Walter Bender*, Subjekt und Erkenntnis. über den Zusammenhang von Bildung und Lernen in der

Aber auch zur Erwachsenenbildung im Strafvollzug ist bekanntlich eine ganze Reihe von Arbeiten - auch konzeptueller Art - erschienen. Erst kürzlich haben *Eberle* u. a. nochmals das „Wuppertaler Modell" der Weiterbildung vorgestellt und analysiert.[5] Auch die Landesjustizverwaltungen warten längst mit einschlägigen Programmen und Gesamtdarstellungen auf. Aus dem Abschnitt „Unterricht und Erwachsenenbildung" der 1992 in neunter Auflage erschienenen Schrift „Strafvollzug in Nordrhein-Westfalen" beispielsweise können wir uns über eine Fülle schulischer und beruflicher Maßnahmen, die nicht zuletzt die Weiterbildung in ihren verschiedenen Formen einbeziehen, informieren.[6] Und ich habe mich gewissermaßen genötigt gesehen, für ein demnächst erscheinendes „Handbuch der Erwachsenenbildung/Weiterbildung", das von einem Freiburger Erziehungswissenschaftler herausgegeben wird, den Artikel „Strafgefangene" zu verfassen.[7] Wie Sie sicher wissen, besteht die halbe Wissenschaft aus sanften Nötigungen solcher Art. Insofern steht auch heute ein solches Opfer vor Ihnen. Ich hoffe nur, daß das zum „Täter des Wortes" gewordene Opfer nicht weitere Opfer unter den Zuhörern gebiert.

II

Den „klassischen" Zugang zum Thema werde ich heute nicht suchen. Meine Absicht ist es auch nicht, einen auf die Erwachsenenbildung bezogenen Kommentar zum österreichischen oder deutschen Strafvollzugsgesetz zu liefern.[8] Vielmehr möchte ich Sie zu einer anderen Art von Bildungsreise einladen, die

---

Erwachsenenbildung, 1991; *Jochen Kade*, Erwachsenenbildung und Identität Eine empirische Studie zur Aneignung von Bildungsangeboten, 2. Aufl. 1992; *Norbert Lammert*, Persönlichkeitsbildung und Arbeitsmarktorientierung, 1992. Eine Fülle einschlägiger Projekte listet die Dokumentation „Forschungsarbeiten in den Sozialwissenschaften 1991", bearb. von *Klaus Döringer, Gerhard Schönfeld* u. a., 1992, auf.

[5] Hans-Jürgen Eberle, Tilbert Kloss, Jürgen Nollau, Weiterbildung und Justizvollzug, 1992.

[6] Strafvollzug in Nordrhein-Westfalen. Hrsg. vom Justizministerium, 9. Aufl. 1992, S. 36 ff.

[7] Handbuch der Erwachsenenbildung/Weiterbildung. Hrsg. von *Rudolf Tippelt*, 1993

[8] Zum deutschen Recht vgl. nicht zuletzt die einschlägige Rechtsprechung: z. B. OLG Celle ZfStrVo 1986, 183 (Haftkostenbeitrag aufgrund Ausbildungsförderung); LG Kleve ZfstrVo 1987, 308 (Gefahr des Mißbrauchs von Ausbildungsunterlagen); KG b. *Bungert*, NStZ 1987, 399 = ZfStrVo 1988, 313 (Ausbildungsbeihilfe bei Fernstudium als Gasthörer); OLG Hamm MDR 1987, 346 (Zur Ausführung zu Seminaren einer Fernuniversität); OLG Koblenz ZfStrVo 1987, 246 (Ausgang zur Teilnahme an abendlicher Fortbildungsveranstaltung); LG Frankfurt StV 1987, 301 (Freigang zur Fortsetzung eines Hochschulstudiums) m. Anm von *Cornelius Nestler-Tremel*, BAG ZfStrVo 1987, 300 (Zuständigkeit für Streitigkeiten über Arbeits- und Ausbildungsverhältnisse im Strafvollzug); OLG Karlsruhe ZfStrVo 1988, 369 (Vollzugslockerungen wegen Fernstudiums); KG NStZ 1989 (Fortzahlung von Ausbildungsbeihilfe); BGH NStZ 1990, 452 (Selbstbeschäftigung außerhalb der Anstalt); OLG Zweibrücken NStZ 1990, 512 (Entfernen von Ausbildungsmaterial gegen Quittung); LG Göttingen NStZ 1991, 408 (berufliche Fortbildungsmaßnahmen im Rahmen eines freien Beschäftigungsverhältnisses); OLG Nürnberg ZfStrVo 1991, 245 (Voraussetzungen der Weiterbildung).

zum einen die Konsequenzen des gesellschaftlichen Wandels für, zum anderen die Auswirkungen internationaler Entwicklungen auf die Erwachsenenbildung in den Blick nimmt. Ich mache kein Hehl aus meiner Erfahrung, daß der Ertrag meiner oder unserer Bemühungen,[9] über diese beiden Themenkomplexe substantielle Informationen einzuholen, im umgekehrten Verhältnis zum Arbeitsaufwand steht. Man findet zwar zur Frage der Erwachsenen- oder Weiterbildung in einer sich wandelnden Gesellschaft etliches Material, aber noch mehr offene Fragen.[10] Ähnlich ist es um Aussagen zur Erwachsenenbildung im künftigen Europa bestellt.[11] An Broschüren wie an Spekulationen ist kein Mangel. Doch ist der Mensch nun einmal ein hoffendes Wesen; so hoffe ich auch, Ihnen nicht nur das vorzutragen, was längst in allen Zeitungen steht, nur dort wesentlich kurzweiliger formuliert ist.

Es versteht sich von selbst, daß die genannten Aspekte - gesellschaftlicher Wandel und Europa - irgendwann, am besten gegen Ende meiner Ausführungen, mit dem Strafvollzug in Zusammenhang gebracht werden müssen. Dann werden auch einige wenige Stichworte zur Frage genannt werden müssen, welche strukturellen Veränderungen die Integration des Strafvollzugs in die moderne - oder auch postmoderne - Bildungsgesellschaft erfordert. Darüber ist ja seit altersher viel geschrieben worden. Im 19. Jahrhundert hat man die Strafanstalten gar als Bildungseinrichtungen besonderer Art verstanden, nämlich als „Hochschulen des Verbrechens" bezeichnet.[12] Inzwischen sieht man das grundlegend anders. *Rolf-Peter Calliess* etwa begreift sie „dem rechtlichen Anspruch nach neben der Schule und Hochschule als ‚Sozialisationsinstanzen mit spezifischer Aufgabenstellung". „Sie sind dann Erwachsenenbildungseinrichtungen besonderer Art, die den Bildungsanspruch der Gefangenen in der Gesellschaft gleichsam als ‚Anspruch' auf ‚Nachsozialisation' in Form von berufs- und lebensbegleitender Ausbildung, Therapie und Arbeit zu realisieren trachten."[13]

Damit wird eine Idealvorstellung formuliert, über deren Realisierbarkeit - wie so oft - die Meinungen auseinandergehen. Das ist aber hinsichtlich der Grundsätze des Vollzugs, wie sie die §§ 2 bis 4 des deutschen Strafvollzugsgesetzes regeln, schwerlich anders. Auch da wird das Idealbild eines Vollzuges gezeichnet, wie man es sich kaum menschenfreundlicher und zukunftsorientierter vorstellen kann. Ob auch für die Vollzugsanstalt als Institution gilt, was wir so gerne de-

---

[9] Meinem wissenschaftl Mitarbeiter *Guido Britz* habe ich für die Beschaffung von Material zu danken

[10] Vgl. die Nachweise in Fn 4.

[11] Z B. Kommission der Europäischen Gemeinschaften - Vertretung in der Bundesrepublik Deutschland (Hrsg.), Europa '92 Die soziale Gemeinschaft Informationen über sozialpolitische Programme und Initiativen, 1990

[12] *Karl Krohne*, Lehrbuch der Gefängniskunde unter Berücksichtigung der Kriminalstatistik und Kriminalpolitik, 1889, S. 21 f

[13] *Calliess*, Strafvollzugsrecht, 3. Aufl. 1992, S 4.

nen, die wir pädagogisch begleiten, als geistige Wegzehrung mitgeben: „Wer immer strebend sich bemüht, den können wir erlösen!"?[14] Ach so, der Vollzug selbst hat nicht gefehlt, nur die Gefangenen, aber ihm fehlt halt einiges zu seiner Vollendung.

III

Es dürfte nützlich sein, einmal ganz nüchterne Daten zur Entwicklung des Arbeitsmarktes zur Kenntnis zu nehmen.

Denn sie deuten immerhin an, welche beruflichen Qualifikationen gefragt sind, in welche Richtung unsere Arbeitsgesellschaft läuft. Davon hängt ja wiederum ab, welche Kenntnisse und Fähigkeiten einer mitbringen muß. Zukunftsprojektionen liegen von verschiedener Seite her vor.

Das Kuratorium der Deutschen Wirtschaft für Berufsbildung hat etwa 1990 die „Grundpositionen der Wirtschaft" wie folgt umrissen:[15] Konstatiert wird aufgrund des technischen Fortschritts, des sich verschärfenden Wettbewerbs sowie des wirtschaftlichen und sozialen Wandels ein wachsender Bedarf an beruflicher Weiterbildung. Ihr wird hinsichtlich der Bewältigung der Zukunftsaufgaben gleichsam eine „Schlüsselfunktion" zugewiesen. Weiterbildung wird als „eigenständiger Bildungsbereich" begriffen: „Bildung ist kein abgeschlossenes Ereignis, sondern ein lebenslanger Prozeß, der bewußt angestrebt und systematisch verfolgt werden muß, der aber auch teilweise unbeabsichtigt geschieht." „Lebenslanges Lernen" wird „als Chance zur Erhaltung und Verbesserung der individuellen Perspektiven" gesehen. Dabei wird der Förderung der Motivation besondere Bedeutung zugeschrieben.

Das sind weder sonderlich aufregende noch neue Einsichten. Schon konkreter nehmen sich die vom Institut für Arbeitsmarkt- und Berufsforschung der Bundesanstalt für Arbeit skizzierten „Tendenzen des Qualifikationsbedarfs bis zum Jahre 2010" aus.[16] Auch diese Bedarfsschätzung geht von einer weiteren Anhebung der Qualifikationsstruktur und einem Rückgang des Bedarfs an ungelernten Arbeitskräften aus. Damit verschlechtern sich die Chancen von Personen ohne Ausbildungsabschluß auf dem Arbeitsmarkt. Zuwachsraten werden vor allem im sekundären Dienstleistungsbereich (Industrie) vorausgesagt. Ein besonders hoher Bedarf an Fachhochschulabsolventen soll eintreten, während er

---

[14] Ob Gretchenfrage oder faustisches Thema - *Goethe* bleibt allemal für ein Zitat gut.

[15] Kuratorium der Deutschen Wirtschaft für Berufsbildung (Hrsg), Zukunftsaufgabe Berufliche Weiterbildung. Grundpositionen der Wirtschaft, 1990.

[16] Institut für Arbeitsmarkt- und Berufsforschung (Hrsg.), Kurzberichte 1990: Tendenzen des Qualifikationsbedarfs bis zum Jahre 2010 (Beiträge zur Arbeitsmarkt- und Berufsforschung 42.12), 1990, S. 121-125. Vgl. auch *Friedemann Staß* und *Inge Weidig*, Der Wandel der Tätigkeitsfelder und -profile bis zum Jahre 2010, in: Mitteilungen aus der Arbeitsmarkt- und Berufsforschung 23 (1990) 34-51; *Josef Trischler / Gisela Eisenhardt*, NRW 2000: Wirtschaft, Beschäftigung, Qualifikation und neue Techniken. Szenarien und Gestaltungsvarianten gesellschaftlicher Entwicklung, 1991.

im Bereich der Universitätsabschlüsse weniger deutlich ausgeprägt ist. „Auch für die Fachschulebene ist eine überdurchschnittliche Bedarfszunahme zu erwarten." Dagegen soll sich die Nachfrage nach Arbeitskräften mit Abschluß einer Lehre oder Berufsfachschule im Rahmen des gesamtwirtschaftlichen Bedarfszuwachses (von 10 %) halten. Daß der Anteil der Fachkräfte der Voraussage nach stagnieren wird, wird auf den Umstand zurückgeführt, „daß Beschäftigungsgewinne in den sekundären Dienstleistungstätigkeiten weitgehend durch Verluste in den primären Dienstleistungen (Landwirtschaft) und insbesondere in den meisten produktionsnahen Tätigkeiten kompensiert werden". Insgesamt wird auch in dieser Zukunftsprojektion „ein hohes Qualifikationspotential der Bevölkerung, verbunden mit verstärkten Fort- und Weiterbildungserfordernissen", als „wichtige Grundvoraussetzung zur Bewältigung des gesellschaftlichen Strukturwandels" angesehen.

IV

Was die Technisierung der Arbeitswelt anlangt, kann man auch mit schlichten Selbstbeobachtungen arbeiten. Als Schreibtischmensch bin ich bis vor einigen Jahren noch mit der Schreibmaschine ausgekommen. Aber längst reichen ihre Durchschläge nicht mehr aus; so bin ich eines Tages unter die Kopierer gegangen - wiewohl ich, im übertragenen Sinne, früher schon andere, vielmehr deren Texte kopiert habe. Inzwischen genügt auch dieses Gerät nicht mehr: Zu den vielen Faxen, die man im Laufe des Berufslebens so treibt, ist auch das (Tele-) Faxen gekommen. Man kann sich auf diese Weise rascher mit seinem Kollegen in Tokyo als telefonisch mit seinem Lieferanten von Schreibmaschinenpapier verständigen - schon weil dessen automatischer Anrufbeantworter meist keine Gespräche mehr auf- und entgegennimmt. Aber selbst das Fax-Gerät reicht inzwischen nicht mehr - jetzt muß noch ein PC her, der eben bei einem technisch unbegabten Menschen, wie ich einer bin, mit gebührender Verspätung eintrifft. Ich treibe dann - endlich! - Textverarbeitung, tue aber im Grunde nur das, was ich schon immer getan habe, nämlich fremde Texte zu verarbeiten, bis sie eigene geworden sind, oder eigene Texte wiederaufzubereiten, bis sie wie fremde scheinen und damit den Eindruck der Originalität hervorrufen.

Wer weiß, wo ich bei dieser, durch fortschreitende Technisierung[17] bedingten Odyssee noch lande! Ob der Eindruck täuscht, daß man selber immer unwichtiger, die Geräte immer bedeutsamer werden? Natürlich braucht es nach wie vor Menschen, welche die Geräte bedienen (und sie deshalb auch müssen bedienen können). Aber es ist schon bezeichnend für unser Verhältnis zu den Geräten, daß wir sie bedienen müssen - offenbar weil sie uns selber nicht bedienen.

---

[17] Vgl *Leonhard Hennen.* Technisierung des Alltags Ein handlungstheoretischer Beitrag zur Theorie technischer Vergesellschaftung. 1992

V

Was die Nutzung von Angeboten der beruflichen Weiterbildung im Saarland betrifft, ist eine Untersuchung der Gesellschaft für Sozialforschung und Marktforschung (SINUS) in München von 1991 interessant.[18] Danach hat in den letzten drei Jahren von den 20- bis 55jährigen Arbeitnehmern jeder vierte mindestens an einer Maßnahme der beruflichen Weiterbildung teilgenommen. Überdurchschnittlich hoch ist die Weiterbildungsquote bei der Berufsgruppe der Meister und Techniker (46 %) sowie bei den qualifizierten und leitenden Angestellten (42 % bzw. 48 %). Deutlich unter dem Durchschnitt aller Arbeitnehmer liegen die Weiterbildungsquoten bei den über 50jährigen (12 %), bei den Beschäftigten ohne abgeschlossene Berufsausbildung (11 %) sowie bei den Un- und Angelernten (8 %). Die Motive und Ziele beruflicher Weiterbildung sehen vier von fünf Teilnehmern darin, ihre Kenntnisse zu erweitern, um neue zusätzliche Tätigkeiten übernehmen zu können und sich neuen (technischen) Entwicklungen anzupassen. Jeder zweite will mit Hilfe der Weiterbildung beruflich aufsteigen, jeder sechste sich dadurch gegen Arbeitslosigkeit absichern.[19]

Im Zuge der Etablierung neuer Formen der Arbeitsorganisation werden zunehmend neue Qualifikationen gefordert. „Sie dienen der Enthierarchisierung und Steigerung der beruflichen Flexibilität sowie der Arbeitszufriedenheit und Arbeitsproduktivität." In diesem Sinne werden von den Experten neben der fachlichen Ausbildung mehr und mehr ganzheitliche Qualifikationen i. S. sozialer Kompetenzen, die bisher vor allem dem mittleren und oberen Management abverlangt wurden, auch für andere Beschäftigtengruppen vorausgesetzt. Indessen zeigt die Untersuchung von SINUS, daß sowohl bei Arbeitgebern als auch bei Arbeitnehmern ein solches Problembewußtsein noch nicht hinreichend entwickelt ist.

Freilich sind Arbeitsmarkt und Weiterbildung in den Sog allgemeiner wirtschaftlicher Krisenphänomene geraten. Die aktuelle wirtschaftliche Lage steht unter dem dramatischen Vorzeichen, das eine kürzlich erschienene Analyse wie folgt umreißt: „Der konjunkturelle Lichtblick läßt auf sich warten. Nach Meinung der EG-Kommission wird das reale Wirtschaftswachstum im laufenden Jahr noch weiter zurückgehen. Für Deutschland prognostiziert man in Brüssel

---

[18] Gesellschaft für Sozialforschung und Marktforschung mbH SINUS, Qualifikationsstruktur und Qualifikationsbedarf im Saarland. Eine Untersuchung von SINUS München zur Situation der beruflichen Weiterbildung im Saarland, 1991. Vgl. auch Ministerium für Wirtschaft, Ministerium für Frauen, Arbeit, Gesundheit und Soziales, Landesarbeitsamt Rheinland-Pfalz-Saarland, Lernziel Zukunft. Saarländisches Programm zur Förderung der beruflichen Qualifikation, 1992.

[19] Zum Thema Arbeitslosigkeit und Weiterbildung etwa *Maria Icking,* Arbeit - Arbeitslosigkeit - Erwachsenenbildung. Zur Kritik der Arbeitslosenbildung aus erziehungswissenschaftlicher Sicht, 1990; *Bernd von Cleve,* Bildung und Qualifikation von Arbeitslosen, 1990; vgl auch *Gerhard Bosch,* Qualifizieren statt entlassen, Beschäftigungspläne in der Praxis, 2 Aufl 1990

nicht nur eine geringe Wachstumsrate, sondern sogar einen Rückgang des realen Bruttoinlandsprodukts. Wann die wirtschaftliche Talfahrt beendet ist, darüber streiten sich die Experten. Während manche schon glauben, das Ende der Konjunkturflaute zu sehen, prophezeien andere noch einen weiteren Abstieg."[20] Folgerichtig wird angesichts wachsender Stellenknappheit und Arbeitslosigkeit von Hochschulabsolventen etwa ein „Umdenken" erwartet und geradezu eine Art Marketingstrategie, die letztlich darauf hinausläuft, sich in der freien Wirtschaft möglichst gut zu verkaufen.

Die finanziellen Restriktionen, die infolge der Engpässe in den öffentlichen Haushalten entstanden sind, haben zunehmend auch ihre Spuren in der Weiterbildung hinterlassen. So sieht man inzwischen auch die „Arbeitsförderung in der Krise". Von einem „Riesenloch in der Kasse der Bundesanstalt für Arbeit" ist die Rede.[21] Dementsprechend fordert etwa der DGB einen Nachtragshaushalt, um die Finanzausstattung der Bundesanstalt und damit die Chancen der beruflichen Weiterbildung zu wahren, wenn nicht gar zu verbessern. So kann auch die Forderung nicht überraschen, die Arbeitsförderung neu zu regeln, „damit Arbeitsplätze geschaffen und erhalten werden".[22]

Eine 1990 vorgelegte Studie verweist auf die Bedeutung sozialer Qualifikationen bei der Stellenbewerbung und der Stellenbesetzung.[23] Sie werden eingebettet in eine umfassend gedachte Handlungskompetenz, die sich aus Fachkompetenz, Methodenkompetenz und Sozialkompetenz zusammensetzt. Als Fachkompetenz figurieren die beruflichen Kenntnisse, Fertigkeiten und Erfahrungen. Die Methodenkompetenz bezieht sich auf die Beherrschung der Arbeitsorganisation, der Lern- und Lehrmethoden sowie des Einsatzes von Hilfsmitteln. Zur Sozialkompetenz rechnen Thema- und Konsensfähigkeit, Zuverlässigkeit, Arbeitsmoral und globale Verantwortung. Soziale Qualifikationen haben hiernach mit der Motivation (Pünktlichkeit, Sorgfalt, Bildungsbereitschaft), dem Umgang mit anderen (Loyalität, Hilfsbereitschaft, Kollegialität) und der Einstellung zu Arbeit und Beruf (stabile Erwerbskarriere, unbedingte Einsatzbereitschaft, Anpassungsfähigkeit, Identifikation mit dem Betrieb) zu tun.

Fast fühlt man sich bei dieser Aufzählung an die *Kohlberg*schen Entwicklungsstufen des moralischen Urteils erinnert. Dabei wird man der Erfahrung eingedenk sein müssen, daß nach den eigenen Untersuchungen *Kohlbergs* und seiner

---

[20] *Bärbel Schwertfeger,* Nur wer sich gut verkauft, bekommt einen Job. Wirtschaftslage erfordert von Absolventen ein Umdenken, in: Süddeutsche Zeitung: Hochschule und Beruf, Nr. 105 vom 8/9 Mai 1993

[21] *Petra Mayer,* Arbeitsförderung in der Krise: Der Standpunkt des DGB. „Die Bundesanstalt trickst mit Zahlen, und die Weiterbildung ist am Ende", in: Süddeutsche Zeitung vom 8/9 Mai 1993, S. C 1

[22] *P Mayer* (Fn. 21)

[23] *Jens Olsen* u. *Herbert Mosdzien,* Soziale Qualifikationen und Stellenbesetzung Der Versuch, den Pudding an die Wand zu nageln, 1990

Mitarbeiter etwa 80 % der Menschen in den westlichen Industriegesellschaften nicht über die Stufe 4 hinausgelangen, wonach alle Handlungen gerecht sind, die den vereinbarten Regeln der Gesellschaft folgen (Stufe des sozialen Systems), und nur wenige die höchste, sechste Stufe erreichen, wonach jede Konfliktlösung gerecht ist, der alle Betroffenen zwanglos zustimmen können (Stufe universal ethischer Prinzipien oder ideale Rollenübernahme).[24]

VI

Knapp zehn Jahre ist es her, daß *Dieter Mertens* „Das Qualifikationsparadox" analysierte, daß nämlich Bildung und Beschäftigung angesichts einer schon damals „kritischen Arbeitsmarktperspektive" sich in einem Irrgarten voller Widersprüche, Gegensätze und Konflikte bewegen, die einigermaßen verläßliche Zukunftsprojektionen nur schwer gestatten.[25] Das läßt sich an wenigen Beispielen demonstrieren. Da wird praktisch jeder einzelne Jugendliche unter Qualifizierungsdruck gesetzt, weil er sonst nicht auf dem Arbeitsmarkt bestehen könne. Auf der anderen Seite steigt die Arbeitslosigkeit beruflich Qualifizierter. Da wird versucht, möglichst viele Ausbildungsplätze zu schaffen. Auf der anderen Seite werden durch immer neue, perfektionierte Maschinen - namentlich im Bereich der Elektronik-Arbeitsplätze wegrationalisiert. Da wird auf der einen Seite die Zunahme und Förderung Studierender als gigantische Verschwendung von Ressourcen, als Schaffung eines „akademischen Proletariats" kritisiert. Auf der anderen Seite wird indessen bildungspolitisch die Notwendigkeit hervorgehoben, durch eine breite akademische Ausbildung die Voraussetzungen dafür zu schaffen, daß wir im internationalen Wettbewerb bestehen können. Da wird einer Flexibilisierung der Einkommenshierarchien nach marktwirtschaftlichen Gesetzen das Wort geredet. Auf der anderen Seite überdauern tradierte Einkommens- und Laufbahnstrukturen alle Veränderungen in Wirtschaft und Gesellschaft. Da wird der hochqualifizierte Spezialist gefordert. Auf der anderen Seite werden gerade dem Generalisten Zukunftschancen attestiert. Da hat der Spezialist Schwierigkeiten, einen besonders auf ihn zugeschnittenen Arbeitsplatz zu bekommen. Hat er ihn aber erhalten, ist er in seinem Metier König, während der Generalist vorerst einmal in der Lehrlingsrolle verbleibt. Da werden Unlust zu arbeiten, Demotivation hinsichtlich der Ausbildung registriert. In der Tat mag man bei manchen subkulturellen Gruppen der Gesellschaft hedonistische Züge, also das ausmachen, was sich in anspruchsvollerer Umschreibung als „Selbstverwirklichung" ausgibt. Doch ist das wiederum nur die eine Seite der Medaille. „Andererseits ist die Nachfrage und Bemühung um qualifizierte, also auch an-

---

[24] *Lawrence Kohlberg,* Zur kognitiven Entwicklung des Kindes, 1974.

[25] *D Mertens,* Das Qualifikationsparadox. Bildung und Beschäftigung bei kritischer Arbeitsmarktperspektive, Ztschr f. Pädagogik 30 (1964), S. 439-455.

strengende, mit Verzicht einhergehende Ausbildung noch nie so groß gewesen wie heute."[26] Das geht dann weiter bis in die Bildungs- und Ausbildungsplanung auf der gesellschaftlichen wie der individuellen Ebene hinein. Soll der technische Fortschritt forciert, soll er gebremst werden? Am besten, man macht beides zugleich; doch wie das gehen soll, ist gleichfalls keine leicht zu beantwortende Frage. Werden doch heute Ausbildungsinhalte und Berufsprofile durch die wirtschaftliche und technische Entwicklung rascher überholt, als man dies überhaupt so recht wahrnimmt. *Mertens* fragte deshalb: „Wenn die Qualifikationselemente immer fragmentarischer werden, wozu dann noch ganzheitlichen Vorstellungen geordneter Berufsausbildungen folgen?"[27] Haben wir nicht im Bereich der Bildungsplanung in den letzten Jahrzehnten Fehlplanungen erlebt, die uns noch heute zu schaffen machen? Um insoweit den Faden der *Mertens*schen Räsonnements bis in die unmittelbare Gegenwart hinein fortzuspinnen: Kommen noch überraschende staatliche und gesellschaftliche Ereignisse einschneidenden Ausmaßes wie der Prozeß der deutschen Wiedervereinigung hinzu, dann wirkt das Bild erst recht grotesk.

Ich kann hierzu zwei Beispiele aus meiner eigenen beruflichen Sphäre geben. Jahrelang haben wir junge Kollegen wegen mangelnder beruflicher Perspektiven davor gewarnt, sich zu habilitieren. Jetzt fehlen uns, wie die Stellensituation zeigt, diese Hochschullehrer zumindest in den neuen Bundesländern. Die Universitäten werden von Jurastudenten überschwemmt. Der Bedarf ist da - zumindest im Osten Deutschlands. Doch die personellen und finanziellen Ressourcen für die Ausbildung dieser jungen Leute werden nicht zur Verfügung gestellt, im Gegenteil: Stellen werden gestrichen, Mittel gekürzt.

Die Liste der Konflikte und Widersprüche, mit denen *Mertens* aufwartet, ist lang; sie umfaßt auch gesellschaftliche Zukunftsprojektionen, welche die Sicherung des Lebens - keineswegs des Lebensstandards - späterer Generationen betreffen. Ein letztes Beispiel mag dies illustrieren. So registriert er als „Paradoxie, daß die gleichen Beobachter der Demographie, die keine Abhilfe gegenüber den gegenwärtigen Sorgen der Eltern und Kinder um die berufliche Zukunft der heutigen Nachwuchsrolle wissen, sich auf lange Sicht um die Erhaltung des Bevölkerungsstandes so ausgiebig sorgen, daß sie die Steigerung der Nachwuchszahlen schon zu einem vordringlichen gesellschaftlichen Ziel erklären möchten. Schwache künftige Generationen werden als Problem gesehen, aber gegenwärtig starke Generationen nicht als Gunst, sondern als Last, als schwer zu bewältigender Problemdruck. Keine Rede davon, was eine junge Frau oder ein junger Mann in Ausbildungs- und Arbeitsstellennot von dem Appell halten, doch ge-

---

[26] *Mertens* (Fn. 25), S. 443
[27] *Mertens* (Fn. 25), S 442.

fälligst eifriger zu sein bei Familiengründung und Kinderaufzucht."[28] *Mertens* fügt eine Einsicht hinzu, die vermutlich nach zehn Jahren noch immer nicht überholt ist: „Die Sprachlosigkeit der Politik hat ihr Gegenstück in der Orientierungslosigkeit der Jugendlichen und - machen wir uns nichts vor - auch vieler Älterer."[29]

VII

Was sind die Hintergründe und strukturellen Bedingungen für diese Phänomene? Hierzu soll ein Blick auf den Arbeitsmarkt helfen, dem ja selbst einige wesentliche Probleme vorausliegen: etwa die „Grenzen des Ressourcenwachstums", die ökologischen Aspekte, die hinter der gesellschaftlichen Entwicklung zurückbleibenden Infrastrukturen und - nicht zuletzt - menschliche Grenzen in der Anpassung an den ständigen Wandel unserer Umwelt. Daß konservative Werte wieder an Boden gewonnen haben, hat ja gerade mit diesem sozialpsychologischen Faktor zu tun. Für *Mertens* sind drei Problemfelder gleichsam konstitutiv für die heutige Situation:

1. „Es gelingt uns nicht, die Produktionsrhythmen den demographischen Bedürfnissen anzupassen." Wissenschaftliches Wachstum und Bevölkerungsentwicklung gehen auseinander.

2. „Es ist uns nicht einmal gelungen, das Wachstum zu verstetigen." Das läßt sich an Konjunktureinbrüchen und Rezessionen ablesen.

3. „Wir haben Probleme mit der optimalen Verwendung unserer Produktivkräfte und, auf allen Ebenen der Einkommens- und Arbeitsgesellschaft, Probleme mit der Verteilung. Weltweit ist es leider so, daß die Reichen reicher und die Armen ärmer werden, und weltweit ist es auch so, daß viele zuviel und andere zu wenig Arbeit haben."[30]

Wiewohl man von seiner persönlichen Erfahrung nicht auf die allgemeine Situation schließen und - vor allem - sich selber und die eigene Tätigkeit nicht überbewerten soll, sei erneut mein Arbeitsbereich als Beleg für diese Feststellung angeführt: Es ist bisher nicht gelungen, das Tätigkeitsfeld des Hochschullehrers so zu strukturieren, daß es dem Nachdenken, das bekanntlich der Forschung und der Ausbildung vorausgehen sollte, einen angemessenen Platz einräumt. Aus der Zeitnot heraus geborene Eintagsfliegen fördern die Textproduktion und Papierverschwendung - nicht unbedingt das gesellschaftliche Wohl, was nach *Brecht* zu fördern die vornehmste Aufgabe der Wissenschaft sein soll.

VIII

Wenn Diagnosen und Prognosen zutreffen, dann befinden wir uns im Übergang von der Produktions- zur Dienstleistungswirtschaft, der sich auch innerhalb der

---

[28] *Mertens* (Fn. 25), S. 442 f.

[29] *Mertens* (Fn. 25), S. 443.

[30] *Mertens* (Fn 25), S. 445.

einzelnen Sektoren vollzieht. Allen Anzeichen zufolge spielt sich der Strukturwandel eher innerhalb der Branchen, Firmen, Berufe und am Arbeitsplatz ab, nicht so sehr zwischen den Bereichen. Dies bedeutet, daß es weniger neue Berufe und Produkte als vielmehr laufende Veränderungen der Inhalte und Verfahren geben wird. Deshalb spricht man auch von „weichem" statt „hartem Strukturwandel". Vom „zweiten", alternativen Arbeitsmarkt erhofft man sich im Hinblick auf die Krise am Arbeitsmarkt keine durchgreifende Lösung; eher schreibt man ihm eine „Markterkundungs- und Pionierfunktion" zu.[31] Heute noch bestehende Beschäftigungslücken sollen sich bis zum Jahr 2000 hin wieder langsam schließen.

Doch welcher Trost liegt darin für diejenigen, die heute keine Arbeit haben und bekommen? Muß man dann nicht doch - zunächst wenigstens - daran denken, den technischen Fortschritt zu drosseln, Einkommen zu reduzieren, Arbeit umzuverteilen? Was folgt aus alledem für Bildung, Ausbildung und Berufstätigkeit?

Ehe ich - im Anschluß an *Mertens* - eine Reihe von Thesen formuliere, die wenigstens gewisse Orientierungsdaten liefern können, seien die Schwierigkeiten zusammengefaßt, die verläßlichen Voraussagen entgegenstehen[32]:

1. Wenn überhaupt, lassen sich noch am ehesten individuelle Erfolgsprognosen stellen. Denn sie hängen mehr von den Fähigkeiten und Neigungen des einzelnen als von der meist negativen Marktlage ab.

2. Brauchbare allgemeine Voraussagen scheitern leicht an einer ganzen Reihe von Hindernissen: der Flexibilität wirtschaftlicher Systeme, der mangelnden Vorausberechenbarkeit politischer Entscheidungen, aber auch individueller Ausbildungs- und Berufsentscheidungen, der unterschiedlichen Wandlungsfähigkeit von Beschäftigungs- und Bildungssystem.

Im ganzen lassen sich angesichts des angedeuteten Strukturwandels in etwa folgende Schlußfolgerungen ziehen und Einsichten im Hinblick auf individuelle Entscheidungen über Ausbildung und Berufswahl formulieren[33]:

1. Man kann davon ausgehen, daß der Trend zur Höherqualifizierung anhalten wird.

2. Die triviale Einsicht, daß auf jeden Fall eine Ausbildung besser ist als keine, dürfte sich weiterhin bestätigen. Dies gilt jedenfalls, solange das Ausbildungsund Berufswesen so wie bisher organisiert bleibt.

3. Nach wie vor gilt es, „die eigenen Qualifizierungspotentiale auszuloten und auszuschöpfen".

---

[31] *Mertens* (Fn. 25), S 454.

[32] *Mertens* (Fn. 25), S 451

[33] *Mertens* (Fn. 25), S. 454 f

4. Als richtig dürfte sich auch die Erkenntnis erweisen, daß es besser ist, eigenen Neigungen zu folgen, als sich an vermeintlich objektiven Chancen auf dem Arbeitsmarkt zu orientieren.

5. Entscheidungen auf den Gebieten der Ausbildung und des Berufes sollten auf der Grundlage bestmöglichen eigenen Informationsstandes getroffen werden.

6. Weiterhin erscheint es wichtig, zwischen einer soliden - auch schulischen - Grundausbildung sowie einer späteren Spezialisierung und Berufswahl in zeitlicher und inhaltlicher Hinsicht zu entscheiden. „Dies bringt Zeitgewinn und mehr Entfaltungschancen."

7. Unverändert gültig ist das Konzept lebenslangen Lernens.[34] Die Aneignung von Bildungsinhalten sollte sich - nicht zuletzt um früherer Berufsabschlüsse willen - mehr als bisher ins Erwachsenenleben verlagern. Damit gewinnt Weiterbildung stärkere Bedeutung.

8. Ebenso sollten die der Berufspraxis innewohnenden Qualifizierungsmöglichkeiten intensiver genutzt werden.

9. Schließlich gilt es die Einsicht zu beherzigen, daß Hinzulernen wichtiger ist als Umlernen.

IX

Erwachsenenbildung ist also zum einen eingebettet in den gesellschaftlichen Strukturwandel. Ich habe deshalb bewußt die Grenzen hin zur Entwicklung der Wirtschaft, des Arbeitsmarktes und der beruflichen Weiterbildung überschritten, Erwachsenenbildung findet aber auch vor dem Hintergrund internationaler Verflechtungen statt. Ein maßgebliches Stichwort dafür lautet: Verwirklichung des europäischen Binnenmarktes. Er zielt auf freien Verkehr der Waren, des Kapitals, der Dienstleistungen und der Personen, hat demnach Auswirkungen auf Arbeitsmarkt, Beschäftigung und Arbeitsentgelt, Arbeitsbedingungen, berufliche Bildung und Weiterbildung.[35] Nicht zuletzt zeitigt das Maastrichter Vertragswerk Konsequenzen für unser Recht. In seinem Gefolge hat das Grundgesetz verschiedene Änderungen erfahren. Nach dem neugefaßten Artikel 23 „wirkt die Bundesrepublik Deutschland bei der Entwicklung der Europäischen Union mit, die demokratischen, rechtsstaatlichen, sozialen und föderativen Grundsätzen und dem Grundsatz der Subsidiarität verpflichtet ist."[36]

---

[34] Vgl. auch: Lob der Weiterbildung. in: Frankfurter Allgemeine Zeitung Nr. 289 vom 12. Dez. 1992, S. 45.

[35] *Bernd-Otto Kuper, Marie-Thérèse Huppertz*, Bericht aus Brüssel - Die Verwirklichung der sozialen Dimension des EG-Binnenmarktes im Jahre 1992, Nachrichtendienst des Deutschen Vereins für öffentliche und private Fürsorge 73 (1993) S. 95-99. Vgl. auch *Michael Kreile*, Die Integration Europas, 1992.

[36] Die Grundgesetzänderungen zum Maastrichter Vertragswerk, in: Süddeutsche Zeitung vom 5. Dez. 1992.

Es ist hier nun weder der Ort noch die Zeit, in eine Würdigung jenes Vertrags-
werkes einzutreten.[37] Dies ist von der speziellen Themenstellung her auch nicht
erforderlich. Vielmehr kann es insoweit lediglich darum gehen, einige Aspekte
aufzuzeigen, die für die Erwachsenenbildung von Bedeutung sind. Bereits vor
Abschluß und Inkrafttreten des Vertrags haben die Europäische Gemeinschaft
und ihre Bildungsminister eine Reihe von Entschließungen verabschiedet, die
den europäischen Integrationsprozeß auf dem Gebiet der Bildung weiter voran-
treiben sollen. Sie hatten etwa die Berufsbildungspolitik in der EG während der
80er Jahre (1983), ein europäisches Programm für die verstärkte Bekämpfung
des Analphabetentums (1987) und die Umweltbildung (1988) zum Gegenstand.[38] Mit beachtlichem Finanzaufwand setzte die EG eine ganze Reihe von
Aktionsprogrammen ins Werk, die der Bildung und Weiterbildung gelten: so z.
B. *lingua*, ein Programm zur Förderung des Fremdsprachenlernens in der Gemeinschaft, *Petra*, ein Aktionsprogramm für die Berufsbildung Jugendlicher und
zur Vorbereitung der Jugendlichen auf das Erwachsenen- und Erwerbsleben,
Eurotecnet, ein Aktionsprogramm zur Förderung von Innovationen in der Berufsausbildung in der Folge des technischen Wandels in der EG, und *Force*, ein
Aktionsprogramm zur Förderung der beruflichen Weiterbildung.[39]

Auch die deutsche Bund-Länder-Kommission für Bildungsplanung und For-
schungsförderung hat am 22.4.1992 beschlossen, ihre weitere Tätigkeit auf die
europäische Dimension auszurichten. Dabei geht es zum einen um eine Neuori-
entierung des Bildungswesens, die aufgrund des fortschreitenden europäischen
Integrationsprozesses in der Bundesrepublik Deutschland notwendig wird, zum
anderen um konzeptionelle Empfehlungen, durch welche die einschlägigen Aktivitäten der EG beeinflußt werden sollen.[40] In diesem Kontext steht eine ganze
Reihe von Fragestellungen und Problemen zur Diskussion: „Die Beschleuni-
gung des technologischen und strukturellen Wandels in Wirtschaft und Gesellschaft infolge des europäischen Binnenmarktes", „Veränderungen der Nachfrage nach Arbeitskräften und der Qualifikationsanforderungen", „Veränderungen
der demografischen Größen und des Arbeitskräfteangebots durch Wanderungen

---

[37] Vgl. etwa *Hans von der Groeben / Jochen Thiesing / Claus-Dieter Ehlermann*, Vertrag
über die europäische Union von Maastricht mit Schlußfolgerungen des Europäischen Rates
von Lissabon, 1992; *Hugo J Hahn*, Der Vertrag von Maastricht als völkerrechtliche Überein-
kunft und Verfassung. Anmerkungen anhand Grundgesetz und Gemeinschaftsrecht, 1992
Vgl auch *Albrecht Weber*, Zur künftigen Verfassung der europäischen Gemeinschaft Föde-
ralismus und Demokratie als Strukturelemente einer Europäischen Verfassung, Juristenzei-
tung 48 (1993), S. 325-330.

[38] *Peter Wild*, Bildungsplanung im Rahmen des Binnenmarktes und der Finanzverfassung,
1992, S 7

[39] *Wild* (Fn 38). Vgl auch *Helga Gabriele Kalt*, Mit Erasmus, Lingua, Tempus oder Comet
ins schrankenlose Europa. Bildung im Binnenmarkt / Ein Wegweiser durch die Förderpro-
gramme der EG, in: Frankfurter Allgemeine Zeitung Nr. 13 vom 16.1 1993, S. 45

[40] *Wild* (Fn. 38), S. 11

und kurzfristige Mobilität (innerhalb der Gemeinschaft wie im Verhältnis zu Drittstaaten)", zunehmender „Wettbewerb zwischen Bildungssystemen über die Grenzen hinweg (Attraktivität der Aus- und Weiterbildungsangebote im Vergleich zu denen anderer Mitgliedsstaaten, Chancen deutscher Absolventen auf dem europäischen Arbeitsmarkt)", „Konsequenzen aus wachsender Mobilität und beruflicher Freizügigkeit". Das sind gewiß nicht die einzigen Themen, mit denen sich die zuständigen deutschen Instanzen vor dem Hintergrund der europäischen Entwicklung auseinandersetzen müssen; aber es sind diejenigen, die jedenfalls auch einen Bezug zur Erwachsenenbildung aufweisen.

Man muß in diesem Zusammenhang in Rechnung stellen, daß der EG im neugefaßten Artikel 3 des Gemeinschaftsvertrages (EWGV) - der die Tätigkeiten der Gemeinschaft regelt - wirtschaftspolitische Aufgaben und Befugnisse etwa in der Infra- und Industriepolitik, der Forschungs- und Technologiepolitik, der Umweltpolitik und der Sozialpolitik übertragen wurden.[41] Dabei spielt - zumindest in Teilbereichen wie z. B. der Technologiepolitik - der Gedanke der Regionalisierung, d.h. der Förderung benachteiligter Gebiete, keine geringe Rolle.[42]

X

In Konsequenz des Maastrichter Vertragswerks hat die EG verschiedene Regelungen in bezug auf den Arbeitsmarkt, die Freizügigkeit der Arbeitnehmer und die berufliche Bildung getroffen. So wurde am 27.7.1992 das gemeinschaftliche System zur Übermittlung von Stellen- und Bewerberangeboten (SEDOC) neu strukturiert (nunmehr EURES).[43] Am 3.12.1992 verabschiedete der Rat eine Resolution zum Kampf gegen Arbeitslosigkeit; sie will den Schwerpunkt der Förderung durch den Europäischen Strukturfonds (EFS) auf Berufsbildungsmaßnahmen und Dienste für Arbeitslose legen. Die Richtlinie vom 18.6.1992 regelt die gegenseitige Anerkennung beruflicher Befähigungsnachweise und ermöglicht nunmehr die Ausübung aller beruflichen Tätigkeiten in einem anderen Mitgliedsstaat als dem, in dem die berufliche Qualifikation erworben wurde. Um eine bessere Vergleichbarkeit beruflicher Befähigungsnachweise zu erreichen und den wechselseitigen Informationsbedarf zu befriedigen, hat der Rat am 3.12.1992 eine Entschließung zur „Transparenz bei beruflichen Befähigungsnachweisen" verabschiedet.

Dieser Katalog an Regelungen und Maßnahmen ist keineswegs vollständig. Auch berücksichtigt er nicht Entwicklungen, die derzeit noch im Gange sind. Immerhin läßt er dreierlei erkennen: Der Prozeß der europäischen Integration hat auch auf den Gebieten des Arbeitsmarktes, der Beschäftigung und der beruflichen Bildung schon längst seine Spuren hinterlassen. Noch nicht abzusehen ist, in welchem Tempo und mit welchen Schwerpunkten er fortgesetzt werden wird.

---

[41] *Norbert Berthold,* Wirtschaftspolitik in Europa - Neue Wege nach Maastricht?, 1992, S. 1.

[42] Vgl. *Horst Tomann,* Neue Technologien und regionale Entwicklung in Europa, 1992.

[43] Zum folgenden *Kuper* u. *Huppertz* (Fn. 35).

Das Maastrichter Vertragswerk ist bekanntlich nicht unumstritten geblieben.[44] Die Einschätzungen bewegen sich zwischen Alptraum und Zukunftsverheißung. Das treffende Urteil dürfte wie so oft - irgendwo dazwischen liegen. Eine gewisse Europamüdigkeit, teils regionalen, nationalen, politischen oder intellektuellen Ursprungs, ist nicht zu übersehen.[45] Schließlich lassen sich seine Auswirkungen auf den Bereich der Erwachsenenbildung auch deshalb nur schwer abschätzen, weil dieser Komplex, wie dargelegt, in engem Zusammenhang mit dem allgemeinen gesellschaftlichen Strukturwandel zu sehen ist. Das erschwert hier wie dort Prognosen.

XI

Kann man, soll man im Ernst aus alledem noch Konsequenzen für die Weiterbildung im Strafvollzug ziehen? Der Strafvollzug ist ja allenthalben eine mehr oder minder nationale Institution geblieben. Wenn er Grenzen überschritten hat oder überschreitet, dann nicht diejenigen zu einer Internationalisierung hin, sondern Grenzen anderer Art: etwa diejenigen hin zur Gesellschaft in Gestalt der „Öffnung des Vollzuges",[46] diejenigen hin zur freien Wirtschaft - in Form von Unternehmerbetrieben - oder - anstößigerweise - in Form von Privatisierung,[47] und diejenigen in bezug auf Geschlechtertrennung in Gestalt eines koedukativen Vollzuges.[48]

In einer Hinsicht freilich weist er bereits internationale Züge auf: Die multikulturelle Gesellschaft ist längst im Straf- und Untersuchungshaftvollzug verschiedener europäischer Staaten Realität - indessen wegen der Rahmenbedingungen des Freiheitsentzugs ohne ausreichende Realisierungsmöglichkeiten und „ Bodenhaftung".[49] Sie steuert denn auch in einzelnen Anstalten bereits auf den Kollaps des Systems hin, ohne daß schon durchgreifende konzeptionelle Abhilfe sichtbar würde. Das internationale Abkommen über die Überstellung verurteilter Personen von 1983, das ja gerade die Verbüßung von Freiheitsstrafen im Hei-

---

[44] Vgl. *Torsten Stein,* Was wird aus Europa?, 1992.

[45] Vgl. *Thomas Schmid,* Wider das Unbehagen an Europa. Der multikulturelle Rösselsprung ist nichts als ein Entlastungsmanöver für intellektuelle Wurstigkeit, in: Süddeutsche Zeitung Nr 289 vom 12.12.1992, S. 45.

[46] Vgl etwa *Heike Jung,* Das Strafvollzugsgesetz und die „Öffnung des Vollzugs", ZfStrVo 1977, S 86-92; *Frieder Dünkel,* Die Öffnung des Vollzugs - Anspruch und Wirklichkeit, Zeitschrift für die gesamte Strafrechtswiss 1982, 669-710

[47] Vgl. z. B. *Heike Jung,* Paradigmawechsel im Strafvollzug. Eine Problemskizze zur Privatisierung der Gefängnisse, in: Forschung in den 80er Jahren Projektberichte aus der Bundesrepublik Deutschland, hrsg. von *Günther Kaiser* u. a 1988, S. 377-388; *Thomas Weigand,* Privatgefängnisse, Hausarrest und andere Neuheiten Antworten auf die Krise des amerikanischen Strafvollzugs, Bewährungshilfe 1989, 289-301.

[48] Vgl. Günther Kaiser, in: Kaiser / Hans-Jürgen Kerner / Heinz Schöch, Strafvollzug, 4. Aufl. 1992, § 9 Rn 75 f

[49] Vgl. *Müller-Dietz,* Lagebeurteilung und neuere Entwicklungen im Strafvollzug, in: Caritas Schweiz (Hrsg), Die Reform in Form bringen (Bericht 1/93), 1993, S. 19-30.

matstaat des Verurteilten zum Ziele hat, hat keineswegs den durchschlagenden Erfolg gezeitigt, den man sich vielleicht davon erhofft hat.

Denn zum einen löst dieses Abkommen das Problem der in Untersuchungshaft befindlichen Ausländer nicht; das ginge wohl nur im Wege internationaler Vereinbarungen über die Übernahme von Strafverfahren - was wiederum eine Angleichung der verschiedenen Strafrechts- und Strafprozeßordnungen voraussetzen würde. Bis zur Harmonisierung der nationalen Strafrechtsordnungen oder gar der Schaffung eines supranationalen Strafrechts und Strafverfahrensrechts ist aber nach dem gegenwärtigen Stand der Vereinbarungen und Vorarbeiten noch ein weiter Weg zurückzulegen.[50] Zum anderen ziehen sich nicht selten Verhandlungen über die Überstellung rechtskräftig Verurteilter aus verschiedenen, auch bürokratischen Gründen hin oder scheitern letztlich an der Weigerung des Gefangenen, den Rest der Strafe im Heimatstaat zu verbüßen. Als ein Hemmnis erweist sich jedenfalls das europaweit bestehende Gefälle im Vollzugsniveau, das längst zu entsprechenden „Umrechnungskursen" geführt hat. Daß deutsche Gerichte z. B. einen Tag Freiheitsentzug in Spanien wegen der schwereren Haftbedingungen im Falle der Anrechnung wie zwei Tage Freiheitsentzug in Deutschland behandeln,[51] sagt im Grunde alles. Nicht jeder Verurteilte ist bereit, härtere Haftbedingungen in Kauf zu nehmen, nur um die Strafe im Heimatstaat verbüßen zu können. Auch die Abschiebung ausländischer Gefangener stellt nur ein begrenzt taugliches Mittel zur Problemlösung dar. Schon aus präventiven Gründen bestehen die Vollstreckungsbehörden darauf, daß wenigstens ein mehr oder minder erheblicher Teil der Strafe vollstreckt wird.

Ausländische Gefangene werden also auch künftig in größerer Zahl die einheimischen Strafanstalten bevölkern. Ebenso wie wir uns darauf einrichten mußten und müssen, daß Frauen im Männervollzug tätig sind, und ebenso wie es längst an der Zeit ist, sozialpädagogisch probate Formen eines koedukativen Vollzugs zu entwickeln,[52] müssen wir Formen eines multikulturellen Vollzugs schaffen, welche die doppelte Benachteiligung, Strafgefangener und Ausländer zu sein, einigermaßen kompensieren können.[53] Hier ist denn auch ein Tätigkeitsfeld für Erwachsenenbildung spezifischer Art, die sich gewiß nicht in der Vermittlung von Sprachkenntnissen und der Förderung von Fähigkeiten erschöpfen kann, sich zugleich in der fremden Kultur und in der fremden Welt des Gefängnisses zurechtzufinden. Darauf heben etwa die Europäischen Strafvollzugsgrundsätze

---

[50] Vgl. *Theo Vogler,* Die strafrechtlichen Vereinbarungen des Europarates, Jura 1992, S. 586-593; *Klaus Tiedemann,* Europäisches Gemeinschaftsrecht und Strafrecht, Neue Juristische Wochenschrift 1993, S. 23-31; *Heike Jung,* Criminal Justice - a European Perspective, The Criminal Law Review 1993, S. 237-245.

[51] Z. B OLG Karlsruhe, Monatsschrift für Deutsches Recht 1991, S 978.

[52] Vgl. Heribert *Ostendorf,* Alternativen zum herkömmlichen Strafvollzug, ZfStrVo 1991, S 83 ff (86 f.).

[53] Vgl *Ostendorf* (Fn 52), S 87.

in ihrer überarbeiteten Fassung von 1987 ab, wenn sie in Nr. 79 den Vollzugs-verwaltungen aufgeben, der Weiterbildung ausländischer Gefangener und den Insassen „mit besonderen kulturellen oder ethnischen Bedürfnissen" spezifische Beachtung zu schenken.[54]

Nebenbei bemerkt: Die Diskussion über die Ausländerproblematik sollte aus so-ziologischer und ethnologischer Perspektive jedenfalls auch vor dem Hinter-grund der Erfahrung geführt werden, daß sich unsere eigene Gesellschaft aus vielen Regionalismen, Teil- und Subkulturen zusammensetzt. Um nur ein einzi-ges Beispiel zu geben: Der Workoholic huldigt bekanntlich einer völlig anderen Lebensauffassung als der Hedonist. Sie sprechen auch verschiedene Sprachen, obwohl es paradoxerweise dieselbe sein mag. Längst existiert in unserer Gesell-schaft eine Vielfalt von Lebensstilen, Verhaltensmustern, ja sogar von persönli-chen Wertpräferenzen, welche die Vorstellung von einer homogenen Gesell-schaft ad absurdum führt. Das erschöpft sich keineswegs allein in Generationen-unterschieden, Geschlechterdifferenzen und regionalen Besonderheiten. Viel-mehr vollzieht sich die Ausbildung gruppenspezifischer Teil- oder Subkulturen quer durch die Generationen, Geschlechter und Regionen. Natürlich resultieren hieraus Spannungen und Konflikte, die durch die europäische Migrationsbewe-gung noch verschärft werden.[55]

Das Grundproblem aber, daß verschiedene kulturelle Ausprägungen und Menta-litäten friedlich miteinander auskommen müssen, ist keineswegs neu. Es gab einmal den Traum von einer „amerikanischen Gesellschaft", der auf gegenseiti-ges Verstehen unterschiedlicher Kulturen, auf wechselseitige Akzeptanz und Toleranz gegründet war. Ich würde die Idealvorstellung vom friedlichen Zu-sammenleben verschiedener Kulturen als geistige Grundlage einer „offenen Ge-sellschaft" *(Popper)* ansehen, in der Mobilität und Flexibilität nur äußere Er-scheinungsformen wechselseitigen Austausches und als selbstverständlich prak-tizierter Anerkennung des jeweils anderen sind.

XII

Die Förderung beruflicher Bildung und Weiterbildung im Strafvollzug ist längst auch auf internationaler, vor allem europäischer Ebene zum Thema geworden. Hier sollen nur zwei Entwicklungsstränge weiterverfolgt werden, die sich seit einiger Zeit abzeichnen. Eine erste Orientierung liefern die Europäischen Min-

---

[54] Europäische Strafvollzugsgrundsätze. Überarbeitete europäische Fassung der Mindest-grundsätze für die Behandlung der Gefangenen (1987), 1988

[55] Vgl *Helmut Rittersteg / Gerhard C Rowe,* Einwanderung als gesellschaftliche Herausfor-derung Inhalt und rechtliche Grundlagen einer neuen Politik, 1992; *Karl S Althaber / Andrea Hohenwarter* (Hrsg.), Torschluß Wanderungsbewegungen und Politik in Europa, 1993; *Ca-roline Y Robertson-Wensauer,* Multikulturalität - Interkulturalität? Probleme und Perspekti-ven der multikulturellen Gesellschaft. 1993. Vgl. auch *Albrecht Weber,* Die Harmonisierung der europäischen Einwanderungs- und Asylpolitik, Ztschr. f. Rechtspolitik 26 (1993) S. 170-173.

destgrundsätze von 1987.[56] Unabhängig davon, wie man ihren Stellenwert hinsichtlich ihrer Beachtung und Durchsetzung in den Mitgliedsstaaten des Europarates einschätzen mag, enthalten sie jedenfalls bemerkenswerte Aussagen zur Weiterbildung im Strafvollzug. Drei zentrale Aspekte, die Zielvorstellungen und der Ausgestaltung der Weiterbildung gelten, sollen herausgegriffen werden. Nr. 77 der Grundsätze verpflichtet die Anstalten dazu, „ein umfassendes Bildungssystem anzubieten, um allen Gefangenen Gelegenheit zu geben, zumindest einigen ihrer individuellen Bedürfnisse und Bestrebungen nachzukommen. Mit diesen Prognosen soll bezweckt werden, die Aussichten auf eine erfolgreiche Wiedereingliederung in die Gesellschaft, die Einstellung und Haltung der Gefangenen und ihre Selbstachtung zu verbessern." Hier soll nichts dagegen erinnert werden, daß damit in der bekannten kurzschlüssigen Manier versucht wird, Förderungsmaßnahmen im Vollzug unmittelbar mit dem Ziel der sozialen Integration zu verknüpfen; ich will mich deshalb über die Komplexität und die Zwischenschritte eines solchen Prozesses nicht auslassen.

Nr. 78 der Strafvollzugsgrundsätze lautet: „Die Teilnahme an Bildungsmaßnahmen im Vollzug soll denselben Status haben wie Arbeit und mit der gleichen Grundvergütung bezahlt werden, sofern sie innerhalb der regelmäßigen Arbeitszeit stattfindet und Teil eines genehmigten individuellen Behandlungsprogramms ist." Besonders beachtlich erscheinen die Aussagen zur Organisation der Weiterbildung in Nr. 81: „Soweit durchführbar, ist die Weiterbildung für Gefangene a) in das Bildungssystem des Landes einzubinden, damit die Gefangenen nach der Entlassung ihre Weiterbildung ohne Schwierigkeiten fortsetzen können; b) in Bildungseinrichtungen außerhalb der Anstalt vorzusehen."

Damit sind Grundsätze formuliert worden, die zumindest die Richtung anzeigen, in die weitere Anstrengungen auf dem Gebiet der Erwachsenenbildung gehen könnten und sollten. Die einschlägigen Grundvorstellungen können hier nur in aller Kürze skizziert werden.[57] Sie decken sich im großen und ganzen mit Zielsetzungen des deutschen Strafvollzugsgesetzes und wissenschaftlichen Erkenntnissen. Danach muß sich die Ausgestaltung des Vollzugs im Hinblick auf das Vollzugsziel (§ 2 Satz 1) an den drei Grundsätzen der Angleichung, Gegensteuerung und sozialen Integration orientieren (§ 3). Das hat - nach allen bisherigen Erfahrungen - die Schaffung lebensnäherer Bedingungen in den Vollzugsanstalten und eine weitere, kontrollierte „Öffnung des Vollzugs" zur Konsequenz. Für die Erwachsenenbildung bedeutet dies, daß namentlich diejenigen Ansätze weiterzuverfolgen und auszubauen sind, die auf Einbeziehung externer Träger, Einrichtungen und Fachkräfte gerichtet sind und zugleich Gefangenen - in stärkerem Maße als bisher - die Wahrnehmung solcher Angebote und die Teilnahme an entsprechenden Veranstaltungen ermöglichen. Über die bekannten personel-

---

[56] Vgl Fn. 54

[57] Vgl. auch *Müller-Dietz*, Reformkonzepte auf dem Gebiet des Strafvollzuges, Bewährungshilfe 1992, S 67-76.

len und institutionellen Hemmnisse, die einer derartigen Entwicklung im Wege stehen, will ich hier nicht weiter reflektieren.

Im Kontext der internationalen Bemühungen um eine Förderung der Weiterbildung im Strafvollzug ist die einschlägige Empfehlung des Ministerrats an die Mitgliedsstaaten des Europarats vom 13. Oktober 1989 zu sehen.[58] Hier wird eine Reihe bemerkenswerter, wenn auch nicht gerade brandneuer oder taufrischer Einsichten und Grundsätze formuliert. Das Recht auf Bildung wird als „Grundrecht" begriffen, die „Bedeutung der Bildung für die Entwicklung des einzelnen und der Gesellschaft" hervorgehoben. Zutreffend, wenn auch ein wenig euphemistisch heißt es da, „daß ein Großteil der Gefangenen auf dem Bildungsweg wenig erfolgreich gewesen ist und deshalb jetzt einen vielfältigen Bildungsbedarf hat". In der Weiterbildung erblickt die Empfehlung „ein wichtiges Mittel", „um die Rückkehr des Gefangenen in die Gesellschaft zu erleichtern".

Danach ist allen Gefangenen der Zugang zu differenzierten Angeboten der Weiterbildung zu eröffnen. Wesentlich erscheint auch hier die Verpflichtung des Vollzugs, die Weiterbildung in einer den Verhältnissen in der freien Gesellschaft vergleichbaren Weise auszugestalten. „Alle an der Strafvollzugsverwaltung und der Anstaltsleitung Beteiligten sollten die Weiterbildung möglichst weitgehend erleichtern und unterstützen." Ebenso steht der Gleichrang von Weiterbildung und Arbeit im Einklang mit bisherigen Erkenntnissen. Erinnert wird ferner an die Motivationspflicht der Vollzugsbehörde, die ja in § 4 Abs. 1 Satz 1 StVollzG ihren Ausdruck gefunden hat. Unter dem Rubrum der Weiterbildung wird der vielfach postulierten „Öffnung des Vollzugs"[59] das Wort geredet. Das gilt sowohl für die Teilhabe Gefangener an entsprechenden Weiterbildungsangeboten der freien Gesellschaft wie auch für deren Einbeziehung in die vollzugseigene Weiterbildung: „Gefangenen sollte nach Möglichkeit die Teilnahme an Weiterbildungsmaßnahmen außerhalb der Anstalt gestattet werden." „Muß die Weiterbildung innerhalb der Anstalt erfolgen, so sollte die Außenwelt möglichst umfassend miteingebunden werden." Es versteht sich angesichts dessen fast von selbst, daß die internationale Zusammenarbeit auf diesem Gebiet weiter vorangetrieben werden soll.

Angesichts der überproportional hohen Arbeitslosenquote Straffälliger und Strafentlassener will man auch auf der europäischen Ebene die Bemühungen um die berufliche (Wieder-) Eingliederung dieses Personenkreises intensivieren.[60] Dem soll etwa ein gesonderter Haushaltstitel zur Förderung von Ausbildungs- und Arbeitsmöglichkeiten für Straffällige und Strafgefangene dienen. Weiter

---

[58] *Manuel Pendon,* Europarat nimmt sich der Weiterbildung im Strafvollzug an, ZfStrVo 1991, 361

[59] Vgl Fn 46.

[60] Vgl zum folgenden *Wolfgang Wirth,* Europäische Perspektiven der beruflichen Wiedereingliederung Straffälliger, ZfStrVo 1992, S 347 ff

plant man einen Austausch nationaler Erfahrungen auf den Gebieten der beruflichen Bildung und Weiterbildung. Nicht zuletzt sollen gemeinsame Projekte und Programme in diesen Bereichen initiiert und evaluiert werden. Ziel ist letztlich eine Art „europäische Beschäftigungspolitik für Straffällige".

An einschlägigen Konferenzen und Resolutionen ist - wie kürzlich *Wolfgang Wirth* dargelegt hat[61] - kein Mangel. Das Problem liegt eher in der konkreten, praktischen Umsetzung. nämlich der Institutionalisierung und dauerhaften Finanzierung solcher Vorhaben und Initiativen. Noch kürzlich hat *Haehling von Lanzenauer* der europäischen Straffälligenhilfe attestiert, sie schlummere - weil es noch an entsprechenden Vereinbarungen über Art und Weise der jeweiligen Hilfeleistung fehle.[62] Der „Schlaf des Gerechten" mag zwar gesund, muß aber für die Ungerechten keineswegs bekömmlich sein. Was eine „Soziale Strafrechtspflege in einem Europa der offenen Grenzen"[63] leisten kann und wird, ist einstweilen noch offen.

Zumindest ein Teil der grassierenden Europamüdigkeit geht auf das Konto vieler Absichtserklärungen und good-will-Bekundungen, denen dann im wesentlichen Taten folgen, die vor allem die Informations- und Reisebedürfnisse des höheren und mittleren Managements befriedigen. Damit soll die Bedeutung ernsthafter Bemühungen um die Verbesserung internationaler Kommunikation und Kooperation auf dem Felde der Erwachsenenbildung im Strafvollzug keineswegs abgewertet werden. Sie verdienen alle Anerkennung und Unterstützung. Das gilt vor allem für den Austausch von Erfahrungen mit jeweils praktizierten Projekten und Programmen sowie die wechselseitige Einführung von Mitarbeitern in zukunftsträchtige Modelle. Doch darf man auch auf diesem Gebiet die paradoxe Erfahrung nicht übersehen, daß - obwohl wir in Europa leben - der Weg nach Europa weit ist. Es geht nicht allein darum, daß Grenzen überschritten werden. Es kommt auch darauf an, in welcher Weise und in welchem Geist dies geschieht.

---

[61] *Wirth* (Fn. 60)

[62] *Haehling von Lanzenauer*, ZfStrVo 1993, S. 46.

[63] So das Thema einer Tagung der Evangelischen Akademie Bad Boll vom 7./8. Juni 1993

Perspektiven des Behandlungsvollzuges in Österreich

Wolfgang Gödl

Weil die Themenstellung unseres heutigen multinationalen Gespräches[1] nicht Utopien - auch das hätte mich sehr herausgefordert, um nicht zu sagen besonders gereizt - sondern Perspektiven des Behandlungsvollzuges (in einem Europa offener Grenzen) lautet, scheint es unabdingbar, von der Istsituation des Behandlungsvollzuges (für mich im österreichischen Strafvollzug) auszugehen: (Zumindest postuliert die mathematische Definition der „Perspektivität" nach Duden - ähnlich wie die philosophische Auslegung von Perspektivität nach Leibniz und Nietzsche zum Perspektivismus - eben anders als bei der Entwicklung von Utopien - bei seinem auf die Zukunft gerichteten Blick von einem bestimmten Punkt auszugehen.)

Zur Gegenwart und zum Begriff des Behandlungsvollzuges

Das österreichische StVG hat zum Behandlungsvollzug den Ausdruck „Behandlung" bewußt vermieden, „weil er die Vorstellung nahezulegen geeignet ist, es stünden im Strafvollzug ärztliche oder psychotherapeutische Maßnahmen im Vordergrund oder das StVG lege sich auf die mitunter vertretene Auffassung vom Rechtsbrecher als einem behandlungsbedürftigen, sozial Kranken fest". Dennoch hat sich auch in Österreich der Ausdruck Behandlungsvollzug als Oberbegriff für alle Arten eines gezielt auf den Sozialisierungszweck ausgerichteten Handelns gegenüber Straffälligen im Allgemeinen durchgesetzt.

Der Umstand, daß es den Begriff Behandlungsvollzug im Text unseres Vollzugsgesetzes nicht gibt und auch der Praxis so kompakte Wegweiser wie etwa in der BRD das große Lehrbuch „Strafvollzug" von Kaiser/Kerner/Schöch oder das richtungsweisende Werk „Strafvollzug in den 90er Jahren - Perspektiven und Herausforderungen" von Müller-Dietz/Walter nicht zur Verfügung stehen, hat aber nicht verhindern können, daß Behandlungsvollzug auch in Österreich seinen festen Platz hat, anerkannt ist, wenngleich seine Wertigkeit nicht undiskutiert bleibt.

Vor nicht langer Zeit hat die Abteilung Strafvollzug im Bundesministerium für Justiz, der ich angehöre bzw. einem Teil von ihr vorstehe, ein „Weißbuch zur Lage des Strafvollzuges" entworfen:

---

[1] Anm. d Redaktion: An der Veranstaltung waren neben Dr Gödl beteiligt: Dr. Jürgen Behr, JM Mainz (für das gastgebende Bundesland), Dr Peter Best, JM Hannover (als Vertreter der Bundesrepublik Deutschland im „Ausschuß für die vollzugliche Zusammenarbeit beim Europarat"), Carlo Reuland, Leiter der JVA Luxemburg (als Vertreter der EPEA) und Robert Survaal, JM Den Haag.

Unter uns gesagt, ein gleichsam schwieriger wie gewagter Versuch, Informationen und Verständnis für den Strafvollzug in einem zu geben bzw. zu wecken, gleichsam von der Prämisse aus:

„Vom Vollzug wird erwartet, daß er als Institution gleichsam im verborgenen fehlerfrei funktioniert. Ein Verständnis für die Risiken, Probleme, aber auch Erfolge des modernen Strafvollzuges, wird dadurch nicht geweckt".

Das vom Bundesminister für Justiz noch nicht approbierte Weißbuch geht von der Erkenntnis aus, daß auf beiden Seiten des Vollzuges Menschen agieren, weshalb menschliche, d. h. individuelle Lösungen gefragt sind. In diesem Sinne bedarf es umfassender und unterschiedlicher Konzepte zur Verbesserung der (Re)Integrationschancen, die den in der Regel komplexen Bedingungen der individuellen Deliktsneigung - im Sinne eines vielschichtigen Kriminalitätsverständnisses - Rechnung tragen.

Zum Begriff Sicherheit und Ordnung führt das Weißbuch aus, daß der Begriff der Sicherheit nicht zu eng verstanden werden dürfe. Darunter fielen nicht nur bauliche, technische und personelle und organisatorische Belange, sondern in ganz besonderer Weise auch der für die Betreuung der Insassen mögliche Aufwand sowie sinnvolle Vollzugslockerungen und pädagogisch eingesetzte Vergünstigungen. Die Sicherheit einer Justizanstalt hat sich demnach durchaus nicht ausschließlich an der Höhe der Mauern zu messen, sondern an einem breitgefächerten Spektrum von Maßnahmen, die durch ihre Kombination die Sicherheit wesentlich erweitern können.

Das Weißbuch bekennt sich an den eben erwähnten wie an anderen Stellen also durchaus zum Behandlungsvollzug, freilich ohne seinen Iststand und seine Entwicklungsmöglichkeit näher zu definieren bzw. zukunftsweisend auszuloten.

Unbestreitbar war jedenfalls ein überwiegender Teil der letzten Strafvollzugsgesetzneuerungen näher dem Behandlungsgedanken im weiteren Sinne als dem Einschluß und Restriktionsbereich zuzurechnen, etwa mehr Vergünstigungen, Ausgang, Außenkontakte u. a.

Unterhalb der Schwelle der legislativen Maßnahmen war die Palette von Maßnahmen, die wir dem Behandlungsvollzug zurechnen können, schon weiter gestreut: Ich erwähne die seit langem in Österreich erfolgreiche Betreuungsschiene des sogenannten „Group Counselling" und schließlich scheue ich auch nicht, in diesem Zusammenhang die 1996 von der Leitung des Strafvollzuges herausgegebene Vollzugsordnung für Justizanstalten zu thematisieren: In dieser Vollzugsordnung für Justizanstalten wurde u. a. die Möglichkeit der Errichtung „Pädagogischer Dienste" in Justizanstalten eingeräumt. Zwischenzeitlich konnten in einigen Justizanstalten entsprechende Pädagogische Dienste installiert werden. Es wurden im gleichen Zeitraum im Bundesministerium für Justiz gesonderte Zuständigkeiten für Jugendvollzug und Ausländervollzug geschaffen, gerade mit dem Ziel der Entwicklung spezifischer Betreuungsmöglichkeiten für diese Personenkreise. Die Maßnahmen der Berufsaus- und fortbildung haben sich in den letzten 10 Jahren sowohl von den Standorten als auch von den Möglichkeiten der zu Betreuenden nahezu verdoppelt.

Dennoch muß sich der Behandlungsvollzug bei allen diesen Entwicklungsschritten stets von neuem her rechtfertigen: Dazu Kerner zur Frage der Erfolgsbeurteilung des Strafvollzuges im Sinne einer Rückfallsproblematik: Die Wirklichkeit des Behandlungsvollzuges pflegt weiter hinter den therapeutischen Ansprüchen nachzuhinken. Die Evaluationsfrage steckt noch in den Kinderschuhen, Vergleichsparameter, Leistungskennzahlen, etwa zu sinnvoller Ausbildung, Freizeitbetreuung u. a., stehen erst am Beginn ihrer Entwicklung; Behandlungsuntersuchungen sind rar und, soweit sie bisher vorliegen, nicht selten negativ ausgefallen. Die Erklärung dafür: Zusammenhänge, auf die es ankommt, sind noch nicht voll ausgelotet. Kerner: Wir wissen von der Strafe und über ihre Wirkung empirisch vergleichsweise immer noch wenig.

Der Legitimationszwang für Behandlungsmaßnahmen ist meines Erachtens immer noch ein ungemein größerer als etwa für Sicherheitsmaßnahmen.

Als ich mich bei meinem Übertritt in die Vollzugsverwaltung vor knapp 10 Jahren - nach kurzer Zeit als Zivilrichter hatte ich vorher 13 Jahre in der Straflegislative mitgewirkt - sogleich auch dem Ausländervollzug zugewendet habe, wurde ich belächelt. Heute nimmt der Ausländervollzug nicht nur 25 % des Haftbelages im Bundesdurchschnitt in Anspruch, er vermittelt gleichwohl ein Mehr an vielschichtiger Problematik. Zu den Perspektiven des Behandlungsvollzugs, zähle ich daher u. a., mehr als bisher den Verurteilten (Ausländern) die Möglichkeit der Verbüßung der Haftstrafe in ihrem Heimatland einzuräumen. Jedenfalls könnten viele kulturelle und sprachliche Probleme u. a. dabei zumindest gemildert werden.

Wenn derzeit nicht nur in Österreich - sondern wohl europaweit - die Steigerung der organisatorischen Sicherheitsaspekte im Vordergrund steht, sollte dabei nicht aus dem Auge verloren werden, daß äußere, bauliche, technische Sicherheit für sich wohl eine scheinbare Ruhe nach außen, aber deshalb noch nicht eine tatsächliche Ruhe des Vollzugsklimas nach innen bewirken.

Ein anderes: Der Sühnegedanke sollte stets neu überdacht, relativiert und letztlich zurückgedrängt werden; die Schweiz zeigt, wie weit hier die Entwicklung getragen werden kann, wenn die Öffentlichkeit, die Bevölkerung, in die Diskussion einbezogen ist.

Besondere Chancen des Behandlungsvollzuges sehe ich darin, obgleich ich Österreich in diesem Punkte nicht als Vorreiter preisen kann, Differenzierungen verschiedener Vollzugsarten speziell weiterzuentwickeln. Im Anfangsstadium sollte allenfalls Modellversuchen mit „Bewährungscharakter" Raum gegeben werden. Über einen Leisten scheren heißt im Strafvollzug nur allzuoft über einen relativ strengen Leisten scheren. Einschränkungen durch und mit dem Vollzug sollten ihre Grenzen darin finden, wo sie unverzichtbar, unvermeidbar angesehen werden, und zwar von den Fachleuten des Vollzuges.

Lockerungen mehr Raum zu geben heißt aber auch, den Insassen (mehr als bisher) zu kennen, d. h., daß das Vollzugspersonal sozusagen „am Mann", d. h. am Insassen ist. Dieses Postulat bedingt zugleich einen angemessenen und gut genützten Personalschlüssel. Die Relation Vollzugsbeamter im weiteren Sinn, einschließlich betreuende Sonderdienste versus Insassen ist meines Erachtens ein wesentlicher Parameter für eine erfolgreiche Entwicklung des Behandlungsvollzuges. Das sage ich, obwohl ich von der Zentralleitung her derzeit eher einer Personalrestriktion das Wort reden müßte.

Der ausgleichende Weg bei knapper werdenden Personalressourcen ist, den Einsatz der vorhandenen Personalressourcen neu zu überdenken; gerade in Zeiten redimensionierter (Arbeits-)Stundenkontingente, scheint es meines Erachtens gerade naheliegend, auch zeitliche und inhaltliche Mindeststandards, etwa für Freizeitbetreuung, zu entwickeln.

Schließen möchte ich mit dem scheinbar trivialen Satz eines meiner Lehrer im Vollzug: *Beschäftigen wir sie (gemeint sind die Insassen) nicht, so beschäftigen sie uns.*

Eine Vollzugserfahrung, die meines Erachtens an den Behandlungsvollzug gleichzeitig hohe Anforderungen stellt: Geben wir im Rahmen des Behandlungsvollzuges den Insassen ausreichend Möglichkeit zur eigenverantwortlichen Arbeit an der eigenen Persönlichkeit. Beschränken wir die Pathologisierung der Gefangenen auf die Fälle, wo sie unverzichtbar ist und stärken wir dagegen die Vermittlung jener Fähigkeiten, die zur Bewältigung eines Lebens ohne Strafe (und damit auch ohne Haft) erforderlich scheinen.

Österreich steht in diesem Prozeß sicher derzeit nicht an der Spitze, ist aber bereit, mit den europäischen Partnern gemeinsam einen zukunftsorientierten Weg zu gehen, von den anderen zu lernen und sich selbst einzubringen, soweit sich dies für ein zwar kleines Land geziemt, das aber doch immer ein Kernland der europäischen Kultur war und ist. Es würde uns gut anstehen, auch ein Kernland einer am Behandlungsgedanken orientierten gesamteuropäischen Rechts- und Vollzugskultur zu sein.

Standortbestimmung: 20 Jahre Strafvollzugsgesetz

Klaus Winchenbach

Eine Standortbestimmung definiert sich aus dem, was in der zurückliegenden Zeit war, was sich bis zum jetzigen Zeitpunkt entwickelt hat, sie kann aber auch ohne den Ausblick auf das, was uns erwartet, nicht auskommen.

Da ich die zurückliegende Zeit wohl als weitgehend bekannt voraussetzen darf, möchte ich diese nur in Form von Stichworten Revue passieren lassen und dann schwerpunktmäßig auf die - aus meiner Sicht gefährlichen - Entwicklungen, die in den letzten Jahren eingesetzt haben, zu sprechen kommen.

Ich bin im Jahre 1971 in den Vollzug eingetreten, habe somit noch 6 Jahre auf der Basis einer bundeseinheitlichen Verwaltungsanordnung, der sogenannten Dienst- und Vollzugsordnung (DVollzO) gearbeitet. Diejenigen unter Ihnen, die ebenfalls in dieser Zeit schon im Vollzug tätig waren, werden mir zustimmen, daß der Geist, in dem damals gearbeitet wurde, von großem, teilweise naivem, Idealismus durchdrungen war. Die Kernvorschrift der Nr. 57 DVollzO, die dem jetzigen § 2 StVollzG, der ja das Vollzugsziel definiert, entspricht, hat angesichts des derzeit im Vollzug zu beobachtenden geschäftsmäßigen und formalistischen Behandlungsmanagements geradezu etwas Rührendes: Die Vorschrift lautete:

„Der Vollzug der Freiheitsstrafe soll dazu dienen, die Allgemeinheit zu schützen, dem Gefangenen zu der Einsicht zu verhelfen, daß er für begangenes Unrecht einzustehen hat, und ihn wieder in die Gemeinschaft eingliedern. Der Vollzug soll den Willen und die Fähigkeit des Gefangenen wecken und stärken, künftig ein gesetzmäßiges und geordnetes Leben zu führen. Zur Erreichung dieser Ziele soll der Vollzug auf die Persönlichkeit des Gefangenen abgestellt werden, soll dessen schädlichen Neigungen entgegenwirken und günstige Ansatzpunkte ausnützen."

Reformerischer Idealismus als Ausgangspunkt

Am 1. Januar 1977 ist das Strafvollzugsgesetz in Kraft getreten. Es ist - wie wir wissen - das erste dieser Art und kam letztendlich nur auf massiven Druck des Bundesverfassungsgerichts zustande. Die Schaffung einer *gesetzlichen* Grundlage für die Art und Weise, wie Freiheitsstrafen vollzogen und wie dadurch in die Persönlichkeitsrechte des Einzelnen eingegriffen werden kann, war von Verfassungs wegen geboten. Da die Gesetzgebungsorgane in der Pflicht waren, das Bundesgesetz jedoch ausschließlich in seiner Durchführung Länderinteressen berührt und kostenträchtige Maßnahmen nach sich zog, wurde in mehreren sehr wichtigen Bereichen lediglich die Richtung vorgegeben, um den Landesjustizverwaltungen zur Umsetzung Zeit zu geben. Als zwei wichtige Beispiele seien hier genannt: Die menschenwürdige Unterbringung des Einzelnen und die Höhe der Arbeitsentlohnung. Leider muß man konstatieren, daß die Landesjustizverwaltungen die im Gesetz gesetzten Fristen schlichtweg negiert haben. Die für den Regelfall geforderte Einzelunterbringung zur Ruhezeit ist ebenso nicht erreicht worden wie die für 1980 - somit 3 Jahre nach Inkrafttreten – zugesagte Erhöhung des Arbeitsentgelts. Durch die Gesetzesänderung für die Sexualstraftäter im Januar dieses Jahres ist ein neuer Komplex hinzugekommen, der - das kann man jetzt schon voraussagen - ebenfalls Makulatur bleiben wird. Denn die ab 2003 zwingend vorgesehene Unterbringung eines jeden „Sexualstraftäters" in einer sozialtherapeutischen Anstalt oder einer sozialtherapeutischen Abteilung wird von keinem Bundesland gewährleistet werden können. Es müßte ja nicht nur eine entsprechende Anzahl von Haftplätzen, sondern auch das erforderliche Personal bereitgestellt werden.

Was ist in den letzten 20 Jahren aufgrund des Strafvollzugsgesetzes geschehen? Auch wenn man nicht lückenlos den Nachweis dafür führen kann, kann sicherlich angenommen werden, daß die Existenz des Gesetzes und die in ihm aufgestellten Forderungen sicherlich einen Anschub für Verbesserungen insgesamt bewirkt haben.

• Die Haftbedingungen sind zweifellos verbessert worden. In den alten Anstalten wurden Umbauten vorgenommen, Freizeiträume geschaffen, Turnhallen errichtet, Werkstätten und Küchengebäude wurden erneuert, und es wurden auch einige neue Anstalten gebaut.

• Das Personal wurde in den ersten Jahren der Laufzeit des Gesetzes entscheidend vermehrt. Seit einiger Zeit, etwa seit 1994, wurde jedoch der Zuwachs nur noch zugelassen, wenn es neue Einrichtungen in Betrieb zu nehmen galt. Inzwischen sind die Justizministerinnen und Justizminister dazu übergegangen, es jeweils als politischen Erfolg zu verkaufen, wenn im Justizvollzug keine Einsparungen vorgenommen werden.

• Sozialtherapeutische Anstalten und Abteilungen wurden errichtet. Die personelle Ausstattung, die eine starke Betreuungsdichte bewirkt, würde heutzutage kaum noch bewilligt werden.

• Der offene Vollzug wurde in allen Bundesländern ausgebaut. Die Ausgestaltung des offenen Vollzuges ist zwar in den einzelnen Bundesländern sehr unterschiedlich, prozentual ist jedoch inzwischen ein erheblicher Anteil der gesamten Gefangenenpopulation dort untergebracht. Die immer wieder zu hörende Behauptung, der offene Vollzug sei der „Regelvollzug", ist falsch und beruht auf einer unglücklichen Gesetzesformulierung in § 10 StVollzG. Durch den Vorbehalt des Gesetzes, wonach nur Gefangene im offenen Vollzug untergebracht werden dürfen, die den „besonderen Anforderungen des offenen Vollzuges genügen" (§ 10 Abs. 1) wird deutlich, daß nicht jeder Inhaftierte grundsätzlich in dieser Vollzugsform untergebracht werden kann.

• Die Rechtssicherheit hat zweifellos zugenommen. Alle Maßnahmen der Behörden sind mit einer Palette von Beschwerden oder gerichtlichen Anträgen überprüfbar. Nicht zu vermeiden ist allerdings damit verbundene starke Bürokratisierung und „Verrechtlichung" des Umgangs miteinander.

• Im Laufe der Jahre sind den Gefangenen, je nach baulichen Gegebenheiten, zusätzliche Gegenstände zugestanden worden, die vor dem Strafvollzugsgesetz undenkbar waren (TV, Tauchsieder, CD-Player, Kühlschränke usw.).

• Die vom Gesetz vorgesehenen Beteiligungsmöglichkeiten von Anstaltsbeiräten, ehrenamtlichen Mitarbeitern und Gefangenenvertretungen sind in ihren Auswirkungen eher als bescheiden anzusehen. Dies muß auch nicht verwundern, weil die entsprechenden Gesetzesvorgaben ungenau gehalten sind, aber auch die Gesellschaft, die hierdurch eingebunden werden sollte, bei Lichte besehen eigentlich wenig Engagement gezeigt hat. So ist mir keine Anstaltsbeiratssitzung erinnerlich, an der alle Mitglieder, die häufig noch 7 oder 8 weitere Nebenämter haben, anwesend waren. Die Abneigung der Gesellschaft, den Vollzug als eine Gemeinschaftsaufgabe anzusehen, ist nicht weiter verwunderlich, weil die Politiker das ihre hierzu beitragen.

Der Strafvollzug wird früher oder später natürlich mit den Problemen konfrontiert, die außerhalb in der Gesellschaft existieren. Dies führt dazu, daß der Vollzugsalltag sich entgegen den ursprünglichen Intentionen des Gesetzes mit der Bewältigung von aktuellen, nicht vollzugsspezifischen Situationen mehr als zuvor beschäftigen muß. So sind das Ausländerproblem und das Problem der Überbelegung untrennbar miteinander verbunden.

Auch wenn es auf den ersten Blick nicht zu erkennen ist und die Durchführung des Strafvollzuges ja Ländersache ist, bestimmt zunehmend die bundespolitische Ausländerpolitik den Vollzugsalltag. Bei einem Anteil von 40 bis 50 % Ausländern im Strafvollzug bleibt es nicht aus, daß die mit dem Ausländergesetz und seiner Umsetzung verbundenen Auswirkungen sich unmittelbar auf das Vollzugsgeschehen nicht nur atmosphärisch, massiv und in nicht seltenen Fällen zunehmend körperlich auf Gefangene, aber auch auf Bedienstete auswirkt.

Die Verschärfung des Ausländergesetzes in § 47 Ausländergesetz, wonach nach der Verurteilung zu einer bestimmten Strafhöhe ausnahmslos ausgewiesen wird,
- so sollen Personen zwingend ausgewiesen werden, wenn sie wegen eines Drogenvergehens oder schweren Landfriedensbruchs bei verbotener Demonstration rechtskräftig zu einer Haft bzw. zu einer mindestens 2-jährigen Jugendstrafe verurteilt worden sind. Ausgewiesen werden auch diejenigen, die wegen anderer Straftaten zu Freiheitsstrafen von drei und mehr Jahren verurteilt wurden -
hat insbesondere bei denjenigen ausländischen Inhaftierten, und das ist die Mehrzahl, die bereits vor ihrer Strafhaft lange Zeit in Deutschland gelebt haben, ja häufig sogar hier geboren oder als Kleinkind hierher gekommen sind, einen

erheblichen psychologischen Druck ausgelöst, der in der Eingeschlossenheit des Gefängnisses natürlich verstärkt wird, so daß Aggressionsentladungen gegenüber Mitgefangenen, aber auch Bediensteten, nicht selten sind. Der Anstieg der Gewalttaten unter Ausländern, die mit erheblichen Verletzungen verbunden sind, kann man fast exakt an dem Beginn der restriktiveren Ausländerpolitik festmachen.

In einer Zeit, in der die europäischen Staaten sich eine gemeinsame Währung zulegen wollen, die Polizeibehörden der europäischen Staaten zusammenarbeiten und ihre Arbeitsmittel im Niveau angleichen, läge es auf der Hand, mit Nachdruck allen Staaten nahezulegen, die europäischen Mindestgrundsätze von 1987 für die Durchführung des Strafvollzuges umzusetzen. Dies würde z. B. die hiesigen Justizpolitiker zum Aufatmen kommen lassen. Denn durch das Erreichen eines in etwa gleichen Niveaus der Vollzugsbedingungen würde zum einen die Bereitschaft für die Verbüßung im Heimatland sicherlich sehr viel größer sein, aber auch die Zurückhaltung der Staaten untereinander, ihre Landsleute zur Strafverbüßung aufzunehmen, eher aufgegeben werden. Der Belegungsdruck in allen deutschen Gefängnissen würde nachhaltig zurückgehen. Darüber hinaus würde der ausländische Inhaftierte die seinem Kulturkreis entsprechenden Vollzugsbedingungen vorfinden. Solange nicht einmal die Strafurteile der anderen Staaten anerkannt werden - die Verbüßung im Heimatland erfolgt ja aufgrund einer neuen inländischen Entscheidung - sind wir noch meilenweit von einer derartigen sinnvollen Lösung entfernt. Der von einem hessischen Gefangenen in einem Leserbrief gemachte Vorschlag, der deutsche Staat möge die Haftkosten der ausländischen Straftäter in seinem Heimatland übernehmen, ist so abwegig nicht. Zum einen würden die bisherigen Haftkosten insgesamt geringer werden, und zum anderen würde das Problem der Überbelegung reduziert.

Wie ich zu Beginn bereits kurz angedeutet habe, hat der Gesetzgeber in der Frage der Unterbringung den Landesjustizverwaltungen mehrere Fristen gesetzt, die jeweils verstrichen sind. Auch wenn man in Rechnung stellt, daß viele Menschen, insbesondere auch die Juristen, in der Gefahr sind, die realitätsgestaltende Kraft von Gesetzen zu überschätzen, ist bei der Frage der Belegung von Haft räumen eine erfrischend klare Situation gegeben. Bei der Schaffung des Gesetzes war es von keiner Seite umstritten, daß die Einzelunterbringung über Nacht der Regelfall sein sollte. Nach 20 Jahren muß man allerdings feststellen, daß diese an die menschliche Substanz gehende und wichtige Regelung offensichtlich nicht mit dem nötigen Ernst wahrgenommen wurde. Denn man hatte ja die Übergangsvorschrift, die man immer wieder verlängern bzw. nicht zu aktivieren brauchte. Es entsteht der Eindruck, als habe man die Vorschrift eher als einen Appell als eine Verpflichtung empfunden. Die Holländer, die wohl nicht zu Unrecht auch unserem Kulturkreis zuzurechnen sind, haben offensichtlich eine sehr viel klarere Auffassung zum Individuum und seine zu schützende Persönlichkeit. Holland erlebt wie Deutschland rapide steigende Gefangenenzahlen. Dort war und ist jedoch zu keinem Zeitpunkt in Frage gestellt worden, ob die

Einzelunterbringung aufgehoben werden sollte oder nicht. Innerhalb von 3 Jahren wurden die Haftraumkapazitäten von 4.000 auf 14.000 erhöht. Solange diese Hafträume noch nicht zur Verfügung standen, erfolgte ein Vollstreckungsstop für mittlere und kleinere Freiheitsstrafen. Wie ist so etwas zu erklären, wo es doch um vergleichbare Situationen geht?

Wo steht der Strafvollzug jetzt?

Da das Thema innere Sicherheit, bei dem natürlich auch die Strafvollzugspraxis nie ausgelassen wird, seit etwa zwei Jahren die öffentliche Diskussionen beherrscht, besteht die Gefahr, daß differenziertere Beiträge. die zur Versachlichung beitragen könnten, nicht mehr gehört werden. Die Schlagzeilen über den Strafvollzug, die in früheren Jahren rasch vergänglichen Charakter hatten, weil lediglich die Sensationslust aktuell befriedigt wurde, sind inzwischen einer Grundrichtung gewichen, die sich immer weiter verdichtet. Es ist schleichend eine Entwicklung eingetreten, die letztendlich den Behandlungsauftrag des Strafvollzugsgesetzes negiert, zumindest - auch wenn dies nicht ausdrücklich zugestanden wird - ihm keine wirkliche Bedeutung mehr zugemessen wird.

Als Beispiel, mit welcher Beliebigkeit man zwischenzeitlich in gesetzliche Vorgaben eingreift bzw. Ergänzungen vornimmt, ist die Entstehungsgeschichte der neuen Vorschriften für die Bekämpfung der Sexualstraftäter zu sehen. Die zeitliche Nähe von verschiedenen Ereignissen, die in der Öffentlichkeit Aufsehen erregt hatten (Kinderschänderprozeß in Ansbach und Mainz, Kindesentführung und Morde in Belgien, zwei Fälle von sexuellem Mißbrauch und Ermordung eines Mädchens durch einschlägig vorbelastete Straftäter in Bayern und Niedersachsen), hatte in fast allen Bundesländern dazu geführt, daß eine Gruppe von Verurteilten, nämlich die sogenannten Sexualtäter (was immer man darunter versteht), im Strafvollzug in fast allen Bundesländern zusätzlichen Überprüfungsmechanismen unterworfen wurden und werden. Diese Überprüfungsmechanismen sind nunmehr in gesetzliche Formen gegossen worden. Daß ein wirklich ernsthaftes und mit großer Behutsamkeit zu behandelndes Problem im Schnelldurchlauf ohne ernst zu nehmenden Widerstand „erledigt" wurde, muß aus Sicht des Strafvollzuges nachdenklich machen, wenn nicht gar Schlimmeres in Zukunft befürchten lassen. Der Vollzug soll nämlich künftig das leisten, was er in der Vergangenheit nicht leisten konnte.

Bedauerlich und letztendlich auch gefährlich, weil Illusionen nährend, ist die Tatsache, daß zur Versachlichung der Diskussion praktisch kein Beitrag zu hören oder zu lesen war, nunmehr nach Inkrafttreten der Gesetzesänderung eine Umkehr kaum noch möglich ist. Für die Politiker ist das Problem zur Zeit erledigt, man kann nämlich anführen, daß man alles unternommen habe, um ähnliche schreckliche Vorkommnisse künftig zu vermeiden. Dabei tappt man zugleich in die selbst gestellte Falle, nämlich die immer wieder nach derartigen Ereignissen vom Wunschdenken besetzte Aussage, solche Ereignisse wären entweder gänzlich oder doch fast gänzlich vermeidbar. Daß im Falle des bayerischen Täters eine externe Begutachtung , wie sie jetzt im Gesetz vorgesehen ist, bereits vorgenommen worden war, welche dem Täter keine Gefährlichkeit mehr attestiert hatte, ist offensichtlich übersehen worden.

Ausblick

Da sich dem Reiz, sich dem Thema „innere Sicherheit" zu stellen, offensichtlich niemand entziehen kann und diese Sicherheit als Zielvorgabe immer eine Forderung nach mehr Sicherheit sein wird, wird der Vollzug nicht ausgenommen bleiben. So hat z. B. der Fraktionsvorsitzende der CDU des Hessischen Landtages angekündigt, im Falle seiner Wahl zum Ministerpräsidenten werde Hessen den „schärfsten Strafvollzug" praktizieren. Daß das Bundesverfassungsgericht dem Resozialisierungsauftrag Verfasssungsrang eingeräumt hat und ein Land ohnehin nicht aus einer bundesgesetzlichen Vorgabe abweichen kann, wird Herr Koch im Blick auf die kommende Landtagswahl für nicht so wichtig erachten.

Mit der neuen gesetzlichen Regelung, nach der nunmehr die Verlängerung der Sicherungsverwahrung bereits nach den ersten 10 Jahren bis hin zu „unendlich", das heißt bis zum Tode, möglich ist, ist eine neue Dimension der Strafentwicklung eingetreten. Die Vorschrift wurde, weitgehend unbemerkt von der Öffentlichkeit, so nebenbei mit dem Sexualstraftäterkomplex mit erledigt. Psychologisch ist damit die Hemmschwelle zur Dauerverwahrung überschritten. Der langjährige Wegschluß von immer mehr Gefangenen ist zu erwarten. Dahinter steht offensichtlich das Bedürfnis, dem „Bösen" in der Gesellschaft keine Chance mehr zu geben, unabhängig davon, ob sie sich durch die Strafverbüßung abschrecken oder beeinflussen lassen, damit die „Guten" nicht gestört werden. Das Aussperren auf Dauer bedeutet nicht nur eine Kapitulation aller bisherigen Methoden der Kriminalitätsbekämpfung, sondern widerspricht auch der Forderung unseres Grundgesetzes, jedem Menschen aufgrund seiner ihm eigenen Würde immer die Chance für ein lebenswertes Leben zu erhalten. Die Sicherheitslage wird keineswegs verbessert, sondern verschlechtert werden. Der in einigen amerikanischen Staaten eingeführte, aus den Sportregeln entnommene, Grundsatz: „Three strikes - and you are out", der unabhängig von der Schwere der Verfehlung angewandt wird, sollte nicht als Vorbild übernommen werden. Nicht nur Pädagogen wissen, daß es sicher mal angebracht ist, „jetzt reicht's" zu sagen und eine angedrohte Konsequenz folgen zu lassen. Eine Dauerlösung ist das jedoch nicht. Es muß immer noch einen Weg zurück geben.

Es wird, und dies geschieht bereits seit Monaten, nach mehr Strafrecht, mehr Abschreckung, mehr Härte gegen Straftäter gerufen. Die Folge wird sein, daß die Gefängnisse noch voller werden, weil die Strafmaße höher ausfallen werden. Die Ankündigung dafür, daß angeblich vorhandene Strafbarkeitslücken geschlossen werden, liegt bereits auf dem Tisch. So ist die Forderung, auch zwölfjährige Kinder zu bestrafen, bereits mehrfach erhoben worden. In England praktiziert man z. Zt. Strafvollzug an diesen Altersgruppen, nennt es allerdings Erziehung.

Man wird weiter nach Amerika schielen und die Privatisierung von Gefängnissen auch in Deutschland - die sich gegen alle Beteuerungen in den Köpfen vieler Verantwortlicher in den Ministerien durchaus schon fest eingenistet haben - weiter betreiben. Die Verlockung, die Privatisierung des Einsperrens letztendlich in toto zu betreiben, wird immer größer, je weniger Geldmittel dem Staat für seine Aufgaben zur Verfügung stehen. Wird der erste Schritt erst einmal getan, wird die Versuchung, kostenintensive Bereiche - und das ist immer das Personal - herauszunehmen und diese Aufgaben von außerhalb wahrnehmen zu lassen. Es dürfte nicht mehr viel Zeit ins Land gehen, bis wir beispielsweise folgende Veränderungen in manchen Anstalten beobachten werden:

- Die Versorgungsleistungen werden von außerhalb erfolgen, weil sie billiger sind.

- Dafür werden allerdings wertvolle Arbeitsplätze innerhalb der Anstalt verloren gehen. Der gesetzliche Auftrag, jeden Gefangenen mit wirtschaftlich ergiebiger Arbeit zu beschäftigen, wird nur noch für eine winzige Gruppe von Gefangenen gelten. Die überwiegende Gefangenenpopolation wird auf arbeitstherapeutische Beschäftigung abgedrängt bzw. wird ohne jegliche Arbeit sein.

- Die behandlerischen Leistungen werden an freie Träger übergeben werden. Das bedeutet, daß auf lange Sicht die Sozialarbeiter, Pädagogen, Sportlehrer, Psychologen, Werkmeister als feste Mitarbeiter im Vollzug verschwinden werden, weil sie nicht zum inneren Kernbereich der hoheitlichen Verwaltung gehören Da die freien Träger auch wirtschaftlich handeln müssen, wird sich das Angebot, das sie mit ihren Fachkräften dem Vollzug bieten, sich immer nach ihrer aktuellen finanziellen Leistungsfähigkeit ausrichten. Eine inhaltliche Kontrolle über die Qualität der zu leistenden Arbeit kann vom Staat nicht vorgenommen werden. Die für die Entscheidungsfindung innerhalb der Anstalt wichtige und bewährte Bündelung von Informationen und Einschätzungen aus verschiedenen Bereichen des Vollzuges werden künftig fehlen. Denn die Verantwortlichkeit der von außenstehenden Trägern in den Vollzug gesandten Fachkräften besteht nur gegenüber ihrem Arbeitgeber, nicht aber gegenüber dem Nutzer.

Nach Verabschiedung des Gesetzes über den großen Lauschangriff werden immer mehr Richter alsbald die Genehmigung für das Abhören von Hafträumen geben. Die Frage, ob der Haftraum ein schützenswerter Raum ist, wird allenfalls Gegenstand juristischer Seminare sein. Die Zeiten, in denen man 1989/90 empört und entsetzt zur Kenntnis nahm, daß in Gefängnissen der DDR von der Stasi installierte Vorrichtungen zum Abhören aller Hafträume standen und eigens hierfür eingerichtete Tonbandräume vorhanden waren, sind offensichtlich vorbei.

Wie es ja auch in Filmen häufig dargestellt wird, werden die Inhaftierten, die ohnehin die Justiz als eine Einheit begreifen, ihr Vorurteil bestätigt sehen, daß der Vollzug eigentlich der verlängerte Arm der Staatsanwaltschaft und der Polizei ist. Eine Zusammenarbeit mit den Gefangenen, die ja nur auf einer gewissen Vertrauensbasis möglich ist, dürfte nach dem ersten Fall, der bekannt wird, endgültig zu Ende sein.

Der neue Hoffnungsträger ist das technische Management, das kosteneffizient gestaltet sein soll: Sicherheitsoptimierung bei Kostenminimierung. Da Personal teuer ist, wird immer mehr Technik eingesetzt werden. Die Zeiten, in denen auf jeder Station ein Bediensteter eingesetzt ist, der doch ab und zu mal ein Wort mit den Gefangenen wechselt, werden bald der Vergangenheit angehören. Die neuen Fragen stellen sich als bloße Varianten gewöhnlicher und vertrauter Reihen betriebswirtschaftlicher Aufgabenstellungen. Nach längerer Zeit ist, dem Zeitgeist folgend, auch die Vollzugspraxis mit den Begriffen der modernen Methoden des Sozialmanagement konfrontiert. Die Begriffe leistungsfähige Aufbau- und Abbauorganisation, Führung und Zusammenarbeit, Personalmanagement, Dienstleistungsmarketing, Controlling, Input, Output, Kundenorientierung, prasseln auf die Mitarbeiter des Vollzuges, insbesondere die Behördenleiter, herab. Niemand macht sich die Mühe, diese Begriffe für die Belange des Vollzuges zu übersetzen. Es kommt der Verdacht auf, daß keiner zugeben will, daß er die Begriffe vollinhaltlich nicht versteht. Woher soll er es auch wissen, wenn er sein Leben lang mit betriebswirtschaftlichen Ausdrücken nie umgegangen ist. In jedem Falle, soviel ist klar, die Anwendung betriebswirtschaftlicher Managementmethoden werden den Menschen als Individuum mit allen seinen Facetten und Eigenheiten sowohl als Gefangenen als auch dem durch Controlling und Karriereversprechen windschnittig zugerechtgeschnitzten und funktionierenden Mitarbeiter im Vollzug nicht mehr erkennbar sein lassen. Ob diejenigen, die mit Begeisterung diese Dinge jetzt aufgreifen und offensichtlich davon überzeugt sein müssen, daß der Vollzug effizienter - als Ergebnis müßte doch weniger Rückfälligkeit herauskommen - mit diesen Methoden sein wird, müßten sich einmal persönlich fragen, aufgrund welcher Konstellation in ihrem Leben Verhaltensänderungen bei ihnen bewirkt worden sind. Dann müßten sie nämlich sich eingestehen, daß die Anwendung von Managementmethoden keineswegs dem Ziel dient, die persönliche Begegnung von Mensch zu Mensch im Sinne einer Vertrauensbildung zu optimieren, sondern durch ein Gerüst von Verantwortungs- und Absicherungskonstruktionen dafür gesorgt werden soll, daß der Mensch möglichst nicht in Erscheinung tritt. Es wäre vielleicht hilfreich, wenn man ehrlich zugeben würde, daß mit dem Wort Effizienz, die man mit den neuen Methoden erreichen will, eigentlich das Einsparen von Ressourcen - und das bedeutet in jedem Falle Personaleinsparung - meint. Der Behandlungsauftrag wird ernsthaft nicht mehr wahrgenommen, weil ja in erster Linie das Erreichen von Meßbarem im Vordergrund steht. Meßbar sind lediglich Sicherheit, funktionierende Organisation und wirtschaftlicher Gewinn, aber nicht der Behandlungserfolg.

Das Vollzugsziel - ist es noch zeitgemäß, sollte es noch gelten?

Die CDU in Hessen hat im Landtag einen Vorstoß unternommen, das Strafvollzugsgesetz in einer entscheidenden Passage zu verändern. Sie hat beantragt, § 2 Satz 1 StVollzG (Vollzugsziel) zu streichen. Begründet wurde der Antrag mit „Unerreichbarkeit". Das noch im Gesetz stehende Vollzugsziel ist auf Verhaltensänderung des Gefangenen ausgerichtet. Unser Strafrecht geht ja davon aus, daß der Mensch aufgrund freier Willensentscheidung handeln kann, sein Entschluß, Gutes oder Böses zu tun, auf einer freien Willensentscheidung beruhe. Die Straftat als Regelübertretung gegenüber dem gesellschaftlichen Zusammenleben wird als Ausdruck für einen Mangel an Einsicht in die Interessengegensätze und Mangel an Willen gesehen, sie in sozialverträglicher Weise beizulegen. Folgerichtig fordert ja die zentrale Vorschrift des § 2, den betreffenden Menschen soweit zu beeinflussen, daß er künftig ohne Straftaten lebt. Wie wir wissen, wird dieses Ziel nicht in ausreichendem Maße (untertrieben dargestellt) erreicht. Schon lange vor Inkrafttreten des Gesetzes stellte sich die Frage: Ist der Anspruch des Gesetzes überhaupt einlösbar? Fritz Bauer hatte schon 1960, lange ehe das Strafvollzugsgesetz konkrete Formen annahm, entdeckt, daß der Resozialisierungsgedanke, der ja schon damals durchaus den Strafvollzug beeinflußte, mit dem, dem Freiheitsentzug als solchem zugrunde liegenden Konzept kollidierte. Denn die Freiheitsstrafe, so sagt er, würde ja taxenmäßig nach Schuldschwere-Gesichtspunkten zuerkannt. Bezogen auf die gewünschte Entwicklung im Einzelfalle könne dies zu lang oder auch zu kurz sein. Mit erfrischender Offenheit hat er die Situation, die m. E. nach wie vor richtig ist, so umschrieben: „Die Öffentlichkeit und das geltende Recht wollen abschrecken und vergelten (auch wenn dies immer wieder bestritten wird) und dabei gleichzeitig resozialisieren. Dies ist bei Lichte betrachtet ein Ding der Unmöglichkeit. Wer Plus und Minus addiert, erhält Null."

Genau wie auf dem Gebiet der inneren Sicherheit sollten die durch Wunschdenken und entsprechende Aussagen immer wieder genährten Auffassungen über das, was im Vollzug erreicht werden kann, ehrlich und der Realität angepaßt angesprochen werden Die Öffentlichkeit wird es ertragen können, wenn man ihr deutlich macht, daß der Strafvollzug die inhaftierten Menschen nicht ändern, sondern lediglich im Einzelfall Hilfestellung geben kann. Hierbei muß man berücksichtigen, was man von den betreffenden Personen eigentlich verlangen kann. Man kann von einem Dummen nicht verlangen, daß er gescheiter ist als er ist. Aber von einem Menschen mit gefährlichen Neigungen verlangt man, daß er sich unterdrückt, obwohl man es eigentlich gar nicht verlangen kann. Wir verlangen z. B. im Vollzugsalltag von Gefangenen Leistungen, die wir uns selbst und von den Mitarbeitern nicht einmal abverlangen: Wir erwarten z. B., daß der Gefangene während seines Urlaubs keinen Alkohol zu sich nimmt und keine

Drogen und halten ihn auch, wenn er pünktlich und ohne Auffälligkeiten zu-
rückkehrt, für ungeeignet für weitere Lockerungen, wenn er z. B. wenige Pro-
mille im Blut hat. Er soll also disziplinierter sein als die Menschen außerhalb
des Vollzuges. Von der Tatsache, daß an das Sozialstaatsprinzip des Grundgesetzes ein Menschenbild geknüpft ist, das sich mit einer schlichten Beseitigung
oder Außerverkehrziehung des Straftäters nicht vereinbaren läßt, und nach dem
die Integration und die soziale Teilhabe für jeden Gefangenen offen zu halten
ist, wird trotz eindeutiger entsprechender Entscheidung des Bundesverfassungsgerichts nur noch bei Schaufensterreden, wenn es gilt, den Vollzugsbediensteten
für ihre schwere und aufopferungsvolle Arbeit zu danken, die Rede sein.

Obwohl es augenfällig ist, daß z. B. der Anstieg der Jugendgewalt Hand in Hand
mit dem Anwachsen der sozialen Desintegration geht und man bereits jetzt die
Anzahl der künftigen Insassen der Erwachsenenanstalten in 10 Jahren errechnen
könnte, wird man wieder zu dem Mittel der möglichst umfangreichen Einsper-
rungen greifen. Man wird sich nicht eingestehen wollen, daß man hierdurch ja
keineswegs das Ziel, nämlich ich die Herstellung des inneren Friedens, erreicht.

Diejenigen, die nach mehr Strafhärte rufen, sollten gezwungen werden, zu dem
Punkt zurückzukehren, von dem abgelenkt werden soll, nämlich zur Arbeitslo-
sigkeit und der sozialen Desintegration. Diese sind es, die den inneren Frieden in
Wirklichkeit gefährden.

Wohin treibt es den Justizvollzug? Bemerkungen zur Verschränkung von Sicherheit und Pädagogik[1]

Peter Bierschwale

Der Anlaß - oder: Müssen wir umdenken?

Der Anlaß für die Formulierung dieses Themas liegt auf der Hand: Nach einer Reihe von Geiselnahmen in verschiedenen Justizvollzugsanstalten und Bundesländern und spektakulären Ausbrüchen stand der Justizvollzug wieder einmal im Rampenlicht, nun allerdings etwas häufiger, und die Öffentlichkeit schien unruhig zu werden.

Daß die Knäste „Schimpfe" bekommen, wenn ihnen Straftäter durch die Lappen gehen, versteht sich von selbst, schließlich bestand die grundlegende Aufgabe der Verließe von je her in der Sicherstellung der „Delinquenten". „Man soll niemanden hängen, man hätte ihn denn zuvor", sagte man schon im alten Nürnberg.[2] Daß also Gefängnisse „sicher" zu sein hatten, war im wesentlichen unstrittig, die Frage war jedoch stets: Wie stellt man diese Sicherheit her? Und: Wo setzen Humanität oder Menschenrechte der Justiz Grenzen? John Howard, der große englische Gefängnisreformer schrieb schon vor über 200 Jahren dazu die grundlegenden Sätze:

„Die Aufrechterhaltung der Disziplin geschieht in der Regel wirksamer durch Freundlichkeit, als durch Strenge." Aber er will diese Freundlichkeit nicht aus einer Position der Schwäche, sondern aus einer der Stärke verstanden wissen und fügt sogleich hinzu: *„Wer sich nicht einordnen will, soll mit einsamer Einsperrung bei Wasser und Brot bestraft werden."*[3]

Der Berliner Strafanstaltsdirektor Karl Krohne, der später als Geheimer Rat zum Chef des preußischen Strafvollzuges wurde, beschrieb 1889 in seinem „Lehrbuch der Gefängniskunde" die Funktion des Unterrichtes und der „Gefängnisschule":

---

[1] Überarbeitete Fassung eines einführenden Referates, das der Autor auf einer öffentlichen Veranstaltung zum Thema „Pädagogik & Sicherheit" am 27. August 1996 in der Justizvollzugsschule des Landes Niedersachsen in Wolfenbüttel gehalten hat. Veranstalter war die niedersächsischen Landesarbeitsgemeinschaft der Lehrerinnen und Lehrer im JVD mit Unterstützung des nds. JM und der JVSchule Wolfenbüttel. Der Beitrag wurde noch um einige Daten aus dem Einführungsreferat des Verf., das auf der Bundesarbeitstagung 1998 in Ludwigshafen gehalten wurde, ergänzt. Außerdem wurde das Datenmaterial aktualisiert.

[2] Vgl Quanter, Rudolf: Deutsches Zuchthaus- und Gefängniswesen (Leipzig 1905), Nachdruck: Aalen 1970, S 36

[3] Zit n Krebs, Albert: Freiheitsentzug. Entwicklung von Praxis und Theorie seit der Aufklärung, Berlin 1978, S 35 f

„Eine der gewöhnlichsten Ursachen des Verbrechens ist die Gedankenlosigkeit, das In-den-Tag-hinein-leben, das triebartige Handeln, ohne die Folgen zu bedenken; dem hat der Unterricht entgegen zu wirken. Das Denken und Nachdenken ist zu wecken, damit jede Handlung überlegt wird nach Ursache, Zweck und Folgen. Die Freiheitsstrafe, nach welchem System sie auch vollzogen werden mag, hat immer etwas geistig Niederdrückendes und Abstumpfendes. Dem soll der Unterricht entgegenarbeiten, damit nicht die geistige Spannkraft während der Strafverbüßung verloren gehe."[4]

Wir finden also schon bei Howard und Krohne zwei zentrale Ansätze, um zusätzliche Sicherheit in den Gefängnissen herzustellen: Es ist zum einen die Überzeugung, durch *Zuwendung* beim Gegenüber das Aggressionspotential reduzieren sowie die Bereitschaft zur Zusammenarbeit erhöhen zu können, um ihm dadurch überhaupt die Möglichkeit zu geben, sich zu öffnen und die Anliegen der Justiz und der einzelnen Bediensteten an sich herankommen zu lassen. Wir finden diesen Gedankengang schon lange Zeit vorher bei Spinoza, der bereits erkannte, daß ein Verständnis des anderen immer auch emotional vermittelt sein müsse, nämlich über die Vorstellung und das Verständnis ähnlicher „Sinnaffektionen" bei anderen.[5] Dieser Grundgedanke setzt sich fort bis hin zur „DSVollz" von 1977, nach der die Bediensteten durch eigenes Beispiel „vorbildlich" auf die Gefangenen wirken sollen (Ziff. 1, Abs. 1).[6] Dies erfordert jedoch ein entsprechendes Wollen bei dem Gefangenen.

Und der Hinweis Howards, die nicht einordnungswilligen Gefangenen enger führen zu sollen, ist nach wie vor aktuell. Die Einordnungs- oder Mitarbeitsbereitschaft ist jedoch keine statische Größe, die allein von persönlicher Entscheidung abhängig wäre.

Sie setzt andererseits die *Fähigkeit* voraus, dem angebotenen Vorbildverhalten folgen zu können, beispielsweise den Zweck und die Folgen von Handlungen abschätzen und abwägen zu können. Hier will Krohne durch Unterricht die Voraussetzungen geschaffen sehen. Die notwendige Bereitschaft und die Fähigkeit für die Mitarbeit am Vollzugsziel schaffen zu wollen, war und ist auch die konstituierende Absicht des Strafvollzugsgesetzes.

In den letzten Monaten jedoch hat sich nach unserem Eindruck einiges verschoben, und zwar nicht nur in den Medien und der öffentlichen Meinung, sondern auch in der Politik: Plötzlich werden Millionen ausgegeben für Sicherheitsgerät

---

[4] Krohne, Karl: Lehrbuch der Gefängniskunde, Stuttgart 1889, S. 480

[5] Vgl. Hammacher, Klaus: De Spinoza: Gewißheit in Erkenntnis und Handeln, in: Speck, Josef (Hg.): Grundprobleme der großen Philosophen, Philosophie der Neuzeit I, Göttingen 1979, S. 101-138, hier: S. 114 ff.

[6] Dienst- und Sicherheitsvorschriften für den Strafvollzug, Vereinbarung der Landesjustizverwaltungen, in Kraft getreten am 1. Januar 1977, abgedruckt beispielsweise in: Callies, Rolf-Peter und Müller-Dietz, Heinz: Strafvollzugsgesetz (1977), 5. Aufl., München 1991, S. 712 ff.

und -anlagen. Dabei weiß jeder, daß man mit technischem Gerät die Gefahr von Geiselnahmen allenfalls etwas verringern, niemals aber ausschließen kann; siehe oben. Natürlich müssen wir uns aus naheliegendem eigenen Interesse verstärkt für die Anschaffung solch sicherheitswirksamen Geräts einsetzen, und wenn dadurch auch nur eine einzige Flucht oder eine Geiselnahme verhindert würde, aber man soll nicht glauben, allein dadurch sei das Problem gelöst. Außerdem tritt in den neuerdings so gesicherten Anstalten mittleren Sicherheitsgrades ein unerwünschter Nebeneffekt ein, denn die Kolleginnen und Kollegen empfinden eine Verunsicherung, weil nun die latente Bedrohung durch Geiselnahmen zunimmt. Und man kann fragen, was sich denn in den wenigen Jahren so Entscheidendes geändert hätte, was eine derartige Verschiebung der Schwerpunkte rechtfertigte.

Doch die Kritik geht nur zu einem Teil an die politische Führung, denn ebenso wie die Anstalten vor Ort sieht sie sich äußerst widersprüchlichen Anforderungen und Wertungen ausgesetzt; ich vermute, jeder von uns kann davon ein Lied singen: So fragte beispielsweise die Presse nach einer Geiselnahme, bei der ein Messer benutzt worden war, verwundert, wieso denn die Gefangenen „mit Messer und Gabel essen" dürften? Wenige Wochen später kritisierten dieselben Blätter lauthals die „Pressezensur" der betreffenden Anstaltsleitung, weil sie eine Gefangenenzeitung wegen angeblich ausländerfeindlicher Passagen hatte beschlagnahmen lassen. Eben noch die Freiheiten im „Hotelvollzug" kritisiert und schon „Pressefreiheit" für Gefangene gefordert. Bringt die Gefangenen ja unter Kontrolle - aber schränkt sie nicht ein...

Bevor ich versuchen werde, einige Schlaglichter auf die aktuellen Probleme zu werfen, wie ich sie sehe, möchte ich noch ein kleines Bonbon auspacken, das zeigen soll, daß manche Aufgeregtheiten über die Vorkommnisse in den Gefängnissen unangebracht sind, weil diese so zu den Vollzugsanstalten gehören, wie der Verkehrsunfall zum Auto: Trotz aller Perfektion wird man Unfälle niemals ganz ausschließen können, allerdings hilft etwas Aufmerksamkeit und Engagement immer. Und so hat „unser König" von Hannover, Braunschweig pp. im Jahre 1742 (!) unsere damaligen Kollegen wie folgt belehren „müssen":[7]

---

[7] Quelle: Niedersächsisches Hauptstaatsarchiv Hannover, Calenberger Briefe, 23 b, Sig 201, und ein gleichlautender Abdruck in: Lüneburger Landesordnung, Supplementband Nr. 7, Seite 15

Georg der Andere, von Gottes Gnaden König von Groß = Britannien, · Franckreich und Jrrland, Beschützer des Glaubens, Hertzog zu Braunschweig und Lüneburg, des Heil. Röm. Reichs Ertz=Schatzmeister und Chur=Fürst, rc.

Nachdem Uns allerunterthänigst vorgetragen wor= den; wasmaßen bisher vielfältig sich begeben, daß die bey ein und andern Aemtern inhafftirt gewesene, zum theil sehr straffbare *Delinquenten*, entweder durch Nachläßig= keit oder wol gar durch Vorschub derer Wächter, Schliesser, und anderer Amts=Unter=Bedienten, Gelegenheit gefunden aus denen Gefängnissen zu entrinnen, und dadurch der verdienten Straffe zu entgehen; Wir aber dergleichen Unfug nachdrück= lich zu ahnden gemeynet sind; So habt ihr denen bey dem euch anvertraueten Amte befindlichen Wächtern, Schliessern und andern Unter=Bedienten, welche zur Aufsicht über die in= hafftirte *Inquisiten* bestellet sind, ernstliche Bedeutung zu thun, daß sie hinführo sich ihren Diensten und Pflichten gemäß zu be= zeigen, oder ohne alle Nachsicht zu gewarten hätten, daß sie, auf den Fall, wann durch ihre Nachläßigkeit oder Vorschub ein und anderer *Inquisit* aus dem Gefängniß oder *Arrest echappir*te, dafür hafften, und dem Befinden der Umstände nach mit Kar= renschieben bestraffet werden solten. Wir rc. Hannover, den I. *December* 1742.

Ad Mandatum Regis
& Electoris fpeciale.

H. Chr. Grote.

Wir haben unsere letztjährige Tagung „Bildung 2000" genannt,[8] um deutlich zu machen, daß wir zukunftsorientiert denken müssen, die Lehrer in mehrfacher Hinsicht:

Wir müssen uns ja nicht nur auf eine veränderte Belegungsstruktur in den Anstalten einstellen, wir müssen ja versuchen, zukünftige Entwicklungen abzuschätzen, da die Entwicklung neuer Bildungsmaßnahmen Vorlaufzeit braucht. Das ist die kriminologische Schiene. Wir müssen abschätzen, welche Defizite und welche Wertungen die Gefangenen mitbringen, um sie da abholen zu können, wo sie stehen. Das ist die pädagogische und didaktische Schiene. Wir müssen darüber hinaus, vorrangig bei der Berufsausbildung, auch die Entwicklung des Arbeitsmarktes abschätzen, um nicht an ihm vorbei auszubilden. Dessen Entwicklungen wirken dann wieder auf das öffentliche Schulwesen zurück. Das ist die bildungsökonomische und bildungspolitische Schiene. Nun sind wir als justizbeamtete Lehrer ja nicht nur den bildungspolitischen Zielen des Kultusministeriums unterworfen, das uns die Prüfungsordnungen etc. vorgibt, sondern noch sehr viel stärker den kriminalpolitischen Rahmenbedingungen, die dem Justizvollzug von Parlament und politischer Führung vorgegeben werden.

Und eines können wir Vollzugslehrer nicht: abwarten. *Wir machen unsere Schule selbst, und sie lebt mit uns - oder gar nicht.*

Aktuelle Probleme des Strafvollzuges

Die Straßen werden von kriminellen und organisierten Banden beherrscht, und wenn die Polizei dann Schwerverbrecher eingefangen hat, gelingt es denen bald, wieder auszubrechen, denn die Gefängnisse sind Tollhäuser, es herrschen Drogenhandel und Gewalt, und die Beamten sind Schlafmützen. So das gängige Szenario der Presse und der Vollzugskritiker: Der Bürger ist verunsichert. *„Spiel mit der Angst"* nannte der SPIEGEL unlängst (Nr. 31/96) derartige Verlautbarungen, und in der Tat: Keine Rede in der Öffentlichkeit davon, daß die Anzahl der Straftaten in den letzten Jahren konstant ist, daß die Straftaten der Ausländer zurückgehen und „trotz Maastricht" Straftaten anderer EU-Bürger bei uns praktisch keine Rolle spielen.[9] Der Niedersächsische Innenminister ließ kürzlich sogar verlauten, daß die Straftaten rückläufig und die Aufklärungsquote steigend seien.[10]

Dennoch verstärkt sich der Ruf nach mehr und „härterem Knast". Ja, schrecken denn mehr und hohe Freiheitsstrafen ab? Ein kurzer Blick auf die USA belehrt uns schnell eines Besseren: *Über eine Millionen Menschen* befinden sich dort

---

[8] Vgl Bierschwale, Peter: Bildung 2000 Zweites länderübergreifendes Seminar der Lehrer Sachsen-Anhalts und Niedersachsens, in: ZfStrVo, Heft 2/96, S. 78-79

[9] „EU-Inländer" (!) Vgl. Bundesregierung, Presse- und Informationsamt: Die Kriminalität in der Bundesrepublik Deutschland, Polizeiliche Kriminalstatistik für das Jahr 1995, in: Bulletin 37/96, S. 369-416

[10] Vgl. Cellesche Zeitung v 20. August 1996, S. 1, 2 und 9

gegenwärtig in Haft, und die Zahlen steigen noch an. Daß von diesen Zahlen und den hohen Haftstrafen in den USA irgend ein Krimineller abgeschreckt würde, wird wohl niemand behaupten... Etwas pointiert: Vielleicht wird man eines Tages den einen oder anderen US-Bundesstaat einzäunen oder sogar einmauern müssen und zum „Gefängnis-Staat" erklären... Jedenfalls ergibt sich aus empirischen Untersuchungen *kein Zusammenhang zwischen einer unterschiedlichen Verhängung von Freiheitsstrafen und der Kriminalitätsentwicklung!*[11] Wozu außerdem „härterer Knast" führt, haben die Gefängnisrevolten in der Türkei und in Griechenland und zuvor in England und Frankreich gezeigt.

Dennoch hält all dies manche nicht davon ab, den Ruf nach härteren Strafen und strengerem Justizvollzug populistisch als den Königsweg zu verkaufen. Helmut Pollähne sprach von „Effekthascherei" und davon, daß man sich nicht damit abfinden solle, wenn der Strafvollzug zu einer „Manövriermasse einer neuen »Sicherheitspolitik« instrumentalisiert" werde.[12]

Aber auch die Berufsorganisationen malen nicht selten schwarz: Auch dort ist von der Zunahme alles Negativen die Rede, von der Drogenszene über die Gewaltbereitschaft bis hin zur Organisierten Kriminalität. Die Anstalten würden „... neben der schon fast chronischen Überbelegung zunehmend belastet durch

*   behandlungsunwillige,
*   mehr als früher sozialisationsgeschädigte,
*   infolge Drogenkonsums vorgeschädigte,
*   der organisierten Kriminalität vermehrt zugehörige und
*   gewaltbereite Gefangene."[13]

Außerdem sei der Anteil der Ausländer beängstigend. Und unter solchen Voraussetzungen sei eine Verringerung der Personaldecke unverantwortlich. Daß in Zeiten der Überbelegung Personaleinsparungen auf unsere Knochen und auf die Sicherheit schlagen, dürfte unstrittig sein. Ob aber der Anteil der behandlungsunwilligen oder gewaltbereiten Gefangenen zugenommen hat: Da haben wir etwas differenzierte Einschätzungen; ich komme darauf noch zurück.

Und dann ist die Frage, was man aus solchen Analysen für Schlußfolgerungen zieht. Wer nicht auch *„soziale Sicherheit"* durch Schulung des Personals und Betreuung der Gefangenen herstellt, bekommt unmenschliche Verhältnisse: für Gefangene *und* Bedienstete und damit für die Gesellschaft. Das Potential an Haß und Gewalt, was wir in den USA und in manchen anderen Staaten sehen, ist beängstigend.

---

[11] Vgl. Wagner, Georg: Strafvollzug und Sicherheitspolitik, in: Müller-Dietz / Walter, a a O., S.183-190, hier: S 186

[12] Vgl. Pollähne, Helmut: Justizvollzug - Eckpfeiler der inneren Sicherheit?, in: ZfStrVo 3/94, S. 131-137, hier: S. 132 f.

[13] Landtagseingabe des Verbandes Nds. Strafvollzugsbediensteter v. 6. Juli 1996

Und wer höhere Freiheitsstrafen fordert, darf nicht vergessen, daß selbst hohe Strafen irgendwann enden und der Gefangene zu entlassen ist.

Richtig ist jedoch, daß in den letzten Jahren die Zahl gefährlicher Gefangener, insbesondere aus den osteuropäischen Staaten, zugenommen hat. Für solche Gefangenen reicht es nicht aus, wenn die Vollzugsanstalten ausbruchssicher sind, denn diese schrecken auch vor Geiselnahmen nicht zurück. Die Anstalten müssen sich darauf einstellen, und manche Überlegungen, diese Gefangenen etwas enger zu führen, nehmen schon konkrete Gestalt an. Andererseits machen diese Gefangenen nur einen Bruchteil der Gesamtbelegung aus, und man kann nicht Tausende von Gefangenen „einbetonieren", bloß weil einige gefährliche darunter sind.

Hier gibt es einen ersten Hinweis auf die Politik: Wenn Strafvollzug auch Wiedereingliederung zum Ziel hat, macht eine Inhaftierung ausländischer Straftäter in unseren Anstalten in mehrfacher Hinsicht keinen Sinn. Sollte die Absicht Erfolg haben, die Strafvollstreckung sehr viel stärker in den jeweiligen Heimatländern zu betreiben, würde dies den Justizvollzug doch verändern, wohl unstrittig zum Positiven.

Andererseits macht es wenig Sinn, von „den" Ausländern zu sprechen. Die entsprechenden Statistiken erlauben in der Regel leider keine Differenzierung zwischen Tätern, die in die Bundesrepublik allein zu dem Zweck eingereist sind, um Straftaten zu begehen, und den Ausländern, die hier geboren und aufgewachsen sind, die unsere Schulen besucht haben und Deutschland besser kennen als das Land ihrer Väter und deren Muttersprache. Diese Gefangenen haben ihre Lebensperspektive in der Bundesrepublik, und um die müssen wir uns intensiv kümmern.[14] Bei der ersten Gruppe der ausländischen Straftäter reicht es aus, für eine den Grundsätzen der Humanität verpflichtete Unterbringung Sorge zu tragen, bei der zweiten müssen wir uns wie bei den deutschen Gefangenen um die Wiedereingliederung kümmern. Und bei beiden Gruppen müssen wir die Gefährlichen isolieren, um mit den übrigen ordentlich umgehen zu können.

Widersprüchlich ist auch die Lagebeurteilung hinsichtlich der Organisierten Kriminalität (OK), selbst bei den Polizeibehörden. Wenn hier alle ein waches Auge haben und sich auch der Justizvollzug auf besonders gefährliche Gefangene einstellt, ist das sicher richtig. Andererseits bemerke ich eine Tendenz, dieses Problem überzubewerten. Und trotz gegenteiliger Prognosen sind sicher nur wenige Gefangene in unseren Anstalten der Organisierten Kriminalität zuzurechnen. Außerdem sind alle Bundesländer schon seit den Vorfällen in Stuttgart-Stammheim um die Baader-Meinhof-Gruppe auf Problemfälle und Sicherheits-

---

[14] Eine Einigkeit bestand unter den Teilnehmern der abschließenden Podiumsdiskussion dieser Tagung darin, ebenso wie bei den deutschen Gefangenen auch bei den ausländischen genauer zu differenzieren, um die Betreuungsmöglichkeiten ebenso wie die Sicherheit in den Anstalten zu verbessern.

risiken besser eingestellt.[15] Man kann den Vollzug und das StVollzG grundsätzlich nicht aus dem politischen Kontext herauslösen; wir brauchen uns nur die Gefangenenzahlen der letzten Jahre anzusehen:

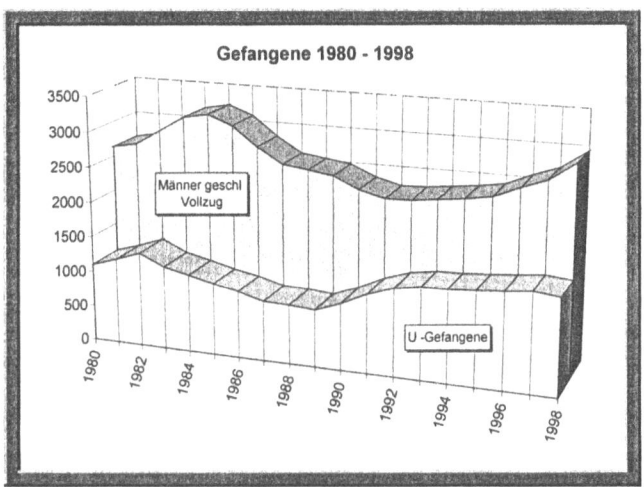

Am deutlichsten sieht man es bei den von mir ausgewählten Zahlen für die U-Haft und den geschlossenen Männer-Vollzug Niedersachsens: Beide Zahlen sinken von 1982 bzw. 1984 kontinuierlich ab. Ab 1989 steigen dann die Zahlen für die U-Haft schlagartig wieder an und auch die Zahlen für den Strafvollzug nehmen kontinuierlich zu. Zwei Bemerkungen möchte ich dazu machen:

a) Das Strafvollzugsgesetz und Strafvollzug lassen sich nicht im luftleeren Raum oder auf einer Insel diskutieren. Nicht nur von der „Wende" ist der Vollzug erheblich beeinflußt worden, nein, er steht mitten im Geflecht der politischen Entscheidungen, vom Arbeitsmarkt bis hin zu ausländerpolitischen Entscheidungen. Und im Rückblick läßt sich auch sagen, daß die „alte" Bundesrepublik mit der auf ihre Bevölkerung zugeschnittenen Kriminalpolitik so schlecht offenbar nicht gefahren ist.

---

[15] Kaum etwas macht deutlich, welchen Extremen der Strafvollzug ausgesetzt ist, und wie differenziert wir vorgehen sollen und müssen: Jeder wird sich an die Auseinandersetzungen Ende der siebziger Jahre erinnern. Die Politiker hinter Panzerglas und die gefaßten Terroristen in Hochsicherheitstrakten. Zwanzig Jahre später saßen die drei ehemaligen Terroristen der JVA Celle auf unseren Schulbänken in der Pädagogischen Abteilung: Die Computer-Lehrgänge hatten sie interessiert. Inzwischen sind die ehemaligen „Staatsfeinde" freie Bürger. Was für eine Verschiebung des Blickwinkels in zwanzig Jahren auf beiden Seiten! Wenn man länger mit solchen Gefangenen gearbeitet hat, dann erfährt man ganz konkret, daß auch unendlich lang erscheinende Strafen schließlich endlich sind. Es muß also selbst in diesen extremen Fällen immer auch ein Blick auf die Zukunft und die Entlassung gerichtet sein.

b) Noch besteht kein Grund zur Panik, die Zahlen von 1984 sind noch nicht erreicht, aber sie sind sehr beunruhigend, und es ist dringend Zeit, Gegenmaßnahmen zu ergreifen.

Wenn die Gefangenenstruktur sich durch Gewaltbereitschaft, die Organisierte Kriminalität, Drogensubkultur pp. erheblich verschlechtert hätte, bliebe dies natürlich nicht ohne Auswirkungen auf die Bildungsmaßnahmen und den pädagogischen Ansatz des Vollzuges überhaupt. Auch Vollzugslockerungen und der offene Vollzug würden zunehmend ihre Funktion verlieren, Bildungsmaßnahmen, die im offenen Vollzug stattfinden oder Vollzugslockerungen wegen des Besuchs der Berufsschule oder der Ableistung von Praktika erfordern, hätten keine Zukunft. Ich möchte an dieser Stelle einfach die Aufmerksamkeit auf eine Entwicklung lenken, die auf den ersten Blick überhaupt nicht ins Bild paßt:

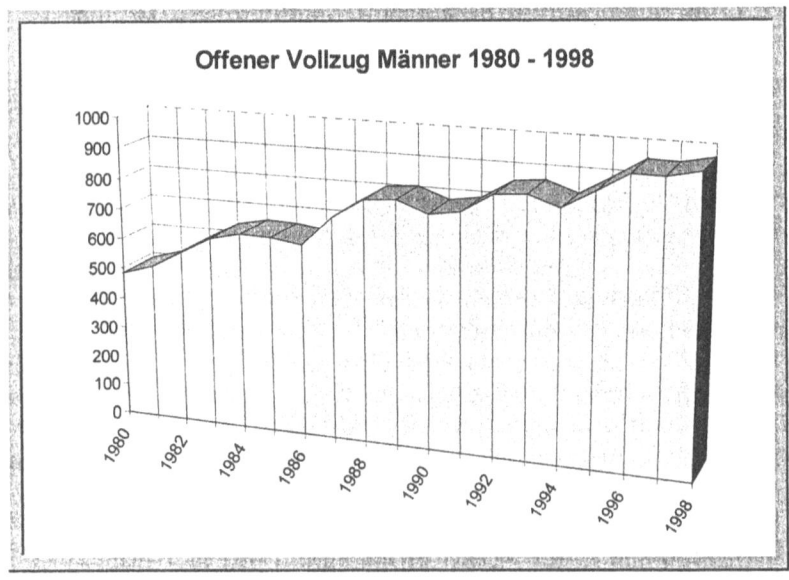

Offener Vollzug Männer 1980 - 1998

Das ist die Entwicklung der Gefangenenzahlen für den offenen Männer-Vollzug Niedersachsens. Die Zahlen haben sich im Beobachtungszeitraum verdoppelt, und daß, obwohl viele sagen, daß die „besserungsfähigen" Straftäter gar nicht in den Knast kommen, sondern bereits zuvor von den vielfältigen Maßnahmen der Straffälligenhilfe abgefangen werden. Zum Schreckensbild über den Strafvollzug paßt diese Entwicklung, die ich für sehr positiv halte, eigentlich überhaupt nicht.

Für positiv halte ich in diesem Zusammenhang auch, daß die Bereitschaft, den offenen Vollzug auszubauen, offenbar eine breite gesellschaftliche Basis hat, auch Hans-Dieter Schwind[16] fordert den vorrangigen Ausbau des offenen Vollzugs. Wir Pädagogen werden, das sei am Rande vermerkt, verstärkt über „Bildung im offenen Vollzug" nachdenken müssen. Neuere Studien belegen außerdem, daß Gefangene, die bei der Entlassung beruflich integriert sind, häufiger ihre kriminellen Karrieren beenden als die anderen.[17] Diese berufliche Integration geht natürlich nur über offenen Vollzug und Freigang, und ihr wird wegen der meist schlechten Voraussetzungen in der Regel eine schulische oder beruflichen Qualifizierung vorzuschalten sein. Und als jemand, der eine offene Abteilung geleitet hat, die Langstrafengefangene auf die Entlassung vorbereitet, sage ich: Wenn diese Integration gelingen soll, bedarf es in der Übergangsphase hochqualifizierter pädagogischer Betreuung, wobei ich auch hier nicht allein an Lehrer denke. Es gibt nirgendwo mehr Chancen und Möglichkeiten als im offenen Vollzug. Und wer meint, im offenen Vollzug komme man nicht zum „Büßen", sage ich folgendes: Sechs Monate im geschlossenen Vollzug kann der Gefangene irgendwie „abreißen", aber sechs Monate Freigang auf dem freien Arbeitsmarkt in Konkurrenz zu dem Normalbürger, jeden Abend pünktlich und nüchtern zurück: Das ist ein hartes Brot für unsere Gefangenen.

Bei der wissenschaftlichen und der politischen Erörterung von Fragen der Resozialisierbarkeit und des offenen Vollzuges wird meist ein schlagendes Argument für den offenen Vollzug übersehen: die Kosten. Eine „Übersicherung" von Gefangenen würde den Steuerzahler Unsummen kosten: Der Personalbedarf einer Anstalt erhöhten Sicherheitsgrades ist etwa viermal so hoch wie der einer Anstalt des offenen Vollzuges. Unabhängig von etwaigen positiven „Wirkungen" des offenen Vollzuges oder des Freigangs reichte es daher m. E. für die Legitimation dieser Vollzugsform schon aus, auf die verhältnismäßig geringen Kosten - bei wenigen „Mißbräuchen" - und die faktisch niedrigere Rückfälligkeit der dort untergebrachten Gefangenen zu verweisen. Wenn es dann noch gelingt, durch empirische Untersuchungen die Prognosesicherheit sowie durch Behandlungsmaßnahmen die Rückfälligkeit zu senken: um so besser. Aber hier befinden wir uns nach meiner Kenntnis noch auf unsicherem Gelände, während die Frage der Kosten und der geringeren Rückfälligkeit feststehen. Dieses Wissen, und das wäre dann die politische Denkart, erleichterte es sicher der Bevölkerung, den Behandlungsvollzug insgesamt zu akzeptieren und das unvermeidliche, aber geringe Restrisiko zu ertragen.

Zusammenfassend möchte ich die These wagen, daß angesichts der Entwicklung der Belegungszahlen des offenen Vollzuges und der Bildungsmaßnahmen die

---

[16] Vgl. Schwind, Hans-Dieter: Orientierungspunkte der (Straf-) Vollzugspolitik, in: Müller-Dietz / Walter, a.a.O , S 216-223, hier: S 222

[17] Vgl. Ulrich Baumann: Registrierungskarrieren von Strafentlassenen, in: ZfStrVo 2/95, S. 67-78

Veränderung in der Belegungsstruktur nicht ganz so dramatisch zu sein scheint, wie es hier und da beschrieben wird. Oder anders formuliert: In den Justizvollzugsanstalten finden wir nach wie vor eine große Masse von mangelhaft sozialisierten und nicht gesellschaftlich integrierten Gefangenen, mit denen wir längerfristig arbeiten müssen.

Lassen Sie mich diesen Abschnitt mit einem Blick in die Geschichte schließen: Wenn heute marodierende Banden von Rumänen oder Kosovo-Albanern durch die Wälder ziehen und die Häuser ausrauben, so ist das schon bedrohlich, aber nicht ganz neu: Man sollte nicht vergessen, daß ein wesentlicher Anlaß für die Zuchthausgründungen des 16. bis 18. Jahrhunderts die wachsende Zahl der herumziehenden Bettler, der Räuberbanden und der vagabundierenden Landsknechte war, die die Bevölkerung terrorisierte. Diese Menschen waren entwurzelt worden, ob durch die Pest oder den schrecklichen Dreißigjährigen Krieg.

Und noch etwas Kurioses zum Thema Drogen: Nicht ohne Grund sah die Zuchthausordnung von 1732 für Celle strengstes Verbot für „Brandtwein" vor,[18] schließlich war der Alkoholkonsum damals erheblich höher als heute. Und während die Gefängnisreformer Howard und Wagnitz Ende des vorletzten Jahrhunderts die Zustände in den Gefängnissen geißelten, bekam Celle meist recht gute Noten. So hatten die Bediensteten der Anstalten die gute Gepflogenheit, die eingelieferten Gefangenen über die ersten Wochen hin mit abnehmenden Schlukken Branntwein zu entziehen. Viel weiter sind wir heute auch nicht.

Und wenn wir von der Verschlechterung der Belegungsstruktur sprechen: Besser als heute war sie offenbar auch nicht, da nach dieser Zuchthaus-Ordnung „...in solchem Hause die *bösteste und ruchloseste Menschen* zur Straffe und Besserung gefänglich behalten werden."[19] Was sollte da seither noch schlimmer geworden sein?

Und wenn ich jetzt noch eine Passage aus dieser Zuchthausordnung bringe, so nicht, weil ich Lokalpatriot wäre, sondern: Das Zuchthaus Celle war das erste, das bedeutendste und das einzige - außer für „Wahnwitzige" - überwiegend für Verbrecher gedachte Zuchthaus des Königreichs Hannover. Und es ist mit seiner 280jährigen Geschichte nach meinen Unterlagen auch das älteste noch so bestehende Zuchthaus Deutschlands. Lange vor der Aufklärung, der Deklaration der Menschenrechte, den Gefängnisreformern und der Schulbewegung sah die Celler Zuchthausordnung von 1732 vor, daß

„... der hierzu bestellete Schulmeister von der Neustadt bishero alle Mittwochen und Sonnabend Nachmittags einige Stunden ins Zuchthaus kommen, ei-

---

[18] Ordnung, wie es bey dem Zucht-Hause zu Celle zu halten, vom 23.12.1732, Cap. II, § 10, Ziff. 7, in: Braunschweig-Lüneburgische Landesordnungen und Gesetze, caput secundum, Göttingen 1740, S. 734

[19] Ebd , S. 718

nige im Lesen, und die am meisten Unwissende in Cetechismo informieren müsse..."[20]

Ich trage diese vermeintlich alten Hüte natürlich nicht ohne Grund vor: Erstens gibt es immer Leute, die die jeweils aktuelle Lage stets als die schlimmste aller möglichen empfinden und Weltuntergangsszenarien entwickeln. Ein Blick in die Geschichte relativiert dieses Denken, und man sieht eher Halte- und Orientierungspunkte, die einen davon abhalten, einem Aktionismus, zudem an den falschen Stellen, zu verfallen. Zweitens hat ein am Besserungsgedanken ausgerichteter und auf die Bildung - und übrigens auch auf die Berufserziehung - der Gefangenen gerichteter Strafvollzug trotz der „bösesten und ruchlosesten" Gefangenen eine längere Tradition, als manche meinen.

Dagegen ist ein hektisches Gezerre am Strafvollzug in die eine wie die andere Richtung entbehrlich. Pädagogische Arbeit bedarf der Kontinuität, und zur pädagogischen Arbeit sind nach dem § 2 des Strafvollzugsgesetzes alle Bediensteten aufgefordert. Das bedeutet nicht, daß man Veränderungen im Umfeld und im Vollzug selbst ignorieren soll, gerade die Vollzugslehrer tun dies sicher nicht, aber man kann das eine tun und das andere nicht lassen, in der Bandbreite, wie es schon im StVollzG angelegt ist.

Wenn die Justizvollzugsanstalten zur Zeit mit Gefangenen vollaufen, dann darf man nicht einfach tatenlos zusehen und den Vollzug damit allein lassen. Politische Probleme müssen politisch gelöst werden und nicht auf Kosten des Justizvollzuges. Sonst wird es in der nächsten Zeit noch öfter „krachen", und wir Vollzugsbediensteten hätten die Risiken zuallerst zu tragen.

Zum Stand der Bildungsmaßnahmen

Ganz so schlimm, wie zuweilen dargestellt, scheint die Lage ja nicht insgesamt zu sein, aber auch aus den eigenen Reihen der Vollzugslehrer kamen Klagen. Das liegt ja auch nahe, denn bei der beschriebenen Veränderung der Belegung fragt sich natürlich, was da noch Bildungsmaßnahmen zu suchen haben, beispielsweise bei den „eiskalten" Verbrechern der Organisierten Kriminalität, bei Ausländern, die ohnehin abgeschoben werden oder bei Drogenabhängigen. Ute Braukmann und ihre Lehrerkollegen äußerten sich 1993 nach unserem Eindruck eher pessimistisch zum Bildungsangebot,[21] und auch das für NRW angefertigte Gutachten der Unternehmensberatung Kienbaum stellte fest, die Bildungsangebote seien dort nicht ausgelastet.[22]

---

[20] Ebd., S 723

[21] Braukmann, Ute u a : Die Krise des Unterrichts - eine Chance für die Pädagogik, in: ZfStrVo 5/93, S. 274-276

[22] Kienbaum Unternehmensberatung GmbH: Organisationsuntersuchung des Vollzugs- und Verwaltungsdienstes des Landes Nordrhein-Westfalen, - Management Summary -, o O 1994

Wir waren zuerst etwas irritiert über diese Entwicklung und haben uns gefragt, ob nicht NRW hier „Vorreiter" sei und ob uns in den anderen Bundesländern nicht auch diese Entwicklung drohe. Ob nicht angesichts von Drogentätern und Organisierter Kriminalität die große Zeit der Pädagogik im Knast vorbei sei. Wenn man jedoch etwas genauer hinschaut, erkennt man schnell, daß die grundlegenden Strukturen hinsichtlich der schulischen und beruflichen Voraussetzungen der Gefangenen erhalten geblieben sind. Drei Beispiele des Hinschauens - und hier geht es wieder um Vollzugspädagogik - will ich kurz präsentieren: [23]

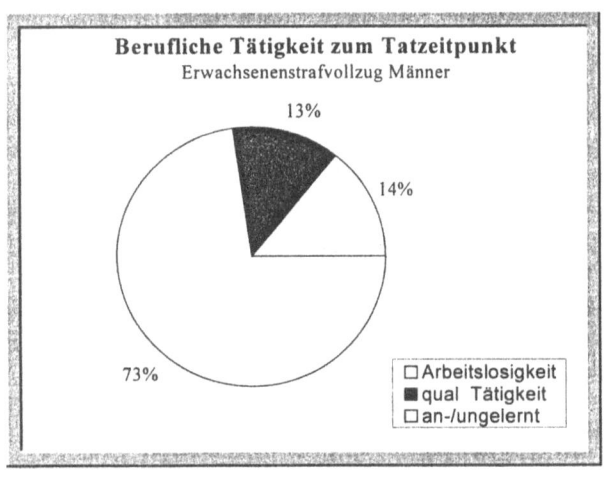

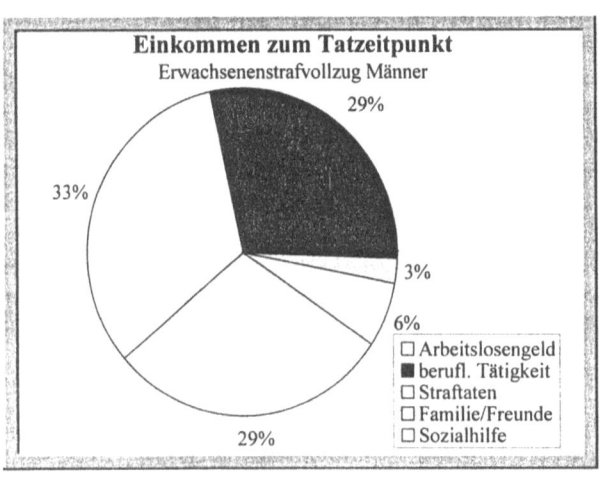

---

[23] Von mir graphisch aufgearbeitete Daten von Dünkel, Frieder: Empirische Forschung im Strafvollzug, Bonn 1996, Seite 113 f.

Bildungsabschlüsse der Zugänge der JA Hameln - 1. Jahreshälfte 1997 -[24]

schulische Abschlüsse	Anzahl	= prozentual
ohne Schulabschluß	102	62%
Sonderschulabschluß	15	9%
Hauptschulabschluß	44	27%
Realschulabschluß	4	2%
Abitur	0	0%
n =	165	100%
berufliche Abschlüsse		
ohne Berufsabschluß	162	98%
mit Berufsabschluß	3	2%
n =	165	100%

Es gibt zwar sicher auch Verschiebungen in die eine oder andere Richtung, aber die Grundaussage dieser Zahlen kann man nicht wegdiskutieren und die Konsequenzen sind klar: *Nach wie vor besteht erheblicher Bildungs- und Ausbildungsbedarf in den Justizvollzugsanstalten, denn sie sind überwiegend mit Menschen mit gescheiterten Biographien belegt, was auch und vor allem deren Bildungsstand betrifft.* Der Vollzug hat darauf in den meisten Bundesländern reagiert; ich nehme als Beispiel Niedersachsen, weil mir da naturgemäß die Zahlen zur Verfügung stehen.

Wie aus dem nachfolgenden Schaubild hervorgeht, ist in Niedersachsen das Interesse der Gefangenen an Bildungsmaßnahmen jedoch nach wie vor groß, und wir können dem auch entsprechen:[25]

---

[24] Vgl. Jugendanstalt Hameln, Fachbereich Schulische Bildung: Schulische Ausbildung in der Jugendanstalt Hameln (unveröffentlichtes Manuskript, verfaßt von Bernd Dettmer) vom 1. Juli 1997, Seite 5. Bei dieser Erhebung wurden neben den deutschen Gefangenen nur die ausländischen Gefangenen erfaßt, die mindestens 5 Jahre eine allgemeinbildende Schule in Deutschland besucht hatten

[25] Vorsorglich weise ich darauf hin, daß die Abstände auf der x-Achse nicht gleich sind.

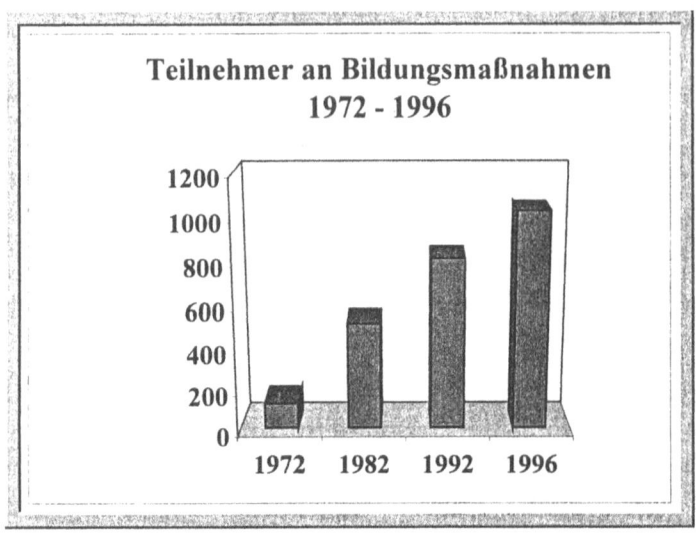

Teilnehmer an Bildungsmaßnahmen 1972 - 1996

Nicht nur die Zahl der an Bildungsmaßnahmen teilnehmenden Gefangenen hat immens zugenommen, ich behaupte, auch die Qualität kann sich sehen lassen; dies bestätigen uns immer wieder unsere (Co-)Prüfer von „Draußen".

In Niedersachsen hat sich über die Jahre die Auffassung durchgesetzt, *daß es die Aufgabe der Vollzugslehrer nicht vorrangig sei, Schule zu halten (= Unterricht zu machen), sondern Schule, „Gefängnisschule", überhaupt erst herzustellen.*[26] Man hat deshalb bisher davon Abstand genommen, die Tätigkeit der Vollzugspädagogen durch landesweite Erlasse pp. einzuengen, zu beschneiden oder gar zu „erzwingen". Festgefügte Vorschriften können Flexibilität und Kreativität behindern, und genau die braucht man, um zeitgemäße Bildungsmaßnahmen einzurichten. Andernfalls könnte ein kurioser Effekt entstehen: Die zu einem hohen Unterrichtskontingent verpflichteten Lehrer könnten den Kontakt zum Vollzug verlieren und eines Tages allein in ihren „verwaisten Unterrichtsräumen"[27] sitzen und schließlich gar keinen Unterricht mehr halten können.[28]

Aber diese immense Entwicklung bleibt festzuhalten: Wenn man von den 1300 U-Gefangenen absieht, die besonderen Bedingungen unterliegen, nehmen von den verbleibenden gut 4000 niedersächsischen Gefangenen rund 25 % - oder ein Viertel - an Bildungsmaßnahmen teil, wobei, das sei hier noch angefügt, die

---

[26] Ausführlicher dazu Bierschwale, Peter: Die Pädagogische Abteilung - Zum Berufsbild der Lehrer im Justizvollzug des Landes Niedersachsen, in: ZfStrVo, Heft 4/94, Seite 195-203
[27] Vgl. Brauckmann, a.a.O., S. 274
[28] Man muß allerdings ausdrücklich erwähnen, daß dieser Zuwachs der Bildungsmaßnahmen nicht allein ein Verdienst der heutigen Vollzugslehrer ist. Viele unserer „Altvordern" und alle Landesregierungen und Justizminister der letzten Jahrzehnte hatten ebenso daran Anteil.

Bildungsmaßnahmen, die während der Freizeit stattfinden, noch dazukämen. *Kein Behandlungsangebot des Vollzuges erreicht mehr Gefangene als das Bildungsangebot, sowohl von den absoluten Zahlen her als auch von den Zeiten, in denen sich Lehrerinnen und Lehrer konkret und vor Ort in den Unterrichtsgruppen mit den Gefangenen beschäftigen.*

Die Pädagogik und die Sicherheit

Entscheidungsträger

Unter den niedersächsischen Lehrerinnen und Lehrern gibt es eine Menge, wenn nicht die Mehrheit, die als Vollzugsleiter oder Vollzugsabteilungsleiter über die Geschicke der Gefangenen entscheiden oder zumindest mitentscheiden, und damit auch direkt für die Sicherheit auf ihren Abteilungen verantwortlich sind, oder aber zu früheren Zeiten dieses „Handwerk" zumindest erlernt und ausgeübt haben und dadurch Erfahrungen in der Entscheidung über Sicherheitsbelange besitzen. Warum sich eine Reihe von Lehrern in dieses Tätigkeitsfeld einbringt, will ich jetzt hier nicht begründen, wir haben dies als Landesarbeitsgemeinschaft und als Bundesarbeitsgemeinschaft ausführlich getan.[29] Aber faktisch entscheidet eben eine Reihe von Lehrern über die Sicherheit in den Anstalten mit.

Pädagogisches Angebot

Als ich neulich einen Fernsehbericht über einige Anstalten der neuen Bundesländer sah, wurde mir wieder bewußt, wie entwickelt und leistungsfähig der gewachsene Vollzug der alten Bundesrepublik ist oder was, andersherum, die Neuen Bundesländer aufzuholen hatten oder noch haben. Ich sah große „Gemeinschafts"-Zellen mit aggressiven, unbeschäftigten Gefangenen, die nichts anderes zu tun hatten, als sich untereinander zu terrorisieren und das Personal in Aufregung zu halten. Und die Gefangenen hatten nach meinem Eindruck überhaupt keine Perspektive außer, sich irgendwelchen Banden anzuschließen, um nicht unterzugehen. Daß da ein Brutalisierungs- oder Verrohungseffekt à la Franz Blum zu erwarten ist, dürfte unstrittig sein. Räume, die der Vollzug der Subkultur läßt, und das fängt schon bei der Aufnahme von Gefangenen an, sind für die Gesellschaft verlorene Räume.

Gefangene, die nichts zu verlieren haben und sich keine Lebensperspektive entwickeln können, sind ein Risikofaktor während des Vollzuges und nach der Entlassung. Und so zielt das Bildungsangebot einerseits auf die Zeit nach der Entlassung, andererseits aber auch eine sinnvolle Gestaltung des Vollzuges. Das fängt schon mit einer Wirkung an, die von den Vätern des StVollzG sicher nicht so beabsichtigt war: Bildung schafft viele Arbeitsplätze in den Anstalten, und in

---

[29] Vgl. Lehrerinnen und Lehrer im Justizvollzug, Schrift der Bundesarbeitsgemeinschaft der Lehrer im Justizvollzug e. V., Straubing 1995 und Bierschwale, a.a.O.

manchen sind die Vollzugspädagogen die größten Arbeitgeber. Das allein schafft schon Sicherheit.

Die Beamtenausbildung und das pädagogische Handeln aller im Vollzuge Tätigen

Daß die Sicherheit der Anstalten mit der Qualifikation und dem Engagement der Bediensteten, insbesondere des AVD, steht und fällt, dürfte unstrittig sein. Nicht nur, daß Pädagogen in der Aus- und auch in der Fortbildung der Bediensteten tätig sind, ist erwähnenswert und wichtig. Mindestens ebenso wichtig erscheint mir jedoch, daß pädagogisches Denken breiter und qualitativ besser im Vollzug verankert wird. Dazu einige Stichworte:

Jeder, der einmal Gefangene unterrichtet hat, wird feststellen, daß sich die Art des Umgangs ändert: Der Gefangene spürt, daß man sich um ihn bemüht und anständig auf ihn zugeht, und dementsprechend verhält er sich auch. Es ist ja doch schon kurios, wenn die Lehrerkolleginnen und -kollegen der öffentlichen Schulen gern in unsere Justizvollzugsanstalten zum Unterricht kommen, weil die Gefangenen motivierter sind und es selten Disziplinprobleme gibt. Und dabei bringen wir die Gefangenen noch zu Leistungen, die sie früher nie erreicht haben, und die auch „Draußen" von den Schülern der allgemein- oder berufsbildenden Schulen meist nicht erreicht werden. Ähnliche, vielleicht nicht ganz so intensive Effekte stellen sich auch beim Sport, in Freizeitgruppen, beim Sozialen Training und anderen Gruppenaktivitäten ein. Da hat jeder seine eigenen Erfahrungen.

Diesen Beziehungseffekt sehe ich überhaupt nicht als auf die Lehrer und die Lehrgänge beschränkt an. Werkmeister, um nur eine weitere Berufsgruppe zu nennen, erfahren in der Auseinandersetzung mit ihren Gefangenen ähnliche Entwicklungen. Meine abschließende These dazu ist, daß wir die Gefangenen sachlich und emotional in die Vollzugsanstalten einbinden müssen und damit ihre Gefährlichkeit reduzieren können. Das Wort Howards, die Aufrechterhaltung der Disziplin geschehe in der Regel wirksamer durch Freundlichkeit, als durch Strenge, hat nach wie vor Gültigkeit.

Dieser vorgeschlagene pädagogische Umgang mit den Gefangenen sollte nicht für naiv gehalten werden. Gerade Lehrer lernen schnell, die Machtfrage im Klassenzimmer zu stellen und zu beantworten. Wer seinen Schülern nicht alsbald klarmachen kann, von wo und von wem die Kommandos kommen, hat den falschen Beruf ergriffen. Und man sollte sich auch an den zweiten Teil des Ausspruchs erinnern, der m. E. unlösbar zu einer handlungsfähigen Pädagogik gehört: Wer sich nicht einordnen will, soll mit einsamer Einsperrung bestraft werden, es muß ja nicht unbedingt „bei Wasser und Brot" sein …

Pädagogisches Handeln erfordert nach meiner Auffassung auch die Möglichkeit zu sanktionieren. Pädagogischer Umgang mit Strafe muß jedoch auch die Auseinandersetzung mit dem Gefangenen über seine Strafe beinhalten, andernfalls wird der Gefangene zu einem Stück „Vorgang", der beabsichtigte Effekt wird gar nicht verstanden, und der Gefangene schiebt „Schaum". Die Gefangenen verstehen recht genau und akzeptieren im Gespräch auch, daß sie in den Einschluß gehen, weil sie alkoholisiert waren, oder daß sie in den Arrest gehen, weil sie jemanden bedroht haben. Wir müssen uns daher sehr viel stärker damit auseinandersetzen, was in dem jeweiligen Gefangenen vor sich geht und wie unsere Handlungen auf ihn wirken werden: auch das ist pädagogisches Denken.

Es war ja zuweilen, gerade in Fachdienstkreisen, aber auch an den Schulen immer etwas verrufen, die Dinge so zu sehen und auch klare, gegen den Gefangenen gerichtete (Straf-)Entscheidungen mitzutragen. Doch viele Vollzugslehrer haben eben dieses Problem nicht und sind gut dabei gefahren.

Man muß einmal zuhören, wie einer der Vordenker der deutschen Pädagogik, Hermann Giesecke, Göttingen, in einem Fachartikel, der viel Aufsehen erregt hat, die Lehrer belehrt:

„Der eigentliche Skandal an vielen Schulen ist, daß eine kleine Minderheit von undisziplinierten Schülern die Mehrheit der lernwilligen terrorisieren darf... Der Einwand des Zeitgeistes gegen Sanktionen lautet, daß auf diese Weise Schüler ausgegrenzt würden; das ist eine Umkehrung des tatsächlichen Sachverhaltes, weil der disziplinlose oder gar gewalttätige Schüler sich zunächst einmal selbst ausgrenzt. ... Strafen setzen dem Verhalten unmißverständliche Grenzen und drohen einen zeitweisen oder dauerhaften Ausschluß aus der jeweiligen Gemeinschaft an."[30]

Solange wir Vollzugsbediensteten in dieser Hinsicht noch eine zufriedenstellende Handlungsfreiheit (mit noch akzeptablen bürokratischen Anteilen!) besitzen und auch nutzen, brauchen wir nur selten Angst vor Disziplinproblemen zu haben.

Im modernen „Qualitätsmanagement" ist häufig von Kundenorientierung und Kundenerfordernissen die Rede.[31] Wenn ich zum einen die Gesellschaft als Kunden sehe, so haben wir anständige (Dienst-)Leistungen im Sinne des Strafvollzugsgesetzes zu erbringen. Wir haben aber auch und davon unlösbar eine Dienstleistung gegenüber dem Gefangenen zu erbringen: Wir haben ihn zutreffend und auch flexibel einzuschätzen und dementsprechend zu fördern und/oder zu begrenzen. Das genau verstehe ich unter modernem pädagogischen Handeln, das hohe Anforderungen an Qualifikation und Erfahrung stellt.

Pädagogik und Sicherheit bedeutet für mich übrigens in diesem Zusammenhang auch, die Kolleginnen und Kollegen zu schützen, in dem man sie lehrt, professionelle Distanz zu halten und Nein sagen zu können, ohne seelisch zu verkrüp-

---

[30] Giesecke, Hermann: Wozu ist die Schule da?, in: neue sammlung, 3/95, S. 93-104, hier: S. 100 Die Kritik geht m. E. ebenso an Politik und Rechtsprechung, denn viele Regelungen haben nicht die Lehrer zu verantworten

[31] Vgl. z B. ISO 9000 ff, in: DIN-Taschenbuch 226, Berlin 1992, 6 ff.

peln. Professioneller Umgang mit Gefangenen muß auch beinhalten, trotz einer gewissen Nähe zu dem Gefangenen den vollzuglichen Rahmen und die Sicherheitsbelange keinesfalls aus den Augen zu verlieren. Wie schwierig das ist, haben uns beispielhaft die Vorgänge um die Therapeutin des Sexualmörders Holst in Hamburg gezeigt. Bedienstete, die nicht sachgerecht zwischen „Ja" und „Nein" trennen können, sind für alle ebenso gefährlich wie die schematischen Nein-Sager, die Gefangene bis zum „Ausrasten" provozieren und die unprofessionell sind, weil sie die positiven Entwicklungsmöglichkeiten des Gefangenen nicht erkennen.

Wir sind also nicht in dem guten Glauben, einen potentiellen Geiselnehmer allein durch gute Worte beeinflussen zu können, und es gibt einige Gefangene, die über einen längeren Zeitraum in unsere „Verließe" gehören, und es ist recht beruhigend, sie dort zu wissen. Aber selbst in der „Endstation" des niedersächsischen Vollzuges, in der JVA Celle, sind es nur wenige, die dort hingehören, die übrigen halten sich im wesentlichen an die Regeln. Unser Problem, das habe ich schon an anderer Stelle gesagt, sind nicht die Schwerverbrecher, selbst nicht die Geiselnehmer. Unser Problem ist die rechtzeitige Identifizierung tatsächlich gefährlicher Gefangener, damit wir ganz persönlich und andere nicht gefährdet werden können und damit wir mit den übrigen Gefangenen so umgehen können, wie es unsere Werteordnung vorsieht.

Vielleicht erscheint meine Argumentation zu sehr auf Anstalten besonderen Sicherheitsgrades bezogen, aber im Prinzip gilt das Gesagte für alle Anstalten: Im Jugendvollzug, bei den Frauen, und für den offenen Vollzug stellt sich ein ähnliches Problem allerdings weniger in Hinsicht auf Geiselnahmen, dafür aber beispielsweise bei der Frage des Mißbrauchs von Vollzugslockerungen.

Pädagogisches Handeln im Vollzug kann nur gelingen, wenn die Machtfrage gestellt und beantwortet ist. Dazu brauchen wir Sicherheit in den Justizvollzugsanstalten nach innen und außen. Und diese Abstimmung zwischen instrumenteller Sicherheit, die durch Mauern, Videokameras oder Haftraumrevisionen erreicht wird einerseits, sowie sozialer Sicherheit, die durch Schulung der Bediensteten sowie Betreuung der Gefangenen im weitesten Sinn geschaffen werden muß, habe ich im Blick.

Zur Behandelbarkeit von Gefangenen

Der Anteil der behandlungswilligen Gefangenen hätte abgenommen, hieß es oben in einer Stellungnahme. Dagegen spricht ganz offensichtlich, daß in den letzten 20 Jahren der Anteil der Gefangenen, die sich im offenen Vollzug befinden oder die an Bildungsmaßnahmen teilnehmen, immens zugenommen hat. Das sind zumindest Gefangene, die bestimmte Grundregeln einhalten. Darüber hinaus wäre die Zahl der arbeitenden Gefangenen sicher höher, wenn wir mehr Arbeitsplätze hätten.

Aber die Behauptung, die Mehrzahl der Gefangenen sei behandlungsunwillig, ist auch unmenschlich: Das ist, als beklagte man, die Mehrzahl der Gefangenen sei ungebildet. Und für Ungebildete sind Bildungsmaßnahmen nach dieser Logik unsinnig. Man könnte mit dieser Begründung auch die Schulen schließen, denn welcher Schüler - bis hin zu Abiturienten - ist aus rein intellektuellen Motiven an Bildung interessiert? Also: So, wie sich Bildung erst durch den Prozeß der Bildung selbst ergibt, so kann sich Behandlungswilligkeit durchaus erst im Prozeß der Behandlung ergeben.

Bildungs- oder Behandlungswilligkeit fällt nicht vom Himmel, sondern sie muß durch entsprechende Rahmenbedingungen und pädagogisches Handeln begünstigt werden; bei jedem erzwingen kann man sie sicher nicht. Die Behauptung der Behandlungsunwilligkeit macht mich auch ärgerlich: Das ist eine Form von Behördendenken, die mir fremd ist, denn das ist wunderbar bequem: Weil ich den Gefangenen als nicht behandelbar definiert habe, muß ich mich auch nicht der Mühe der Behandlung unterziehen.

Wer die Behandlungsbedürftigkeit der Gefangenen nicht sehen will oder sehen kann, macht sie zur fernen, anonymen Masse, zu gesichtslosen Feinden. Damit ist die Brücke zu uns, zur Gesellschaft zerstört. Das mag aus einer entsprechenden, auch beruflichen Position so empfunden werden. Aber nichts ist gefährlicher. Diejenigen, die meinen, daß dieses Denken heute aufgrund einer realistischen Sicht der Dinge und der veränderten Belegung der Gefängnisse unvermeidlich sei, die sollten sich einmal Dokumente über die Vorgänge in den Gefängnissen Mitte der sechziger Jahre besorgen, beispielsweise über die Affäre im Kölner „Klingelpütz".[32] Da gab es eine Menge Bedienstete, die schon damals, in der angeblich guten alten Zeit, meinten, so denken und handeln zu müssen. Sie trugen jedoch erheblich dazu bei, daß der Strafvollzug grundlegend reformiert wurde.

Und Behandlungswilligkeit stellt sich natürlich nicht allein durch ein Gespräch im Büro ein. Da haben alle ihren Part: die Polizei, unsere Sicherheitskräfte, die Richter, Staatsanwälte und wer auch immer. Groß-Dealer kann ich nur dann erreichen, wenn Ihnen durch unsere Sicherheitsleute und die Polizei der Rückweg in dieses Milieu abgeschnitten erscheint und faktisch auch wird. Solange die Hunderttausende oder gar Millionen an Drogengeld winken, werden wir diese Gefangenen kaum erreichen. Oder: Gewalttätige werde ich höchstwahrscheinlich nur dann erreichen, wenn Gewalttätigkeit im Knast nicht zu Vorteilen führt, sondern sich nachteilig auswirkt. Wenn so ein Mann nicht der „King" ist, sondern sich unversehens im Arrest oder auf einer besonderen Station wiederfindet: Dann kann er über die Frage der Behandlung beginnen nachzudenken. Aber es gibt eben auch viel arme Kerle unter den Gefangenen, die Opfer ihrer Umstände

---

[32] Wüllenweber, Hans: Die Klingelpützaffäre Aspekte und Konsequenzen, in: Rollmann, Dietrich: Strafvollzug in Deutschland, Frankfurt/M 1967, S 121-125

und ihrer selbst sind, und denen das auch klar ist. Und die schon von sich aus da „raus" wollen - es aber vielleicht gar nicht allein können.

Wer „Derrick" oder „Tatort" sieht, erlebt intelligente, wie Schachspieler ihr Handeln planende, international operierende Verbrecher. Nur: In welchem Gefängnis sind die denn eigentlich untergebracht? Wir Vollzugsbediensteten kennen doch kaum so einen Gefangenen.[33] Die wirklichen Straftäter und Gefangenen können kein Englisch, können ihre Zelle nicht aufräumen, haben noch nie deutschen Boden verlassen und haben beispielsweise ihren Freund totgeschlagen, weil sie besoffen waren, die Schecks ihrer Freundin gefälscht oder die eigene Schwägerin vergewaltigt. Da scheinen Einzelfälle für das Gesamte ausgegeben zu werden! Es gibt sogar Prognosen, nach denen die *Anzahl „...schlecht sozialisierter, der Verwahrlosung anheimgefallener Gefangener"* in der Zukunft *erheblich zunehmen wird.*[34]

Die niedersächsische Polizeistatistik spricht eine ähnliche Sprache: 67 Prozent aller ermittelten Täter stammten aus der eigenen Gemeinde, dazu 10 Prozent aus dem eigenen Landkreis. Fast 80 Prozent der Straftaten werden sozusagen vor der eigenen Haustür begangen. Mit Verlaub: Das ist nicht sehr professionell, und international operierende Täter stellen offensichtlich eher die Ausnahme dar: Die Wolfenbütteler Kriminellen rauben in Wolfenbüttel, nicht mal nach Braunschweig fahren sie! Doch wenn man die noch hinzuzählt, ergibt sich, das nahezu 90 Prozent aller Straftaten aller Niedersachsen von Niedersachsen begangen werden. Die restlichen 10 Prozent der Straftaten werden wahrscheinlich überwiegend von den Anrainern aus Bremen, Hamburg, Magdeburg oder Holland begangen worden sein, die meinen, sie wären hier zuhause. Das ist zwar ein wenig ironisch formuliert, aber sachlich im Grundsatz korrekt. Gefangene, die Straftaten „zu Hause" begehen, sind nicht professionell. Es sind die Verwahrlosten, die wir kennen: Ja, man kennt sich. Die Polizei am Ort kennt sie, wir kennen sie und sie kennen sich untereinander: von der Schule, aus dem Heim und aus dem Knast. Das sind unsere Nachbarn im weiteren Sinne, die müssen wir behandlungswillig machen, um die müssen wir uns kümmern. Wer hier falsche Fronten aufbaut, der gefährdet die Sicherheit, innerhalb und außerhalb der Justizvollzugsanstalten. Und gleichzeitig, und das ist überhaupt kein Widerspruch, gibt es eben auch die Hochgefährlichen, die wir keinesfalls zum Zuge kommen lassen dürfen: ob es sich um den psychisch Auffälligen, den Rücksichtslosen oder den reichlich mit Geld versorgten Großdealer handelt, der die Bediensteten zu korrumpieren droht.

---

[33] Vgl dazu auch Walter, Michael: Sicherheit durch Strafvollzug, in: Müller-Dietz / Walter, a a O , S 191-202, hier: S 14 m w N

[34] So der Präsident des Justizvollzugsamtes Rheinland, Klaus Koepsel: Diskussionsbeitrag zum Referat von Klaus Dieter Schwind, in: Müller-Dietz / Walter, a.a O., S. 224-227, hier: S 224

Nirgendwo liegen Extreme dichter beieinander als im Strafvollzug: Extreme Einschränkungen der Grundrechte einerseits - von der Postzensur bis zur Trennscheibe - in den Sicherheitsstationen, weitgehend unkontrollierte Bewegungsfreiheit und Arbeit nach Tariflohn in den Freigängerabteilungen. Beides liegt in den vielen Anstalten kaum 100 Meter auseinander. Wir brauchen sie beide, die Sicherheitsstationen wie die Freigängerabteilungen, und beides ist nicht immer der Öffentlichkeit klarzumachen. Hier muß eine qualifizierte und ausdauernde Öffentlichkeitsarbeit ansetzen, damit die Schwarz-Weiß-Töne einer sachlichen Sicht Platz machen.

Pädagogik im Justizvollzug

Lange war nicht mehr von Pädagogik im Strafvollzug die Rede, die Lehrgänge liefen reibungslos, aber anderes stand im Vordergrund. Aber aus den genannten Gründen schien sie in den letzten Jahren auch keine rechte Perspektive mehr zu besitzen, obwohl sie bei der Reform des Strafvollzugs eine zentrale Rolle gespielt hatte. Nach meinem Eindruck hat sich das inzwischen doch sehr geändert. Ich kann hier nicht alle Gesichtspunkte aufführen, vieles ist in der neuesten Schrift der Bundesarbeitsgemeinschaft nachzulesen.[35] Ich möchte hier einige Punkte holzschnittartig nennen bzw. ergänzen:

• Das Ziel des Justizvollzuges ist ein pädagogisches: Die Hinführung der Gefangenen zu einem Leben ohne Straftaten. Das ist Fakt und unstrittig. Die Frage ist, ob 20 Jahre nach der Verabschiedung des Strafvollzugsgesetzes ein „Paradigmenwechsel" erforderlich geworden ist. Ich sage, im Prinzip: Nein, was uns allerdings nicht davon abhalten soll, abseits von diesen großen Ja/nein-schwarz/weiß-Antworten Korrekturen vorzunehmen.

• Biologische und medizinische Bewußtseinsforschung, philosophische Reflexionen und pädagogische Berufspraxis haben gezeigt, daß die menschliche Persönlichkeit ein sehr vielschichtiges Phänomen ist, und daß Straffälligkeit ebenso ein komplexer sozialer Tatbestand ist, den man nicht wie einen Krankheitsherd isolieren und therapieren kann. Das Problem ist sehr viel komplizierter, da gehören soziale Faktoren dazu, sprachlich-logische Fähigkeiten und anderes. Eine Tatsache liegt jedoch auf der Hand: Daß die Gefängnisse vorrangig den Angehörigen der Unterschicht vorbehalten sind. Normal oder sogar gut gebildete Menschen, die beruflich, familiär und sozial gut in die Gesellschaft integriert waren, bilden dort die Ausnahme. Das muß nicht unbedingt bedeuten, daß letztere weniger straffällig wären, Stichwort: Dunkelfeld. Aber sie lassen sich in der Regel schon durch reine polizeiliche Ermittlungen, spätestens jedoch durch verhältnismäßig geringfügige Verurteilungen ausreichend beeindrucken. Die Fähigkeit zu konsequentem Denken und Handeln, zur kritischen Distanz zum ei-

---

[35] Vgl. Bundesarbeitsgemeinschaft der Lehrer im Justizvollzug (Hg.): Lehrerinnen und Lehrer im Justizvollzug, Straubing 1995; Nachdruck in diesem Band

genen Tun, dann die berufliche Einbindung, mindestens aber eine berufliche Identität, lassen offensichtlich Gefängnisaufenthalte unwahrscheinlich werden. Krohnes Wort über die Gedanken-Losigkeit der Gefangenen besitzt nach wie vor Gültigkeit, und dem ist nur durch Bildung beizukommen.

• Es gibt eine Entwicklung, die den Erziehungswissenschaftlern und Bildungsökonomen länger bekannt ist, inzwischen aber zum Allgemeingut gehört: Die „Haltbarkeit" des Wissens nimmt ab und lebenslanges Lernen wird zum Prinzip, jeder kennt das inzwischen aus eigener Erfahrung. Bei langstrafigen Gefangenen fällt es am meisten auf. Die Veränderungen, die „Draußen" während der Haftzeit stattfinden, nehmen zu, und es fällt den Gefangenen schwer, sich zu orientieren. Sie brauchen nicht simples Faktenwissen, denn das veraltet schnell, sie brauchen Orientierungswissen. Hinzu kommt neuerdings eine Erscheinung, die auf Neudeutsch „Ikonomanie" genannt wird: Das Berauschen an der Bilderflut, ob es die dreißig Fernsehkanäle sind oder das Computerspiel. Dazu ein Schulpädagoge:

„Bilder der Unterhaltungsindustrie helfen immer weniger, die Welt zu verstehen und zu erklären, sie müssen vielmehr selber entschlüsselt und auf ihren Aussagegehalt geprüft werden."[36]

Und in dieser Frage der Orientierungsfähigkeit scheint die Bildung ein immer stärkeres Gewicht zu bekommen. Einsicht, Gestaltungsfähigkeit und „Übersicht", die Wahrnehmung des historischen und systematischen Zusammenhangs,[37] setzt entsprechende Fähigkeiten und Kenntnisse von Gesetzmäßigkeiten voraus. Bildung meint nicht mehr nur Altväterliches, sondern eine Art Orientierung der verschiedenen Ebenen der Persönlichkeit auf Vorrat. Genau daran fehlt es jedoch den meisten Gefangenen. Wenn sich der Gefangene aus seinen kriminellen Verhältnissen emanzipieren soll, dann muß dies durch einen umfassenden Bildungsprozeß unterfüttert werden, weil sonst eine Integration in die Gesellschaft und Teilhabe daran zwangsläufig zum Scheitern verurteilt ist.

„Die kulturelle Erfindung »Unterricht« erlaubt uns, unsere ursprüngliche Verhaftung an die Unmittelbarkeit des Alltäglichen zu überschreiten und »auf Vorrat« zu lernen, nämlich für noch unbekannte spätere Verwendungssituationen."[38]

Und wenn man die Fachdiskussionen in der Allgemeinen Pädagogik wie in der Schulpädagogik verfolgt, so stellt man mit Überraschung fest, daß sie dort sehr ähnlich wie bei uns gelagert sind. Eines der kompetentesten Gutachten der letzten Jahre über die Bildung und das Schulwesen, ist von der „Bildungskommission Nordrhein-Westfalen" vorgelegt worden. Sie spricht davon, daß Bildung als

---

[36] Rolff, Hans-Günter: Wandel durch Selbstorganisation, Weinheim 1993, S. 53
[37] Vgl. Hentig, Hartmut von: Bildung, München 1996
[38] Giesecke, a a O., S 98

Lern- und Entwicklungsprozeß zu verstehen sei, durch den u. a. die Befähigung erworben werden müsse,

„... die eigenen Ansprüche, die Ansprüche der Mitmenschen und die Anforderungen der Gesellschaft in eine vertretbare Relation zu bringen."[39] Das hätte man auch in den § 2 des StVollzG schreiben können ... Angesichts des schnellen Wandels der technologischen und sozialen Entwicklung reicht jedoch die reine Wissensvermittlung oder ein konkretes fachliches Training nicht aus, denn die Inhalte veralten schnell. Bildung muß neben der Vermittlung einer „Sicherheit in Kulturtechniken" ein überfachliches Lernen, auch von sogenannten „Schlüsselqualifikationen", im Auge haben, und, was m. E. noch viel entscheidender ist: die Fähigkeit und Bereitschaft zu lebenslangem Lernen und die Kompetenz, „Lernprozesse selbst zu steuern".[40] Dies gilt für das allgemeinbildende Schulwesen ebenso wie für die Gefangenen, die dieses Schulwesen überwiegend „erfolglos" durchlaufen haben. Der fachliche Anspruch des Strafvollzugsgesetzes wird sich also auch zukünftig überwiegend aus der Perspektive der Pädagogik und der Bildung entwickeln lassen.

• Alle bildungsökonomischen Prognosen besagen, daß sich der Bedarf an unqualifizierten Arbeitskräften allein in den nächsten 10 Jahren halbieren wird. Ohne Qualifikation läuft auf dem Arbeitsmarkt kaum noch etwas.[41]
• Gleichzeitig, und das ist kein Widerspruch, müssen wir die Gefangen lehren, Arbeitslosigkeit auszuhalten.[42]
• Schließlich möchte ich noch auf eine Entwicklung hinweisen, die zur Zeit Sorge macht: Es ist die Zunahme der Kinder- und Jugendkriminalität *Das* scheint unser Problem der nächsten Jahre zu werden, und daß in diesem Bereich pädagogische Lösungen gefragt sind, von der Jugendgerichtshilfe bis zum Justizvollzug, liegt auf der Hand. Wer nur auf die Sicherheit schaut, kommt hier zu falschen Lösungen.

Professionalität

Abschließend möchte ich mich dem Thema noch von einem anderem Gesichtspunkt her nähern, nämlich unter der Fragestellung, ob nicht unser System des Justizvollzuges sehr viel professioneller und erfolgreicher ist, als es der Öffentlichkeit zuweilen erscheint, und ob es nicht lohnte, mehr diese Stärke zu beto-

---

[39] Bildungskommission NRW: Zukunft der Bildung Schule der Zukunft, Neuwied 1995, S XII

[40] Vgl ebd., S. XIII ff

[41] Vgl. ausführlich dazu z. B. Maier, Harry: Bildungsökonomie, Stuttgart 1994, S 106, DER SPIEGEL, 3/95, S. 88 oder Müller-Dietz, Heinz: Bildungsarbeit im Strafvollzug - grenzübergreifend -, in: ZfStrVo 5/93, S. 259-267

[42] Dazu hat die nds LAG der LehrerInnen konkrete Vorstellungen entwickelt, vgl Bierschwale, Peter u. a.: Freizeitgestaltung im niedersächsischen Justizvollzug, in: ZfStrVO, Heft 2/95, Seite 83-96.

nen. Insbesondere ausländische Besucher der Justizvollzugsanstalten sind oftmals sehr erstaunt, wie frei man sich nicht nur in den „normalen", sondern sogar in deutschen Hochsicherheitsanstalten bewegen kann, ob Beamter oder Gefangener, ob auf den Hafthäusern oder in den Unterrichtsräumen.

In den Arbeitsbetrieben müssen die Werkmeister kaum Angst haben, ihren gefangenen Mitarbeitern den Rücken zuzudrehen, und Unterricht halten auch Lehrer*innen* allein vor 12 Schwerverbrechern, ohne das sie das Gefühl haben, besonders gefährdet zu sein, im Gegenteil: Sie kommen gern zu uns. Das ist m. E. das Ergebnis einer hochprofessionellen Arbeit *aller* Beteiligten, aber auch des Umfeldes – von der Politik über die Aufsichtsbehörden bis hin zur Polizei, und schließlich zu den Bildungsträgern, mit denen wir zusammenarbeiten.

Menschen mit Maschinenpistolen zusammenzutreiben und hinter Mauern einzupferchen und den Rest der Subkultur zu überlassen: das können Diktaturen am besten, aber auch manche freiheitliche Staaten wissen sich oftmals nicht anders zu helfen - für mich ist dies ein Ausdruck von Schwäche - nicht: von Stärke! In Europa ist dieses System nicht nur wegen der Menschenrechtsdebatte, sondern auch und ganz einfach wegen offensichtlicher Erfolglosigkeit seit rund drei Jahrhunderten allmählich abgebaut worden. Und wer meint, uns mit dem amerikanischen System weiterhelfen zu können, sollte eben auch sagen, daß dort gegenwärtig über eine Million Menschen in Haft sitzen, ohne daß dies die Kriminalität wesentlich beeinflußt hätte. Wäre nicht die amerikanische Konjunktur angesprungen, wäre das System schon an seiner Unfinanzierbarkeit gescheitert.

Nein, die Bundesrepublik Deutschland besitzt mittlerweile ein vielschichtiges und komplexes System des Justizvollzuges, und professionell ist es ebenso, *tatsächlich* gefährliche Gefangene über viele Jahre in Sicherheitsabteilungen abzuschotten, wie, auf der anderen Seite, Gefangene mit einer günstigen Prognose und / oder zur Entlassungsvorbereitung in den Freigang zu schicken, nicht zu vergessen auch, daß die Freigänger den Steuerzahler um ein Vielfaches billiger kommen als die übrigen. Und außerdem weiß jeder, daß man Anreize schaffen muß, um Menschen zu motivieren. Gäbe es sie nicht mehr, würden die Zustände in den Vollzugsanstalten - also unsere Arbeitsbedingungen - unerträglich werden.

Der Versuch der Resozialisierung von Straftätern ist auch der Versuch einer Moralerziehung. Wie bereits erwähnt, wußten schon die Gefängnisreformer der Aufklärung, daß ein freundliches Wort oftmals mehr Sicherheit erzeugen kann als Mauern und Stacheldraht. Die heutige Moralphilosophie lehrt uns abstrakt, daß die Basis jeden moralischen Verhaltens die wechselseitige Anerkennung der Individuen ist. Das dafür erforderliche Klima muß in den Justizvollzugsanstalten fortlaufend neu geschaffen werden, und genau dazu muß die Vollzugspädagogik ihren Beitrag leisten.

Etwas verkürzt bedeutet das erstens, daß reines Wegsperren bei unserer Klientel „moralische Monster" erzeugen könnte, und zweitens wird hier abstrakt das formuliert, was jeder Praktiker zu seinem Erfahrungsschatz zählt; ich zitiere Klaus Winchenbach aus seiner Schrift zu „20 Jahre StVollzG":

„Völlig Übersehen wird auch die Wirkung der menschlichen Begegnung im Vollzug ... Von Gefangenen, die es geschafft haben, nach der Strafverbüßung nicht wieder auf die schiefe Bahn zu geraten, wird die Frage, worauf sie dies zurückführen, häufig damit beantwortet, daß sie die Begegnung mit bestimmten Menschen, die aufgrund ihrer Persönlichkeit eine Vorbildfunktion hatten, und mit einer im positiven Sinne natürlichen Autorität ausgestattet waren, für ausschlaggebend halten."[43]

Zu dieser Problematik möchte ich noch einen Nebensatz hinzufügen, bevor Mißverständnisse entstehen: Vollzugspädagogik erfordert die Zuwendung zum Gefangenen. Vollzugspädagogik setzt aber auch überschaubare und tragfähige Rahmenbedingungen voraus, die auch durch Mauern und Sicherheitsabteilungen geschaffen werden wie außerdem durch die Bereitschaft, und das sage ich als Lehrer, konsequent gegen Fehlverhalten von Gefangenen innerhalb und außerhalb des Vollzuges vorzugehen.

Natürlich wird es immer wieder zu spektakulären Ereignissen beim Justizvollzug kommen, und wieder werden alle – von den Medien bis zur Politik fragen: Wie konnte das passieren? Antwort: So etwas ist nie auszuschließen, solange Menschen mit Menschen arbeiten – übrigens auch und gerade da nicht, wo martialische Haftbedingungen herrschen, jedoch: Die kriminologische Forschung hat uns gelehrt, daß die Kriminalitätsquote innerhalb der Strafanstalten und von Ausgängern, Urlaubern und Freigängern nicht höher ist als bei der Normalbevölkerung. Wer also dieses System zerschlagen will, müßte eigentlich, um es etwas ketzerisch zu formulieren, letztlich fordern, die gesamte Bevölkerung einzusperren – manche wollen das ja vielleicht sogar. Professor Heinz Müller-Dietz, wies einmal in einem Referat[44] auf etwas Paradoxes hin: Man solle nicht glauben, die Sicherheit der Bevölkerung durch Abschaffung von Vollzugslockerungen oder erhöhte Mauern verbessern zu können. Schließlich würden Straftaten ja gerade von freien, von nicht inhaftierten Bürgern begangen.

Zu Beginn meiner Tätigkeit im Vollzug, als das StVollzG gerade „geboren" war, sprach man davon, daß ein positives Behandlungsklima auch durch die Lehrer erzeugt werden möge, und daß sich die Wiedereingliederungschancen der Gefangenen durch die Teilnahme an Bildungsmaßnahmen erhöhen werde. Nach 40 Jahren BAG und gut 20 Jahren StVollzG hieß es kürzlich in einer Presseerklärung eines Justizministeriums, welche die Tätigkeit der Vollzugslehrer durchaus wohlwollend thematisiert hatte, unter anderem:

---

[43] Winchenbach, Klaus: Das Strafvollzugsgesetz - Anspruch und Wirklichkeit Ein Resümée nach 20 Jahren, in: psychosozial Nr. 65, 1996, Heft III, Seite 7-20, hier: Seite 19

[44] Das Referat wurde 1996 in Wolfenbüttel gehalten; vgl Bierschwale, Peter: Tagungsbericht: Pädagogik & Sicherheit, Forum der niedersächsischen Landesarbeitsgemeinschaft der Lehrerinnen und Lehrer, in: ZfStrVo 2/97, S 76-80

„Die Vollzugspädagogik leistet für den Vollzug ... einen unverzichtbaren Beitrag an innerer Sicherheit."[45]

Solche Äußerungen nimmt man natürlich gern auf, und ich glaube, das meint letztlich doch das gleiche wie früher - nur die Worte sind halt andere...

Zusammenfassung

Mit meinem Beitrag wollte ich unterstreichen, daß

• die meisten Probleme des Strafvollzuges so neu nicht sind, wie sie offenbar manchen erscheinen,

• Pädagogik und Sicherheit aufeinander angewiesen und miteinander verwoben sind und

• wollte darüber hinaus die Erwartung begründen, daß auch in Zukunft bei der Mehrheit der Gefangenen ein Bildungsbedarf anzunehmen sein wird, dem entsprochen werden muß; ob dies durch schulische oder berufliche Lehrgänge, Angebote des offenen Vollzuges oder andere Maßnahmen wie Wohngruppenvollzug geschehen sollte, sei hier dahingestellt.

• Außerdem ergibt sich aus meinen Ausführungen die Warnung, die positiven Wirkungen, die sich über den engeren pädagogischen Bereich hinaus im gesamten Justizvollzug aus dem Umgang zwischen den Bediensteten und den Gefangenen ergeben, nicht zu unterschätzen.

• Dies erfordert eine qualifizierte Schulung unserer Bediensteten, um sie in die Lage zu versetzen, die Behandelbarkeit der Gefangenen ebenso erkennen und unterstützen zu können wie eine potentielle Gefährlichkeit.

• Dann wollte ich den wesentlichen Part, den die Pädagogik, nicht nur speziell auf die Vollzugslehrer bezogen, zu spielen hat, umreißen und auch den pädagogisch Aktiven anderer Berufsgruppen sagen: Lassen Sie sich nicht beiseite drängen und nehmen Sie die Zukunftsperspektive der pädagogische Arbeit im Vollzug wahr!

Schließen möchte ich daher mit den Worten des Rektors einer Fachhochschule für Polizei, der zeigt wie umfassend und vielschichtig alle gesellschaftlichen Bereiche zu sehen sind und mittlerweile auch von vielen gesehen werden.

„Wir müssen einfach auch lernen, daß Probleme in der Gesellschaft nicht mit polizeilichen Mitteln gelöst werden können. Drei von vier Gewalttaten spielen sich innerhalb der Familien ab. ... Ich denke, wir müssen wieder dazu kommen, Erziehung und Bildung als gesamtgesellschaftliche Aufgabe zu sehen."[46]

---

[45] Niedersächsisches Ministerium der Justiz und für Europaangelegenheiten: „Die Zukunft der Bildung im niedersächsischen Justizvollzug", Presseinformation 97/97 vom 27.08 1997

[46] DER SPIEGEL, 31/96, S 33

Lehrerinnen und Lehrer im Justizvollzug.
Beschreibung eines pädagogischen Arbeitsfeldes

Bierschwale / Detmer / Pendon / Weidenhiller

Vorwort

In der 14. Jahrestagung der Bundesarbeitsgemeinschaft (BAG) im Mai 1971 in Heilbronn wurde erstmalig ein Berufsbild für die hauptberuflichen Lehrer im Justizvollzug erarbeitet und verabschiedet.[1] Dem vorausgegangen waren - eigentlich seit der Gründung der BAG 1958 - immer wieder aufkommende Auseinandersetzungen unter den Lehrern über alle mit deren Berufsprofil in Zusammenhang stehende Aspekte wie z. B.:

- *Qualifikation und Weiterbildung*
- *Aufgaben und Tätigkeiten*
- *Standort des Lehrers in der Institution Strafvollzug (Funktion, Befugnisse, Kompetenzen)*
- *Kooperation mit und Abgrenzung von anderen Berufsgruppen u. a. m.*

Diese Auseinandersetzungen gingen aber nach Heilbronn weiter und nahmen bei den Jahrestagungen einen breiten Raum ein. Diesen Sachverhalt belegen nicht zuletzt die Tagungsprotokolle. In den letzten Jahren haben diese Diskussionen nicht nachgelassen. Gleichzeitig war und ist bei manchen Kolleginnen und Kollegen Unzufriedenheit mit den Arbeitsbedingungen sowie Verunsicherung über den Stellenwert der Bildungsarbeit im Vollzug zu spüren. Die Gefahr, daß dadurch das berufliche Selbstverständnis schwinden kann, muß hierbei gesehen werden.

Angesichts dieser Situation war es naheliegend, daß die BAG sich mit diesen Themen (wieder) beschäftigte. Zunächst setzten sich in den Tagungen in Ebermannstadt (1991) und Berlin (1992) Arbeitsgruppen mit den Themen „Das Berufsbild des Lehrers im Justizvollzug" bzw. „Der Lehrer im Fachdienstgefüge der Vollzugsanstalt" auseinander. Diese Aktivitäten und deren Ergebnisse haben aber offensichtlich den Klärungsbedarf bei den Kolleginnen und Kollegen nicht gedeckt, denn am Ende der Berliner Tagung wurde der folgende Antrag mit großer Mehrheit angenommen:

„Der Vorstand beruft eine Arbeitsgruppe, die sich aus Mitgliedern der BAG zusammensetzt. Die Arbeitsgruppe analysiert den Tätigkeitsbereich des Lehrers im Justizvollzugsdienst. In Form einer Standortbestimmung werden insbesondere die Vielfalt und die Bedingungsfelder pädagogischer Arbeit dargestellt Die sich daraus ergebenden Konflikte werden aufgezeigt sowie Lösungen angeboten und Forderungen formuliert. "

---

[1] Wir haben aus Gründen der Lesbarkeit darauf verzichtet, jeweils „Lehrerinnen und Lehrer" zu schreiben und hoffen, durch die Formulierung des Titels unserer Schrift auch dem Anliegen der Kolleginnen genügt zu haben.

Der Vorstand der BAG, der diesen Beschluß der Mitglieder umzusetzen hatte, berief alsbald eine entsprechende Arbeitsgruppe. Das Ergebnis dieser Arbeitsgruppe wurde auf der Bundesarbeitstagung 1995 in Ravensburg vorgelegt und in verschiedenen Arbeitsgruppen erörtert.[2] Nach der Abschlußbesprechung im Plenum, am 24. Mai 1995, faßte die Mitgliederversammlung folgenden Beschluß:

„ *1. Dem von der Arbeitsgruppe vorgelegten Entwurf zum Thema ‚Lehrerinnen und Lehrer im Justizvollzug - Beschreibung eines pädagogischen Arbeitsfeldes' stimmt die Mitgliederversammlung zu*
   2. Die Mitgliederversammlung gibt der Arbeitsgruppe den Auftrag, die in den Tagungs-Arbeitsgemeinschaften eingebrachten Ergänzungen in den Entwurf einzuarbeiten.
   3. Die endgültige Fassung wird dem Vorstand übergeben. Dieser sorgt für die Herausgabe "

Mit der Überarbeitung und der Herausgabe der vorliegenden Schrift haben die Arbeitsgruppe und der Vorstand der BAG diesen Auftrag erfüllt.

Bei der Vielfalt an Tätigkeiten und Funktionen, die Lehrer im Vollzug ausüben, und im Hinblick auf die große Zahl von länderspezifischen Besonderheiten kann die vorliegende Arbeit keinen Anspruch auf Vollständigkeit und Endgültigkeit erheben. Wenn dieses Papier aber dazu beiträgt, daß

- *das berufliche Selbstverständnis der Lehrer gestärkt,*
- *der Stellenwert der Pädagogik im positiven Sinne neu bestimmt und*
- *die Bildungsarbeit im Vollzug institutionell besser abgesichert wird,*

dann hat sich die Mühe aller Beteiligten gelohnt.

November 1995

Der Vorstand der BAG der Lehrer im Justizvollzug e. V.

---

[2] Vorarbeiten zu diesem Text wurden von Elisabeth Theine, Bernhard Breuer, Heinrich Pfläging und Peter Weber geleistet.

Standortbestimmung der pädagogischen Arbeit im Vollzug

Pädagogik im Vollzug

Entwicklungslinien der Pädagogik

„ ‚Pädagogik' heißt in der deutschen Tradition sowohl die Praxis der Erziehung, Bildung und Ausbildung als auch deren Theorie. Die theoretische Pädagogik wird neuerdings immer häufiger ‚Erziehungswissenschaft' genannt."[3]
Die Pädagogik gehört als „praktische Philosophie" zu den ältesten Wissenschaften: Alle Kulturen bemerkten frühzeitig, daß es für ihren Fortbestand nicht ausreichte, die Heranbildung der nachwachsenden Generationen dem Zufall zu überlassen. Es galt daher, durch Entwicklung entsprechender Strategien und Institute die Jugend an die jeweilige Kultur heranzuführen und sie auch auf diese zu verpflichten. Der Knabenführer (= Pädagoge) der griechischen Antike führte Jungen ab dem siebten Lebensjahr in Gegenstände ein, die auch heute noch von Belang sind: Lesen, Schreiben, Rechnen, Philosophie, Politische Bildung, Rhetorik sowie musische Fächer. Schon frühzeitig bemühte man sich, das richtige Maß zwischen Anleitung einerseits und selbständigem Lernen andererseits zu finden. Das sokratische Gespräch, in dem der Zögling vermeintlich „von selbst" und doch gleichzeitig durch Anleitung zu den Dingen finden sollte, war eine der bekanntesten Methoden und hat kaum etwas von seiner Aktualität verloren.

Zunächst bestand die Aufgabe der Pädagogik darin, Bewährtes und Traditionelles weiterzugeben. In der Nachfolge von Humanismus, Aufklärung und Französischer Revolution kamen neue Ziele hinzu: die Bildung zum glücklichen, freien und vernünftigen Menschen.[4] Spätestens seit Rousseaus „Emile" wuchs auch die Erkenntnis, daß sich die menschliche Natur entwickelt, Bildung und Identität ein prozeßhaftes Geschehen sind: Allmählich rückte der Mensch ins Zentrum der Bemühungen. Etwa ab 1890 begann auch die Schulpädagogik, „vom Kinde aus" zu denken.[5]

Die Entwicklung der Gesellschaft vom Obrigkeitsstaat zur freiheitlich-demokratischen Gesellschaft modifizierte Ziele und Techniken der Pädagogik: Nicht mehr die Unterwerfung unter die sachliche und soziale Autorität des Lehrenden oder das Repetieren äußerlich Gelernten sollte im Zentrum des pädagogischen Tuns stehen, sondern „Mündigkeit" und „Emanzipation".[6] Das bedeutete unter anderem:

---

[3] Lempert, Wolfgang: Bildungsforschung und Emanzipation, in: Ulich, Dieter (Hg.): Theorie und Methode der Erziehungswissenschaft, Weinheim 1972, S. 479

[4] Vgl Weimer, Hermann: Geschichte der Pädagogik, Berlin 1915, S. 92

[5] Vgl. ebd. und Dietrich, Theo (Hg.): Die Pädagogische Bewegung „Vom Kinde aus", Regensburg 1963

[6] Giesecke, Hermann: Die Jugendarbeit, München 1971, S. 152

- Hinwendung zur Persönlichkeit einschließlich des sozialen Umfeldes und der historischen Bedingtheit des Adressaten („Sozialisationsforschung"),
- Analyse der Beziehung zwischen Lehrenden und Lernenden („pädagogischer Bezug") und der sozialen Prozesse der Lerngruppe („Gruppendynamik"),
- Anpassung der Inhalte an die Lernenden - statt umgekehrt („didaktische Analyse", „Methodik") sowie schließlich
- eine grundsätzliche Offenheit des Lernprozesses hinsichtlich Ziel, Inhalt und Methoden („offene Curricula", „konstruktive Didaktik" etc.).

Eine „offene Gesellschaft" (Popper) stellte erhöhte Anforderungen an die Pädagogik: Einerseits hätte sich der Staat bei einer Vorgabe von Werten und Normen zurückzuhalten, andererseits hat der Rückgang der Bedeutung tradierter sozialer Strukturen ein Vakuum erzeugt, beispielsweise hinsichtlich der Berufswahl oder der Freizeitgestaltung. Ein Paradoxon ist dabei, daß parallel zum emanzipatorischen Ansatz der Pädagogik objektiv ihre subtile „Herrschaftsfunktion" zugenommen hat: Die Bedeutung des gesamten Bildungswesens - von der Grundschule über die Universität bis zur Fortbildung - für die Zuweisung des Einzelnen zu einem bestimmten gesellschaftlichen Status, insbesondere für die Berufstätigkeit, hat in den Jahrhunderten enorm zugenommen.

Und noch ein weiterer Konfliktbereich hat sich eröffnet: Die zunehmende Komplexität der einzelnen Fachgebiete und der Gesellschaft insgesamt erschwert die Orientierung für Lernende und Lehrende. Pädagogik bekommt neben der „reinen", umfassenden Wissensvermittlung immer mehr die Aufgabe, Stoffe exemplarisch auszuwählen, zu strukturieren und effektiv zu präsentieren. Andererseits sind Bildungsprozesse nichts Äußerliches: Sie gehen durch das Bewußtsein und sind ohne einen Eigenanteil des Lernenden nicht möglich.[7]

„Der wesentliche Gedanke dabei ist, daß die Lernenden als eine Gruppe verstanden werden und Lernen als ein die eigene Existenz berührender und verändernder Prozeß in Richtung auf wachsende Autonomie, Selbstorganisation und politische Partizipation. Zur Aufgabe der Didaktik gehört es, Wege aufzuweisen und die Inhalte zu bestimmen ..."[8]

Der Widerspruch zwischen „Selbstorganisation" einerseits und „Inhalte bestimmen" andererseits ist offensichtlich, liegt aber in der Sache selbst begründet, so daß hier für den Unterricht ein durchgängiges Spannungsverhältnis besteht.[9] Der Hinweis auf solch unaufhebbare Gegensätze soll beruflicher Resignation, nutzlosen Diskussionen sowie Fehleinschätzungen Außenstehender vorbeugen: Pädagogen wie Nichtpädagogen müssen sich jederzeit vergegenwärtigen, daß päd-

---

[7] Vgl Rolff, Hans-Günther: Wandel durch Selbstorganisation, München 1993, S. 127

[8] Eberle, Hans-Jürgen: Lernen im Justizvollzug, Frankfurt 1980, S. 328

[9] Vgl. Giesecke, Hermann: Aufklärung und Subjektivität. Zur Kritik der gegenwärtigen Reformpädagogik, in: Ders. (Hg.): Ist die bürgerliche Erziehung am Ende?, München 1977, S. 169 f.

agogisches Handeln notwendigerweise immer nur einen mehr oder weniger ge-
lungenen Kompromiß zwischen sehr vielschichtigen Anforderungen und Rahmenbedingungen darstellen kann; trotz - oder vielleicht sogar wegen - aller wissenschaftlichen Ansprüche: Natur- wie Sozial- und Geisteswissenschaften haben
uns in den letzten Jahrzehnten die Augen dafür geöffnet, daß es keine absoluten,
sondern nur relative Fixpunkte und dementsprechende Wahrheiten gibt. Allein
die Erkenntnis, daß Schüler wie Lehrer aufgrund verschiedener Identitäten unterschiedlichen Zugang zu den Inhalten haben und Vorerfahrungen und Lernprozesse stets kontextbezogen auf die Handlungsfelder rückbezogen bleiben
müssen, in denen sie abgelaufen sind, zeigt, daß es auch im pädagogischen Bereich keine absoluten Urteile geben kann, sondern nur ein „mehr oder weniger
richtig".[10] Das bleibt anthropologisches Axiom auch der Erziehungswissenschaft. Pädagogik, und das unterscheidet sie von anderen Disziplinen, ist aber
nicht nur Analyse und Abwägen, sondern auch schnelles, situationsbezogenes,
intuitives Handeln - mit allen Risiken und Fehlermöglichkeiten. Neben aller Rationalität bleibt die Pädagogik der Handelnden daher nach wie vor auch *„künst-
lerisches Handeln"*![11]

Nahezu alle widersprüchlichen historischen, gesellschaftlichen und (bil-
dungs)ökonomischen Tendenzen finden sich in der Pädagogik wieder und erfordern Kompromisse.[12] Es entspricht dem fachlichen Ansatz der Pädagogik, daß
sie fortlaufend die gesellschaftlichen Veränderungen reflektiert, beispielsweise
die Frage, wie die veränderte Lebenswelt der Schüler und moderne Führungs-
methoden („Organisationsentwicklung") von der Schule aufgegriffen werden
könnten und wie sich die komplizierten erziehungswissenschaftlichen Erkenntnisse vor allem praktisch im Schulalltag flächendeckend umsetzen ließen. Bil-
dungsschwerpunkt einer zukunftsgerichteten Schule müsse sein, gegenüber der
Bilder- und Medienflut mit der Schule einen Raum freizuhalten, in dem durch
*Primärerfahrungen mit Menschen, Sachen und Ideen eine persönliche und er-
fahrungsbezogene Aneignung kultureller Tradition* erfolgen könne.[13]

Trotz aller Unkenrufe gilt folgendes:

• Eine hochdifferenzierte, demokratische Gesellschaft kann langfristig nur mit
  informierten und gebildeten Bürgern ihren Bestand wahren.

---

[10] Vgl. z. B Hiller, Gotthilf: Konstruktive Didaktik, Düsseldorf 1973
[11] Herman Nohl in der Einleitung zu Dilthey, Wilhelm: Über die Möglichkeiten einer allgemeingültigen Wissenschaft, Berlin (1888), S 5 und Dilthey selbst, ebd., S 39
[12] Kurios ist beispielsweise, wenn innerhalb wie außerhalb des Vollzuges von den Schulen ein
„ordnungsgemäßer" Unterrichtsbetrieb erwartet wird, gleichzeitig die Gesellschaft hier wie da
den Lehrern aber selten sinnvolle wie wirksame Sanktionsmöglichkeiten in die Hand gibt.
[13] Vgl. zu diesem Abschnitt Rolff, a.a.O

- Wenn man als Maß Anzahl und Niveau der Schulabschlüsse nimmt, ist das Bildungsniveau und das berufliche Ausbildungsniveau in Deutschland noch nie so hoch gewesen wie heute.[14]
- Die bildungsökonomischen Prognosen besagen, daß auch zukünftig die Qualifikationsanforderungen steigen werden und sich beispielsweise der Bedarf an ungelernten Arbeitnehmern in den nächsten Jahren halbieren wird.[15] Manche Industrien ersetzen inzwischen Angelernte durch Facharbeiter, weil dann schneller auf Kundenwünsche reagiert werden kann. Gleichzeitig hebt sich deren Niveau; man spricht schon von der „Verwissenschaftlichung" der Facharbeiterausbildung,[16] „Lebenslanges Lernen" wird zum Prinzip und zur Chance werden, soweit es dies nicht schon geworden ist, und die Gefahr der individuellen Arbeitslosigkeit sinkt im Verhältnis zum jeweils erreichten Ausbildungsstand.[17]
- Komplexe Technologien und soziale Systeme erfordern einerseits ein fundiertes, umfangreiches Fachwissen, andererseits ist die „Halbwertszeit" für die Nutzbarkeit von Fachwissen permanent gesunken - und beträgt in technischen Bereichen durchschnittlich noch 4 Jahre[18] -, so daß nur fundiertes Grundlagenwissen und „Schlüsselqualifikationen"[19] Zukunftsperspektive zu besitzen scheinen.
- Aber auch die Zunahme der durchschnittlichen Lebenserwartung, das „Entschwinden der Arbeitsgesellschaft" (Dahrendorf) sowie der „Sockel" an Arbeitslosigkeit lassen es sinnvoll erscheinen, Junge wie Alte nicht nur für die „Arbeit" auszubilden, sondern auch hinsichtlich „Freizeit und Muße".

Zusammenfassend gesagt: *Auch zukünftig werden alle Bereiche des Bildungswesens, vom öffentlichen Schulwesen bis hin zur betrieblichen Fortbildung, eine zentrale Rolle für den Bestand und die Fortentwicklung der Gesellschaft spielen.[20]*

Ansatzpunkte einer Vollzugspädagogik

Ab dem ausgehenden 16. Jahrhundert begünstigten

---

[14] Vgl Rolff, a a.O., S 69 ff

[15] Vgl Maier, Harry: Bildungsökonomie, Stuttgart 1994, S. 106, oder: DER SPIEGEL, 3/95, S 88

[16] Vgl Rolff, a a O , S. 73 f.

[17] Vgl Müller-Dietz, Heinz: Bildungsarbeit im Strafvollzug - grenzübergreifend, in: ZfStrVo 5/93, S. 260 ff

[18] Vgl. Maier, a.a O , S. 271

[19] Vgl ebd , S. 272

[20] Allein die deutsche Wirtschaft hat 1992 rund 36,5 Milliarden DM für die Weiterbildung ihrer Mitarbeiter ausgegeben, also gerundet 2.000 DM pro Kopf!, Vgl. Vetter, Winfried: Weiterbildung der Wirtschaft und zeitgemäße Bildungspolitik, in: Grundlagen der Weiterbildung, 5. Jg., 5/94, S. 260

- die zunehmende Kriminalität und die verbreitete Landstreicherei,
- die calvinistische Glaubenslehre, jedermann zur Ausübung des von Gott auferlegten Berufes anzuhalten und
- die ökonomischen Interessen des Merkantilismus, insbesondere dessen Mangel an geeigneten Arbeitskräften,

die Entstehung erster Zuchthäuser.[21] Nach erfolgreichen Modellen in England, Holland und den USA begann sich im 18. Jahrhundert das System der Zuchthäuser in ganz Europa auszubreiten. Der religiös begründete „Besserungsgedanke", verquickt mit der ökonomischen Bedeutung der Zuchthäuser als „Zuchtstätten der Industrie",[22] legte sein Hauptgewicht auf die „Arbeit"; Seelsorge und überwiegend religiöser Unterricht sollten dies unterstützen. Sinnbild des Besserungsvollzuges war neben dem Gedanken der Arbeitserziehung die karge - asketische - Einzelzelle, ausgestattet mit einer Bibel.

Als einerseits die ökonomische Bedeutung der Zuchthäuser wegen der fortschreitenden Industrialisierung abnahm, andererseits die Staaten im Zuge der Aufklärung sich um eine moderne Gesetzgebung bemühten, wurde der Freiheitsentzug als Strafmaßnahme „erfunden",[23] und Reformer konnten den Besserungsgedanken des Vollzuges festschreiben. Preußen ersetzte 1794 mit dem Allgemeinen Landrecht die grausamen Leibes- und Lebensstrafen durch Freiheitsstrafen. Da aber die Gefängnisse von den Baulichkeiten, der Kapazität und ihrem Personal her darauf gar nicht vorbereitet waren, mußte sich Preußen in den folgenden Jahrzehnten intensiv mit dem Gefängniswesen befassen; es gab Rückschritte wie Fortentwicklungen. Bereits 1797 wurde die Fürsorge für die Entlassenen geregelt. 1804 wurde ein „Generalplan" verfaßt, der sich u. a. bereits beschäftigte mit der:

„Theilung der Gefangenen in drei Klassen, ... um die weniger Verdorbenen von den Verführern zu trennen und den *Besserungszweck der Strafe* zur Durchführung zu bringen. ...
In diesem Generalplane sind die Grundsätze ... des Gefängniswesens mit einer Umsicht und Klarheit vorgezeichnet, wie man sie in keinem anderen Staate weder damals noch in den nächsten 30 Jahren später findet".[24]

Theorie und Praxis klafften natürlich noch auseinander, aber ganz zaghaft konnte der Besserungsgedanke mit Verlauf des 19. Jahrhunderts Gestalt annehmen. Der Vollzug begann, den Täter in den Mittelpunkt des Blickfeldes zu rükken.[25] Außerdem setzte sich allmählich die Erkenntnis durch, daß Straftaten

---

[21] Vgl. Krohne, C und Uber, R.: Die Strafanstalten und Gefängnisse in Preußen, Berlin 1901 u Eberle, a.a.O , S. 25 ff.

[22] Vgl. Eberle, a a O., S. 34

[23] Vgl. ebd , S 36

[24] Krohne, a a.O., S. XII f

[25] Busch, Max: Erziehung als Strafe, in: ZfStrVo 3/90 S. 134

nicht nur eine individuelle Komponente, sondern auch einen gesellschaftlichen Hintergrund besaßen. Wer sich früher die Gefangenen betrachtete, stellte - genau wie heute - schnell fest, daß es sich nahezu ausschließlich um „arme" Menschen (aus der Unterschicht) handelte, arm sowohl materiell wie geistig. Und es wurde deutlich, daß der „harte" Strafvollzug wenig Wirkung gezeigt hatte. Im Jahre 1869, als in Preußen noch die Prügeldisziplinarstrafe in den Strafanstalten zulässig war und auch vollzogen wurde, schrieb der ehemalige Berliner Strafanstaltsdirektor von Valentini:

„Die Freiheitsstrafe von heute erzielt weder Abschreckung, noch wirkt sie vorbeugend, noch bessernd. Neunzig Prozent aller Gefangenen sind Verwahrloste von Haus aus Nicht für Straflosigkeit plaidiere ich, aber dafür, dass man strafen möge, ohne das Elend zu vermehren!"[26]

Zwischen 1894 und 1897 erfaßte Preußen in seinen Gefängnissen den Bildungsstand der Rückfalltäter mit folgendem Ergebnis:[27]

Bildungsstand	Anzahl	= prozentual
Analphabeten	1491	8%
Mangelhafte Elementarbildung	8589	48%
In Volksschulen gebildet	7782	43%
Höher gebildet	187	1%
n =	18049	100%

Ein deutliches Ergebnis: *56 Prozent der preußischen Gefangenen hatten praktisch überhaupt keine Schulbildung*, und auch die Volksschulbildung muß bezogen werden auf das damalige Niveau und die Abschlußquote.

Ob jedoch „Besserung" oder später „Resozialisierung": Das Lesen der Bibel oder die Eingliederung in das Arbeits- und Kulturleben erforderten ein Minimum an Bildung. Aber genau diese Voraussetzung erfüllte das Gros der Gefangenen seit jeher nicht. Der Gefangene mußte also gebildet werden! So war es dann folgerichtig, daß im letzten Jahrhundert *Lehrer als „erster Fachdienst"*[28] verstärkt in den Vollzug einrückten.

„Die Aufgabe des Schulunterrichts in einem Zellengefängnisse besteht sowohl darin, den Schülern ein möglichst großes Maß von Kenntnissen beizubringen, als durch Gewöhnung zum Nachdenken und Überlegen die Wider-

---

[26] Zit n Leuss, Hans: Aus dem Zuchthause, Berlin 1903, S. 200. Leuss war Reichstagsabgeordneter gewesen und verbüßte (wegen Meineides in einem Ehebruchsverfahren) 3 ½ Jahre Zuchthaus bis 1898 in der Strafanstalt in Celle

[27] Ebd., S. 239

[28] Vgl Busch, Max: Der Lehrer im Strafvollzug - Ansprüche und Wirklichkeit im Berufsalltag, ZfStrVo 5/91, S 259 f.

standskraft gegen die Anreizung zum Verbrechen zu stärken und durch geistige Anregung ein Gegengewicht gegen die Einförmigkeit der Zelle zu bieten."[29]

An den Bildungsdefiziten der Gefangenen hat sich in einem Jahrhundert praktisch nichts Wesentliches geändert und wird sich, wenn man den Prognosen glauben darf, auch zukünftig nichts ändern: Im Unterschied zur Normalbevölkerung besitzt ein großer Teil der Gefangenen nach wie vor weder Schul- noch Berufsabschluß. Je nach Untersuchung ist festgestellt worden, daß *etwa 40 Prozent der erwachsenen Gefangenen nicht über einen Hauptschulabschluß verfügen und bis zu rund 85 Prozent der jugendlichen Gefangenen keine Berufsausbildung besitzen!*[30]

Auch zukünftig wird sich der Anteil der Gefangenen ohne Schul- oder Berufsabschlüsse nicht verringern, im Gegenteil, der Bildungs- und Qualifizierungsbedarf der Gefangenen wird eher zunehmen:[31] Trotz umfangreicher Bemühungen im Vorfeld des Vollzuges durch Bewährungshilfe etc., die oftmals versucht, Straftäter in Bildungsmaßnahmen einzubinden, scheint das schulische Niveau der Gefangenen sogar n o c h weiter zu sinken! „ ... Meine eigenen Erhebungen zeigen eher ein sinkendes Bildungsniveau in den jüngeren Jahrgängen."[32] Dies wird durch jüngere Erfahrungen von Vollzugspädagogen bestätigt. Wenn es gelegentlich Schwierigkeiten gab oder gibt, ausreichend Gefangene in den klassischen Kurskanon der Anstalten aufzunehmen, so dürften die Gründe nicht in dem mangelnden Bedarf an Bildung bei den Gefangenen zu suchen sein, sondern in einer Überforderung der Gefangenen durch diese Kurse. Und es wird intensiver konzeptioneller Arbeit bedürfen, um diese Entwicklung aufzufangen, denn die Schere darf nicht weiter aufgehen: Während das Bildungsniveau „draußen" kontinuierlich zunimmt (s. o.), scheint es bei den Zugängen des Vollzuges immer noch zu sinken! Da wird es vermehrter Anstrengungen bedürfen!

Wenn sich das Bildungsniveau der Gefangenen im letzten Jahrhundert praktisch nicht verändert hat, so könnte dies auf den ersten Blick die Nutzlosigkeit pädagogischen Tuns belegen, aber das wäre ein Trugschluß: Man muß sich verge-

---

[29] Verein der deutschen Strafanstaltsbeamten: Grundsätze für den Bau und die Einrichtung von Zellengefängnissen (Wien 1883), Freiburg 1885, S. 25

[30] Vgl. beispielsweise Hilkenbach, Herbert: Schule und berufliche Bildung im Strafvollzug - seit Inkrafttreten des Strafvollzugsgesetzes, in: ZfStrVo 1/87, S. 50, und Pendon, Manuel: Die Rolle berufsbildender Maßnahmen im Vollzug - Bedeutung und Erfolg im Hinblick auf die Wiedereingliederung Straffälliger, ZfStrVo 1/92, S. 31 f.

[31] Vgl. Klingst, Martin und Pfeiffer, Christian: Tatort Deutschland, in: DIE ZEIT 21/94, S. 15 ff. Selbst die OK Osteuropas kann letztendlich als „nachbarschaftliche" Armutskriminalität angesehen werden.

[32] Cornel, Heinz: Zur Situation, Funktion und Perspektive des Schulunterrichts im Justizvollzug heute, ZfStrVo 6/94, S. 344

genwärtigen, daß die ausgebildeten Gefangenen nach „oben" aus dem Vollzug verschwinden, während „unten" die nachwachsenden Jahrgänge hereindringen - wie eben im öffentlichen Schulwesen auch.

Die durch den „Sputnikschock" ausgelöste Bildungsdebatte der 60er Jahre, die durch die Studentenbewegung ausgelösten gesellschaftspolitischen Diskussionen und die verschiedenen Rechtsreformen einschließlich mancher BVerfG-Entscheidungen bis hin zur Verabschiedung des Strafvollzugsgesetzes haben den Ausbau der Vollzugspädagogik sehr begünstigt bzw. erst möglich gemacht. Die Zeiten, in denen ein vereinsamter Lehrer in der Freizeit in einem Abstellraum einige Stunden Unterricht abhalten „durfte",[33] sind glücklicherweise vorbei - Ausnahmen bestätigen die Regel ...

Das Bildungsangebot im Vollzug hat in den letzten beiden Jahrzehnten nicht nur zugenommen; es ist geradezu explodiert, beispielsweise in Niedersachsen:

- *1972 nahmen 125 Gefangene an Bildungsmaßnahmen teil,*
- *1982 waren es 512 Gefangene[34] und*
- *1992 betrug die Zahl immerhin 815.[35]*

Die Zahl der Stellen für Vollzugslehrer nahm entsprechend zu, und die Entwicklung in den übrigen alten Bundesländern dürfte ähnlich sein; in den neuen Bundesländern dagegen scheint der Ausbau der Bildungsangebote nicht so recht voranzukommen.

Angesichts eines inzwischen derartig umfangreichen Bildungsangebotes kann es schon einmal vorkommen, daß die eine oder andere Maßnahme nicht voll ausgelastet ist oder mangels Bewerbern gar nicht zustande kommt. Dann muß das Bildungsangebot kritisch überprüft werden; Gefangene haben oft ein gutes Gespür dafür, welche Maßnahmen ihnen tatsächlich nützen.[36] Keinesfalls sollte daraus resignativ geschlossen werden, es sei kein Bedarf mehr vorhanden: *Das zuvor Gesagte und die genannten Zahlen belegen, daß das Angebot umfangreich und der Bedarf angesichts des vorhandenen Niveaus bei den Gefangenen immens ist.*

Natürlich gab und gibt es immer Widerstände gegen den Ausbau des Bildungsangebotes, weil angeblich der Straf- oder der Sühnegedanke in den Hintergrund trete, schließlich heiße es ja *Straf*vollzugsgesetz, und der werde nun durch die Angebote mit „Zuckerguß" überzogen. Wer so argumentiert, übersieht neben anderem folgendes:

---

[33] Vgl z B Driesch, Theodor von den: Erinnerungen eines Lehrers an seine pädagogische Arbeit im Strafvollzug 1963 - 1974, ZfStrVo 6/91, S. 360 - 365

[34] Vgl. Berlit, Jan-Wolfgang: Der Behandlungsvollzug in Niedersachsen, ZfStrVo 1/85, S. 27

[35] Vgl Niedersächsischer Landtag, Zwölfte Wahlperiode, Drucksache 12/3980, S. 21

[36] Vgl. Quensel, Stephan: Zum Pädagogischen Ansatz im Justizvollzug, ZfStrVo 5/81, S. 278

Wenn „harter Strafvollzug" abschreckende und kriminalitätssenkende Wirkung gehabt hätte, würden die Gefängnisse und Verließe in den früheren Jahrhunderten, in denen die Gefangenen wegen miserabler Haftbedingungen den Tod herbeisehnten, bevor sie elendig und massenhaft an Entkräftung und Seuchen krepierten, nicht andauernd überfüllt gewesen sein,[37] und man hätte sich schwerlich mit alternativen Modellen, wie dem der „Besserung", beschäftigt. Kriminelles Handeln kann von verschiedenen Faktoren ausgelöst werden, jedoch stehen bei den Inhaftierten überwiegend Persönlichkeitsdefizite, gekoppelt mit der Unfähigkeit, legal den Lebensunterhalt zu sichern, im Vordergrund. Wer also gegen Kriminalität vorgehen will, muß etwas gegen diese Defizite und *für* die Bildung der Gefangenen tun.

Für Menschen mit gestörter Sozialisation - und dazu gehören auch Inhaftierte - und abgebrochenen Bildungsgängen ist die Teilnahme an Bildungsangeboten alles andere als Zuckerschlecken, jeder Praktiker weiß das.

„Wenn aber begriffen wird, daß Erziehung als solche ein oft mühsames, wenig Anerkennung findendes, ein mit Zumutung und Belastung verbundenes Geschäft ist, dann wird man auch unter den Bedingungen des Strafvollzuges handeln können."[38]

Der erzieherische Anspruch des Jugendvollzuges ist schon seit vielen Jahren im wesentlichen unstrittig. Für den Erwachsenenvollzug stellte erst das Strafvollzugsgesetz 1977 nicht nur die „Bildung" gleichrangig neben die „Arbeit" und unterstützte damit den sich in der Praxis bereits anbahnenden Ausbau des Bildungswesens, sondern führte insgesamt den Strafvollzug auf die Pädagogik zu, denn angefangen vom formulierten Ziel und der „Richtschnur" des Gesetzes, die „Resozialisierung" (§ 2), über Gestaltungsgrundsätze, wie den „Angleichungsgrundsatz" (an die allgemeinen Lebensverhältnisse, § 3), bis hin zu den zulässigen Disziplinarmaßnahmen (§ 103) enthält das StVollzG eine Fülle pädagogischer Vorentscheidungen, die in Theorie und Praxis allerdings den Pädagogen nicht immer voll befriedigen müssen...

Nicht nur in der Bundesrepublik bildet die Aus- und Fortbildung der Gefangenen ein starkes Standbein des Vollzuges, inzwischen sind die Anstalten auch durch Nr. 77 der europäischen „Mindestgrundsätze" von 1988 verpflichtet, ein „umfassendes Bildungssystem" anzubieten. Insoweit ist die pädagogische Ebene des Vollzuges inzwischen mehrfach verankert, man kann sogar davon sprechen, daß selbst im Vollzug entsprechend der Verfassung ein „Recht auf Bildung" besteht:

---

[37] Vgl. Krohne, a.a.O., S. IX

[38] Busch, Erziehung als Strafe, a.a.O., S. 137

„Der Gefangene hat unabhängig von seiner Straftat, seinem Inhaftiertsein und dem Resozialisierungsziel ein Recht auf Bildungszugang als Staatsbürger nach dem Sozialstaatsgebot."[39]

Der Gefangene ist an der Behandlungsplanung zu beteiligen (§ 6 StVollzG). Das ist nicht nur sein Recht, sondern auch pädagogisch für den Ausbildungsbereich sinnvoll.[40] Bildung läßt sich nicht anordnen, sondern es müssen durch die Didaktik und Methodik Zugangsmöglichkeiten geschaffen werden. Dabei ist zu beachten, daß die Gefangenen nicht leichtfertig als defizitär abgewertet werden dürfen, da manche ihrer Situationsbewältigungen durchaus sinnvoll sein können.[41]

Die Gefangenen sind aufgrund ihrer Vorerfahrungen oftmals schwer für die Teilnahme an Bildungsmaßnahmen zu motivieren und entwickeln meist erst, nachdem sie sich für die Teilnahme entschieden haben, auch eine sachbezogene Motivation.[42] Erschwert kann die Bildungsarbeit dadurch werden, daß sich in den Bildungsmaßnahmen nicht nur ohnehin die Negativauslese der Gesellschaft befindet, sondern auch davon noch die „Negativelite",[43] negativ bezogen auf Bildungsstand und Kriminalität! Und das wird auch überlagert von dem Egozentrismus, der bei vielen Gefangenen beobachtet wird und der sich durch die Haft noch zu verstärken scheint.

Das Befähigen des Gefangenen zu einem Leben in sozialer Verantwortung ohne Straftaten (§ 2 StVollzG) ist zweifelsfrei ein pädagogischer Vorgang.

„Das Fähigwerden bedeutet die Teilhabe an einem Prozeß des Lernens und der sozialen Interaktion, in dem bereits im Vollzug soziale Verantwortung eingeübt wird. ... Der Begriff der sozialen ‚Verantwortung' gewährleistet jedoch im Vollzugs- und Behandlungsverfahren die Subjektivität des Gefangenen und zielt auf seine Fähigkeit zu selbständiger und verantwortlicher Regulierung von Konflikten."[44]

„Befähigung" stellt in Lernzielkatalogen üblicherweise die höchste Form des Könnens dar und ist als Teilbereich von Bildung zu verstehen. „Bildung" wiederum wird heute nicht mehr als fertiger, lebensferner „Besitz" mit repräsentativer Funktion verstanden, sondern als Prozeß der Lebensbewältigung. „Im Mit-

---

[39] Cornel, a.a O , S 334

[40] Vgl. z B. Quensel, a.a O , S 278

[41] Ebd S 279

[42] Vgl Busch, Der Lehrer, a.a O., 263

[43] Vgl Neufeind, Wolfgang: Einweisungsanstalten und Berufsausbildung in Nordrhein-Westfalen, in: ZfStrVo 2/79, S 78 - 82

[44] Callies, Rolf-Peter, Müller-Dietz, Heinz: Strafvollzugsgesetz, München 1991, S 56

telpunkt steht die *Vermittlung von Lebenszielen*, nicht etwa von Unterrichtszielen.["45]

Strafvollzug und Pädagogik sind insoweit von ihrer Zielsetzung gar nicht so verschieden. Alle Pädagogik zielt natürlich auch auf Straffreiheit, und Resozialisierung ist keine isolierbare Krankheit, die separat zu behandeln wäre. Sie muß schon angesichts der vorhandenen Defizite bei den Gefangenen in einen umfassenden Behandlungsprozeß eingebettet sein bzw. werden.

Spannungen zwischen „Vollzug" und „Pädagogik", wenn man diese Linie ziehen will, sind auf den ersten Blick unvermeidlich und fachbedingt, denn konstitutives Element des Vollzuges ist seine Repressivität: Während der Vollzug und das Vollzugsrecht die Gefangenen (auch) festhält, um die Allgemeinheit vor weiteren Straftaten zu schützen (§ 2 StVollzG), zielt die Pädagogik auf Selbstbestimmung und Emanzipation von Abhängigkeiten. Doch diese Vorstellung der Ausschließlichkeit ist naiv und sachlich unangemessen:

• Die Verbreitung pädagogischen Gedankenguts und das Entscheiden unter erzieherischen Gesichtspunkten hat im Bereich der Justiz insgesamt erheblich zugenommen, ob beispielsweise im Strafrecht, in der Jugendgerichtsbarkeit, bei den Strafvollstreckungskammern und Vollstreckungsleitern, in der Bewährungshilfe oder eben im Vollzug. (Das Problem, daß sich hier überwiegend Nichtpädagogen mühen, pädagogische Entscheidungen zu treffen, mag an dieser Stelle ausgeklammert bleiben.)
„Pädagogik ist nicht mehr nur die Kunst der Wissensvermittlung. Sie ist ganzheitliche, lebensweltbezogene Veränderungsstrategie, die auch das Strafrecht verändert hat und beeinflußt. Insofern ist Pädagogik, recht verstanden, implizierter Teil des Strafrechts."[46]

• Es haben auch die Möglichkeiten zugenommen, den Vollzug für den Einzelnen differenziert und individuell zu gestalten. Das reicht von den Angeboten des Vollzugs selbst bis hin zur Wahrnehmung von Angeboten außerhalb des Vollzuges. Als Schlaglichter seien genannt:
* Selbst in den Sicherheitsabteilungen ist der Vollzug inzwischen bemüht, durch entsprechende Beschäftigungsangebote den „schädlichen Folgen" dieser Form der Unterbringung entgegenzuwirken.
* Mangelnde Angebote einer Anstalt können meist durch eine Verlegung nach § 8 StVollzG kompensiert werden.
* Die Zahl der Haftplätze im offenen Vollzug hat zugenommen, und die Gefangenen dort können in der Regel dieselben Bildungsmöglichkeiten nutzen wie die freien Bürger.

---

[45] Schatz, Günter: Chancen und Grenzen pädagogischen Handelns im Strafvollzug, in: ZfStrVo 1/89, S. 14
[46] Busch, Recht und Erziehung, a.a O., S. 19

Es bestehen jedoch folgende grundsätzliche Probleme zwischen dem Vollzug und der Pädagogik, die durchaus konkrete Schwierigkeiten in der Praxis bereiten können. Sie liegen auf mehreren, ähnlich gearteten Ebenen:

1. *„Die Erziehungswissenschaft hat keinen Gegenstand, mit dem sie sich allein beschäftigt."*[47] Zwar ist „Lernen" das Generalthema der Pädagogik, es beschäftigen sich aber auch andere Disziplinen mit diesen Fragestellungen, Psychologie und Sozialwissenschaften in ihren Bereichen ebenso wie beispielsweise Gesetzgebung und Rechtsprechung auf der normierenden Ebene.

2. Dies ist nicht nur ein abstraktes Problem: „Weil im Gesetz etwas über Erziehung (§ 91 JGG) oder Befähigung... (§ 2 StVollzG) steht, *fühlt sich jeder Mitarbeiter legitimiert, dazu etwas zu sagen."*[48]

3. *Andererseits ist die Pädagogik ähnlich der Philosophie und der Rechtswissenschaft als allgemeine Wissenschaft wenig spezialisiert* und kann daher prinzipiell alles zu ihrem Gegenstand erheben, wenn es mit diesem Generalthema in Verbindung steht. Pädagogische Fragestellungen und Theorien lassen sich aus höchst unterschiedlichen Bereichen entwickeln; man vergleiche ein Jugendorchester mit einem Fußballtraining oder dem Vollzug!

4. *Das Strafvollzugsgesetz ist zwar ein weitgehend pädagogisches, aber auch ein sehr unbestimmtes Gesetz, das auch den Pädagogen weitgehende Spielräume läßt:* Die allgemeine Frage, wie denn nun Resozialisierung konkret zu erfolgen habe, hat der Gesetzgeber nicht beantworten können und wollen. Aber auch der Bereich *„Arbeit, Ausbildung, Weiterbildung"* (§§ 37- 52 StVollzG; außerdem noch §§ 67 ff.), der laut Busch zum *Kernbereich der Lehrertätigkeit* gehört,[49] ist nicht sehr präzise gefaßt worden. Abgesehen davon, daß sich in diesem fünften Kapitel des Gesetzes auch sachfremde Regelungen (Taschengeld, Eigengeld) und eine Reihe von verwaltungstechnischen Bestimmungen finden, sind die Regelungen über die Ausbildung eher karg. Da „soll" den Gefangenen Gelegenheit zur Ausbildung gegeben werden mit dem Ziel, die Fähigkeiten für eine Erwerbstätigkeit nach der Entlassung zu vermitteln, und es „soll" Hauptschulunterricht angeboten werden. Mehr Spezielles findet sich eigentlich nicht.

Aus diesen Aspekten ergibt sich folgendes: Der Lehrer an den öffentlichen Schulen findet, wenn er seine Tätigkeit beginnt, alles vor, was man als Lehrer benötigt: Gebäude, Schüler, Richtlinien, Schulbücher, Geräte, selbst seinen Stundenplan macht er nicht selbst. Anders der Vollzugslehrer: Wenn der seinen Dienst antritt, findet er gar nichts vor; selbst seine Schüler muß er sich selbst besorgen. Und auch dann, wenn er etwas vorfindet, weil er einen Vorgänger hatte oder schon Kollegen da sind: Um Schüler für sein Angebot und nahezu alles an-

---

[47] Giesecke, Einführung in die Pädagogik, München 1969, S. 204

[48] Busch, Der Lehrer, a a O., S. 259, vgl. auch S 262

[49] Ebd , S. 261

dere muß er sich selbst kümmern. Und wenn er nicht genügend Schüler für seine „Maßnahme" vorfindet, dann muß er sich eine neue ausdenken - und dafür ist er selten ausgebildet worden. Je weniger Vollzugslehrer in der jeweiligen Einrichtung tätig sind, desto eher wird es für den einzelnen erforderlich sein, Bildungsangebote zu organisieren, denn Unterricht im Vollzug wird erst möglich, wenn Bildungsangebote organisiert und finanziert sind. Das bedeutet: Lehrer im Vollzug müssen, wenn auch in unterschiedlichen Anteilen, immer auch ein erhebliches *Bildungsmanagement* leisten.

Natürlich gibt es im Vollzug - und da ist er ein Betrieb wie jede andere - Kollegen, die nicht an Zielen interessiert sind, denen Engagement fremd ist oder für die „Bildung" und „Bewegung" etwas Bedrohliches darstellen. Da kann es dann in mehrfacher Hinsicht schnell zu Blockaden kommen. Bildungsangebote im Vollzug einzurichten, erfordert gute Kenntnisse der - nicht nur wegen ihrer Mauern - recht starren Institution Vollzug und ihres Umfeldes. Die Erfahrung zeigt, daß nur dann im Vollzug etwas „bewegt" werden kann, wenn der Lehrer bereit ist, sich Verwaltungs- und Rechtskenntnisse anzueignen, die erforderlich sind, um eventuelle Hindernisse aus dem Weg zu räumen. Andererseits ist gerade Verwaltungshandeln nicht das, was sich die meisten Lehrer unter ihrer Berufstätigkeit vorgestellt haben. Und so gibt es dann sowohl Lehrer, die sich den Vorwurf zuziehen, sich nicht intensiv genug um die Rahmenbedingungen ihres Tuns zu kümmern,[50] als auch andere, die kaum noch als Lehrer tätig sind, sondern überwiegend als Organisatoren oder wie auch immer. Da die „Anstaltsschule" durch das StVollzG nicht festgeschrieben worden ist, läßt sich diese Problematik auch nicht auflösen.

Wenn man diesen Kernbereich der Lehrertätigkeit verläßt und die umliegenden pädagogischen Handlungsfelder betrachtet, werden die Schwierigkeiten noch deutlicher. Ob Freizeitgestaltung, Beamtenfortbildung oder Aufnahmeabteilungen: Solange noch Mangel an Pädagogen im Vollzug herrscht, ist der Lehrer in der Regel nicht von vornherein auf ein bestimmtes Tätigkeitsfeld festgelegt. Das kann einerseits zu Verunsicherung führen, bietet aber andererseits die seltene Chance, den Arbeitsplatz den eigenen Vorstellungen entsprechend zu gestalten.

Diese Offenheit der Tätigkeit führt zuweilen nicht nur zu Verunsicherungen der Lehrer, sondern auch ihrer Aufsichtsbehörden, die gleichfalls verunsichert über das sind, was sie denn beaufsichtigen sollten. Entsprechenden Reglementierungsbedürfnissen beider Seiten sollte jedoch nicht vorschnell entsprochen werden: Solange der Vollzug auch gesetzlich noch Gestaltungsmöglichkeiten enthält und Vollzug und Gesellschaft zügigen Veränderungen unterworfen sind, wäre Festschreibung gleichbedeutend mit Verhinderung der Weiterentwicklung. Vollzug hat sich selten durch Weisung von oben fortentwickelt, sondern meistens dadurch, daß zuerst Einzelne, Teams oder ganze Anstalten quergedacht

---

[50] Busch, Der Lehrer, a.a.O., S. 259

und ausprobiert haben. Eine Festlegung der Pädagogentätigkeit auf bestimmte Bereiche oder Formen würde zu einer Verarmung führen. Die Justizverwaltungen sehen daher, wenn sie klug sind, davon ab, die Pädagogik mit Erlassen zu bandagieren.[51]

„Die ‚Freiheit‘ des Lehrers im Strafvollzug ... sollte nicht nur der Lehrer willen, sondern auch im Hinblick auf die Adressaten erhalten bleiben (ständig wechselnde Anforderungen und Vielgestaltigkeit des Erziehungsbedarfs ...)."[52]

Wenn Pädagogik ihrem Anspruch, „Motor einer Neugestaltung dieses Vollzuges"[53] zu sein, gerecht werden will, muß sie nicht nur ihr Bildungsangebot permanent fortschreiben, sondern parallel dazu versuchen, dort auf die Institution Justizvollzug Einfluß zu nehmen, wo es ihr fachlich zusteht.

Bei aller Theorie ist konkretes pädagogisches Handeln in besonderem Maße von der Persönlichkeit des Pädagogen abhängig. Wegen der Unbestimmtheit der Anstaltsschule gilt dies in besonderem Maße für den Vollzug. Solange der Vollzug nicht ausreichend mit Fachdiensten versorgt ist, trifft der Vorwurf, die pädagogische Praxis habe etwas Unwissenschaftlich-Beliebiges, ins Leere: Viele traditionelle, aber auch neuere Gesichtspunkte sprechen dafür, daß es günstiger ist, Bedienstete - gerade in diesem Bereich - besser mit Vorhaben auf die Gefangenen zugehen zu lassen, von denen sie etwas verstehen und zu denen sie motiviert sind, als abstrakte Strukturen überzustülpen.

Konkret: Besser, ein motivierter (Sport-)Lehrer vermittelt den Gefangenen „Rollendistanzierung" ganzheitlich und authentisch auf dem Fußballplatz, als daß ein unmotivierter, fachlich unsicherer Lehrer „wissenschaftlich gesichert" über das Problem der Kritikfähigkeit doziert...

Wenn pädagogische Arbeit im Vollzug ganz allgemein zu selbständiger, straffreier Lebensführung befähigen soll, nehmen *Unterricht und Ausbildung eine zentrale Rolle* ein, denn ohne eine ausreichende Beherrschung von Kulturtechniken ist eine selbständige Lebensbewältigung kaum befriedigend leistbar, und die zentrale Bedeutung der Berufsrolle für alle übrigen Bereiche ist unstrittig. Für alle Gefangenen, die von ihren gesamten Voraussetzungen dazu in der Lage sind, ist das traditionelle schulische und berufliche Bildungsangebot des Vollzuges vorzuhalten. *Es gibt kein Behandlungsangebot des Vollzuges, daß mehr Gefangene erreicht*, wenn man Anzahl der Teilnehmer mal Zahl der Unterrichtsstunden (= Teilnehmerstunden) rechnet; von der Qualität ist schwer zu reden. Lehrer und Pädagogik zu kritisieren ist beliebt, aber Alternativen sind kaum in Sicht.

---

[51] Berlit, a a.O., S. 26
[52] Busch, Max, unveröffentl. Thesenpapier (Vgl. Bierschwale, Fußnote 59, S. 197)
[53] Quensel, a.a.O , S. 279

Vielerorts ist darauf hingewiesen worden, daß Unterricht über die Vermittlung von Lerninhalten hinaus auch die Entwicklung der Handlungskompetenz der Gefangenen fördern solle.[54] Wenn jetzt noch bedacht wird, daß wegen des niedrigen Bildungsstandes Elemente der Sonderpädagogik einbezogen werden und wegen des Durchschnittsalters auch Erkenntnisse der Erwachsenenbildung zu beachten sind, werden die Schwierigkeiten deutlich.

Zusätzlich erhält die Pädagogik Druck von außen: von den Kollegen innerhalb des Vollzugs und der Öffentlichkeit. Wenn beispielsweise das Niveau der Gefangenen sinkt und es deshalb mangels ausreichend „gebildeter" Gefangener nicht mehr möglich ist, die Hauptschulkurse zu füllen, tun sich Lehrer bisweilen schwer, adäquate Bildungsmaßnahmen gerade für diese schwache Klientel zu entwickeln. Prinzipien, die sich in der allgemeinbildenden Schule langsam durchzusetzen beginnen, scheitern im Vollzug noch an der „Schere im Kopf": Offene Schule, Projektunterricht, lebendiges oder selbstorganisiertes Lernen oder ein Ansatz, „Inhalte als Probleme erfahrbar zu machen", erscheinen als „strafunangemessene Vergünstigung" und streifen die Praxis allerhöchstens als Modellversuche. Wenn dann solche Ansätze in die „Freizeit" abgedrängt werden sollen, muß darauf verwiesen werden, daß bei dieser Klientel *viele Jahre mißlungener schulischer und familiärer Sozialisation aufzuarbeiten* sind und es eben wegen dieser ungünstigen Voraussetzungen auch *erheblicher Zeiträume* bedarf.

Das ändert aber nichts daran, daß wir uns gerade dieser Fragen und dieser Gefangenengruppe annehmen müssen. Vielfach unbeachtet geblieben ist auch, daß der Vollzug insgesamt zwar für die längerstrafigen Gefangenen abschlußorientierte, langfristige Maßnahmen angeboten hat, aber weniger etwas für die kurzstrafigen Gefangenen, ob im geschlossenen oder im offenen Vollzug. In der nahen Zukunft werden auch im Vollzug diejenigen Ansätze und Modelle zu erörtern sein, die sich gegenwärtig im betrieblichen Weiterbildungssystem etablieren, nämlich die *„modularen Angebote"* („Mausy", *Modulares Ausbildungssystem*).[55] Gemeint ist mit diesem Konzept, daß Qualifikationsbündel zerlegt werden zu in sich geschlossenen Teilqualifikationen, die einzeln abgeprüft und zertifiziert werden können. Als Vorteil dieses Systems wird beispielsweise auch genannt, daß Un- und Angelernte in den Betrieben motiviert und qualifiziert werden können und daß solche Modelle beim Schließen der Schere zwischen niedrigen Eingangsvoraussetzungen und hohen Qualifikationsanforderungen hilfreich sein können.

Eine Reihe von Pädagogen hat längst Modelle und Ansätze für eine Vollzugspädagogik oder Bereiche davon entworfen. Exemplarisch seien hier die Bil-

---

[54] Vgl. Pendon, Manuel: Lernziele im Vollzug, in: ZfStrVo 4/94, S. 204-205

[55] Vgl. Cleve, Bernd van: Module in der Aus- und Weiterbildung, in: DGB Bundesvorstand, Abteilung Bildung (Hg.): Bildungspolitik, 1/95, S. 12 - 18

dungsaufgaben des Vollzuges in einem Strukturgitter dargestellt, das Hans-Jürgen Eberle, ehemaliger Oberlehrer im JVD, seinerzeit der Bundesarbeitsgemeinschaft der Lehrer vorgestellt hat. Struktur der *Bildungsaufgaben:*[56]

didaktische- Kategorien	Bildungsbereiche	affektive (sittliche) Bildung	soziale (ästhetische) Bildung	kognitive (intellekt.) Bildung	politische Bildung
Kriminalisierung (Vergangenheitsbed.)		Kompensation der psychischen Defizite	Kompensation der sozialen Defizite	Kompensation der Bildungsdefizite	Aufdecken der politischen Inkompetenz
Prisonisierung (Gegenwartsbedeutung)		Selbstdistanzierung (Existenzanalyse)	Rollendistanzierung (institution. Analyse)	Kritikfähigk. / Motivat. (Reflexion u. Neugier)	Normen- und Institutionendistanzierung
Sozialisierung (Zukunftsbedeutung)		Selbstverantwortung (Sinnhaftigkeit)	soziale Verantwortung (Selbstorganisation)	intellektuell. Verantw. (Bildung / Lernhaltung)	politische Verantwort. (Partizipation)

Dieses Strukturgitter kann hier nicht im einzelnen erörtert werden, aber es macht deutlich,

- *welchen außerordentlich großen Umfang an Bildungsaufgaben der Vollzug wahrzunehmen hätte.*
- *Es zeigt auch, daß es neben Unterricht weitere wichtige Bildungsaufgaben gibt und daß*
- *alle Fachdienste übergreifend zusammenarbeiten und ihren je spezifischen fachlichen Beitrag einbringen müßten.*

Unter den gegebenen personellen und materiellen Bedingungen besteht angesichts der dargestellten Bildungsaufgaben jedenfalls keinerlei Gefahr, die Gefangenen mit Bildung zu überfrachten.

Inzwischen hat die Bildungsarbeit aber auch noch aus einem anderen Grund selbst bei denjenigen an Attraktivität gewonnen, die ihr bisher eher skeptisch gegenüber gestanden haben: Die hohe Arbeitslosigkeit der Gefangenen in vielen Vollzugsanstalten zwingt die Justiz stärker als früher, über sinnvolle Beschäftigungsmöglichkeiten nachzudenken. Da kommen die Bildungsangebote gerade recht.

---

[56] Vgl. Eberle, Hans-Jürgen: Didaktische Grundprobleme der Bildungsarbeit im Justizvollzug, in: ZfStrVo 2/82, S. 101

Die Bildungsarbeit der Lehrerinnen und Lehrer (Bestandsaufnahme)

Die Bildungsarbeit im Vollzug muß sich nicht nur am Vollzugsziel orientieren, sondern darüber hinaus an allgemeinen Bildungszielen „draußen" sowie den speziellen in den Prüfungsverordnungen der Kultusministerien, der Industrie- und Handwerkskammern und schließlich an den Tendenzen des Arbeitsmarktes orientieren, soweit es um die Zweckmäßigkeit von beruflichen Maßnahmen geht. Diese vielfältigen Aufgaben innerhalb der Institution „Justizvollzug" erfordern eine umfassende, zielorientierte Planung und Organisation der Bildungsarbeit. *Bei allen Überlegungen zum Bildungsangebot für Gefangene sollte stets mitbedacht werden, daß neben dem Gesichtspunkt der Resozialisierung diese Angebote auch humanitären, sozialstaatlichen und anderen verfassungsrechtlichen Leitlinien verpflichtet sind.*

Einerseits die dargestellten ungünstigen Eingangsvoraussetzungen, die sich überwiegend auch in erheblichen Persönlichkeitsdefiziten ausdrücken, andererseits die komplexen Lernziele im Vollzug haben in der Praxis dazu geführt, die Größe der Lerngruppen zu begrenzen, weil sonst Lehrende wie Lernende überfordert gewesen wären. Wie auch in der Bildung insgesamt spielt die personale Beziehung zwischen Lehrenden und Lernenden eine um so größere Rolle, je niedriger das Bildungsniveau der Adressaten ist. Die Teilnehmerzahl bei Lehrgängen für Gefangene soll bei schwierigen Gruppen nicht den *„Richtwert 10 Teilnehmer"*, bei anderen Gefangenen keinesfalls den *„Höchstwert: 15 Teilnehmer"* überschreiten. Darüber hinaus kann es bei besonderen Aufgabenstellungen erforderlich sein, mit kleineren Gruppen oder sogar im Einzelunterricht zu arbeiten, beispielsweise bei der Alphabetisierung.

Bildungsangebot für Gefangene

Jeder Unterricht im Vollzug soll die Gefangenen in die Lage versetzen, fehlende Kenntnisse zu erwerben, vorhandene aufzufrischen oder zu vertiefen. Dem Vollzugsziel folgend, sollen die Gefangenen aber auch angeregt und befähigt werden, soziale Kompetenzen zu erarbeiten und Wertmaßstäbe zu korrigieren. Hierzu ist erforderlich, im Unterricht auch allgemeine verhaltens- und wertbezogene Lernziele anzustreben, die sich auf den affektiven und emotionalen Persönlichkeitsbereich des Gefangenen beziehen.

In den Vollzugsanstalten sollte abhängig von der Insassenstruktur ein möglichst vielseitiges Bildungsprogramm angeboten werden. Natürlich kann nicht jede Anstalt sämtliche Bildungsangebote vorhalten, so daß es der Kooperation bedarf. Bei den Maßnahmen ist zu unterscheiden zwischen

- *abschlußorientierten* (in der Regel mit staatlicher Prüfung oder Vorbereitung darauf),
- *nicht abschlußorientierten* Maßnahmen sowie
- Bildungsmaßnahmen in der *Freizeit*.

I. Abschlußbezogene Bildungsmaßnahmen

Schulische Bildungsmaßnahmen

Sonderschulabschluß

Hauptschulabschluß

Abschlüsse der Sekundarstufe I
(Realschule, Fachschule o. ä.)

Vorbereitung zum Sek. II - Abschluß
(Fachoberschule, Gymnasium oder
Fernlehrgänge)

(Fern-)Studium
(z. B. Fern-Uni Hagen
oder Freigang)

Berufliche Bildungsmaßnahmen

Berufsvorbereitungsjahr (BVJ)

Berufsgrundbildungsjahr (BGJ)
(in verschiedenen Bereichen, z. B.
Metall, Holz)

**Ausbildungen oder
Umschulungsmaßnahmen**
(Tischler, Koch, Gärtner, Isolierer,
Maler und viele andere)

Berufliche Teilqualifikationen
(Schweißer, Maschinenführer,
Fachwerker)

EDV - Lehrgänge
(„EDV-Anwender-Paß",
„Informatik-Paß" o. ä.)

Weiterbildungsmaßnahmen
(Meisterlehrgänge,
Buchführungskurse etc.)

II. Nicht abschlußbezogene Bildungsmaßnahmen

Elementarkurse
(Alphabetisierung, Deutsch, Rechnen, Soziales Lernen,
lebenspraktischer Unterricht)

Kurse für Ausländer
(Deutsch für Ausländer - ähnliche Zielsetzung wie bei
Elementarkursen; ggf. als Freizeitangebot)

Vorbereitungskurse
für berufliche u. schulische Bildungsmaßnahmen

Stützunterricht
zur Unterstützung beruflicher und schulischer Bildungsmaßnahmen und zur Förderung besonderer Begabungen und individueller Interessen (medienspezifische Kenntnisse, gruppenpädagogische Qualifikationen
etc.)

**Arbeitstherapeutische
Bildungsmaßnahmen**

Maßnahmen der beruflichen Eingliederung
(Praktika, „Übungswerkstätten", „Learning on the job"
etc.)

Soziales Training

III. Bildungsmaßnahmen in der Freizeit

Sport
Fußball, Handball, Volleyball und viele andere Sportarten; Sportfeste, externe Sportprojekte Übungsleiter- u. Schiedsrichterausbildung u. a.

Kunst
Werken, Basteln, bildnerisches und plastisches Gestalten, Foto, Video

Musik
Musikband, Gefangenenchor, Jazz/Rockgruppe, Unterricht an Instrumenten, Gruppenarbeit mit speziellen Musikinteressen, Konzerte u. a.

EDV
Anwendungsprogramme, Programmiersprachen, multimedia-unterstütztes Lernen

Literatur & Sprache
Gefangenenzeitung, Literaturkreis, Theatergruppen und -aufführungen, Dichterlesungen, Bibliothek, Erlernen von Fremdsprachen u. a.

Sonstige Angebote
Filmvorführungen, Kochkurse, Führerscheinkurse und andere lebenspraktische Hilfen

Die Bereiche freizeitbezogener Maßnahmen sind hier nicht umfassend dargelegt und können je nach Neigung des Lehrers und den Interessen der Gefangenen gestaltet werden.

Soweit es von seiten des Gefangenen zeitlich und fachlich möglich ist, sollte seiner Teilnahme an einer abschlußbezogenen Bildungsveranstaltung Priorität beigemessen werden. Zunächst ist das Erreichen von schulischen Qualifikationen erforderlich, vor allem, um notwendige Voraussetzungen für die Teilnahme an beruflichen Ausbildungsmaßnahmen während oder nach der Haftzeit zu erlangen. Besondere Bedeutung genießt das Erreichen einer beruflichen Qualifikation, um den Gefangenen zu befähigen, nach seiner Haftentlassung einer qualifizierten Tätigkeit nachgehen zu können bzw. größere Chancen zu besitzen, in Arbeit vermittelt zu werden.

In den letzten Jahren wird es jedoch schwieriger, für traditionelle schulische bzw. berufliche Abschlußmaßnahmen geeignete Gefangenen zu gewinnen. Die Gründe dafür sind vielschichtig: extreme Persönlichkeitsdefizite bzw. erhebliche Problembelastungen (Drogen- und andere Suchtproblematiken, wachsende Gewaltbereitschaft, Organisierte Kriminalität etc.) und die große Zahl ausländischer Gefangener - überwiegend mit erheblichen Bildungsdefiziten. Daher gewinnen die *nicht abschlußbezogenen Bildungsveranstaltungen* immer größere Bedeutung, einerseits um den für die Abschlußmaßnahmen nicht geeigneten Gefangenen lebenspraktische Hilfen zu ermöglichen, andererseits um sie in kleinen Schritten für weitere qualifizierende Maßnahmen vorzubereiten. Gerade bei den Gefangenen mit ungünstigen Voraussetzungen bedarf es intensiver und längerfristiger Förderung, so daß nicht abschlußbezogene Bildungsveranstaltungen für diesen Adressatenkreis als Vollzeitmaßnahmen - gegebenenfalls auch als Teilzeitmaßnahmen - einzurichten und als *gleichberechtigt neben den abschlußbezogenen Maßnahmen* anzusehen sind: Gerade die „schwachen" Gefangenen bedürfen einer besonderen Förderung.

Um die schwieriger gewordene Klientel zu erfolgreichen Bildungsabschlüssen bzw. zu größerer sozialer Kompetenz zu führen, bedarf es in den Bildungsmaßnahmen sozialpädagogischer und psychologischer Hilfen: Soziales Training, pädagogische Betreuung in Einzel- und Gruppengesprächen, ambulante Drogenhilfe, Vermittlung lebenspraktischen Allgemeinwissens, Thematisierung und Problematisierung des Phänomens Delinquenz/Inhaftierung etc.

Außerdem sollte Bildungsangeboten des offenen Vollzuges besondere Beachtung geschenkt werden: Hier befinden sich überwiegend Gefangene geringerer krimineller Vorbelastung und mit günstigeren Sozialprognosen. Das Erreichen des Vollzugsziels ist darüber hinaus durch die verhältnismäßig einfach herzustellenden Außenkontakte direkter möglich, und den Gefangenen sind über den Freigang vielfältige Angebote zugänglich. Diese Möglichkeiten beruflicher und schulischer Ausbildung in externen Betrieben und Bildungseinrichtungen sollten stärker genutzt und weiterentwickelt werden.

Berufsrollen der Lehrer im Vollzug

Zwar haben sich für die Vollzugslehrer bestimmte Tätigkeitsgebiete herausgebildet, aber es ist angesichts der Ländervielfalt recht schwierig, für die Vollzugslehrer der Bundesrepublik allgemein zutreffende Aussagen vorzunehmen. Je nach Zuständigkeit und Größe der Anstalt, dem Anstaltskonzept sowie den Interessen des Lehrers und der möglicherweise vorhandenen Kollegen, kann der Lehrer verschiedene Aufgabenbereiche zugewiesen bekommen oder entwickeln. Wieweit er sich mit verschiedenen Dingen seines Bereiches auch im Detail beschäftigen muß, hängt außerdem davon ab, ob und welche Unterstützung er hinsichtlich Mitarbeitern („Schulassistent", „Freizeitkoordinator" aus dem AVD, Sekretärin u. a.) Räumlichkeiten, Material sowie Haushaltsmitteln erhält.

Erschwert wird ein Überblick oder eine Systematisierung außerdem durch differierende Begrifflichkeiten: „Erziehungsgruppenleiter" hier kann „Vollzugsabteilungsleiter" dort bedeuten, dem „Klassenlehrer" des öffentlichen Schulwesens kann im Vollzug mancherorts der „Lehrgangsleiter" grob entsprechen, in kleineren Abteilungen mag sich andererseits die Frage der Lehrgangsleitung gar nicht erst stellen, da nur ein Lehrer in Frage kommt.

Trotz dieser Schwierigkeiten soll nachstehend der Versuch unternommen werden, häufig vorkommende und typische Tätigkeitssegmente des Vollzugslehrers begrifflich zu erfassen und etwas einzugrenzen. Nach den bisherigen Erfahrungen und Umfragen ist der Vollzugslehrer überwiegend tätig als

- *Bildungsbeauftragter,*
- *Lehrgangsleiter,*
- *Unterrichtender in der Aus- und Fortbildung*
  a) für Beamte und
  b) für Gefangene
- *Sportlehrer,*
- *Entscheidungsträger* (Erziehungsgruppenleiter, Abteilungsleiter, Vollzugsleiter etc.),
- *Leiter der Gefangenenbücherei und*
- *Freizeitkoordinator .* Darüber hinaus übernehmen Lehrer häufig
- *Sonderaufgaben.*

Zu diesen Begriffen sind einige Erläuterungen erforderlich:

Die „Zerlegung" der Lehrer in diese Rollen-Segmente folgt eher pragmatischen denn systematischen Gesichtspunkten. Verschiedene Tätigkeitsbereiche tauchen daher nicht separat auf und sind unter anderen Begriffen subsumiert worden:

- *Pädagogische Diagnostik:* Diese Aufgabe wird von den Lehrern in verschiedenen Zusammenhängen bewältigt, beispielsweise in der Aufnahmeabteilung, bei der Durchführung und Auswertung von Zugangstests, der Abgabe vollzuglicher Stellungnahmen sowie der berufsspezifischen Leistungs- und Persönlichkeitsbeurteilung.

- *Aufnahmeabteilungen:* Eine Reihe von Aufnahmeabteilungen wird von Lehrern geleitet. Ansonsten arbeiten die Lehrer als Bildungsbeauftragte in der Regel in den Aufnahmeabteilungen mit. „Aufnahmeabteilung" und „Pädagogische Diagnostik" sind daher je nach praktischer Fragestellung unter Lehrer als „Entscheidungsträger", „Bildungsbeauftragter", „Lehrgangsleiter" oder „Unterrichtender" aufgenommen worden.
- *Soziales Training / Entlassungsvorbereitung:* Hier gilt Ähnliches wie bei „Aufnahmeabteilungen".

Bei den folgenden Beschreibungen kann es sich wegen der dargestellten Vielfalt nur um exemplarische Beschreibungen und Nennungen handeln, keinesfalls um Abschließendes.

• Bildungsbeauftragter (BBA)

Dem Bildungsbeauftragten kommt in den Anstalten eine zentrale pädagogische Funktion zu: In der Regel initiiert und koordiniert er die pädagogische Arbeit in der Anstalt. Daher gilt: Der Bildungsbeauftragte ist ein Lehrer, es sei denn, in der Anstalt ist keiner tätig. Verfügt die Anstalt über mehrere Lehrer, so können die Aufgaben verteilt werden, häufig ist der dienstälteste der Bildungsbeauftragte. Aufgaben des Bildungsbeauftragten können sein:

Planung, Kontrolle und Auswertung des Bildungskonzeptes der Anstalt. Koordination der Abteilungsaufgaben und des Personals. Beantragung und Verwaltung von Haushaltsmitteln und Sicherung der übrigen sächlichen Voraussetzungen (Räume, Geräte, Material). Mitarbeit in der Aufnahmeabteilung; der BBA spricht mit jedem Neuzugang. Beteiligung an Vollzugsplankonferenzen Ansprache bildungsunwilliger Gefangener. Ansprechpartner für externe Bildungsträger	Verantwortung für Ausschreibungen und Werbung für Bildungsmaßnahmen, Entwicklung neuer Bildungsmaßnahmen. Teilnahme an Leitungskonferenzen. Ggf. Fachaufsicht für Bereiche, in denen er besonders qualifiziert ist (z. B. EDV, Werken oder Sport). Lehrgangsleiter (eines Kurses); Unterricht in dieser Maßnahme. Lehrgangsleiter Fernlehrgänge und Einzelumschulungen. Meldung von Gefangenen für Umschulungen in anderen Anstalten und Einholung der erforderlichen Stellungnahmen. Ansprechpartner des Resozialisierungs-Beauftragten des Arbeitsamtes. Ansprechpartner für verschiedene Freizeitgruppen, die GMV o. ä.

• Lehrgangsleiter (LL)

Wenn mehrere Lehrer in einer Anstalt tätig sind, werden sie sich die Leitung der verschiedenen Maßnahmen und den Unterricht darin aufteilen, so daß von dem Bildungsbeauftragten die Tätigkeit des Lehrgangsleiters unterschieden werden kann. Aufgaben der Lehrgangsleiter können sein:

Vorbereitung des Lehrganges: Zusammenstellung der Lerngruppen in Absprache mit dem BBA und den anderen Mitarbeitern, Koordination der Eignungsfeststellung, Mitwirkung bei der Beschaffung von Nachweisen, Zeugnissen etc. Organisationsaufgaben: Lehrgangseröffnung, Aufstellung und Abänderung von Stundenplänen, Organisation von Vertretungen, Einrichtung von Fördermaßnahmen, Lohnabrechnung. Betreuungsaufgaben: Durchführung lehrgangsbegleitender Maßnahmen wie Motivationsgespräche, Freizeitangebote, Konfliktlösungsübungen und Kursgespräche,	Teilnahme an Vollzugsplankonferenzen von Lehrgangteilnehmern und Mitwirkung an sonstigen vollzuglichen Entscheidungen. Unterricht: Die Lehrgangsleiter der Kurse sollten nach Möglichkeit dort auch Unterricht erteilen. Zusammenarbeit mit Lehrkräften, Trägern, Prüfungsgremien und Bediensteten: Einberufung von Lehrgangskonferenzen, Betreuung der Lehrkräfte, Beschaffung der Lehr- und Lernmittel und Anmeldung von Mitteln beim BBA. Vorbereitung und Organisation von Prüfungen, Zusammenarbeit mit beteiligten Bediensteten, Entscheidung über die Aufnahme und Herausnahme von Lehrgangteilnehmern nach Rücksprache mit Dozenten, BBA und sonst zuständigen Kollegen.

• Unterrichtender in der Aus- und Fortbildung

a) für Beamte

Der dem Strafvollzug zugrundeliegende Behandlungsgedanke stellt eine primär pädagogische Anforderung an alle Mitarbeiter dar. Er erfordert ein Umsetzen soziologischer, psychologischer, sozialpädagogischer, juristischer und kriminologischer Kenntnisse in ein erzieherisches Behandlungskonzept. Dementsprechende Bedeutung kommt dem Unterrichtsfach „Pädagogik" bei der Aus- und

Fortbildung der Justizvollzugsbediensteten des allgemeinen Vollzugsdienstes zu.

Die in den Richtzielen für den Pädagogikunterricht erhobene Forderung, den Vollzugsbediensteten die entsprechenden Fachkenntnisse zu vermitteln, die nötig sind, um ein Erziehungs- und Behandlungskonzept in der Praxis anwenden zu können, stellt hohe inhaltliche Anforderungen an diesen Unterricht. Die Lehrer im Vollzug haben mit der Ausgestaltung dieses Unterrichts eine nicht zu unterschätzende, anspruchsvolle Aufgabe. Um dieser Rolle gerecht werden zu können, dürfen sie sich allerdings nicht als reine „Unterrichtsbeamte" verstehen, genausowenig, wie Pädagogik im Rahmen der vollzuglichen Ausbildung auf Bildungs- und Freizeitmaßnahmen reduziert werden darf. Erfolgreiches pädagogisches Handeln setzt vielmehr pädagogische Grundkenntnisse und -fähigkeiten voraus. Hierzu ist es notwendig, pädagogische Theorien und Konzepte zu kennen und zu verstehen. Auf der Basis dieser Grundkenntnisse ist es möglich, den pädagogischen Anspruch des Behandlungsvollzuges in seinem Begründungszusammenhang und in seinen Auswirkungen zu begreifen. Nur so wird es den auszubildenden Vollzugsbediensteten möglich sein, Pädagogik als erzieherische Praxis verstehen und anwenden zu können.

Gelingt es den Lehrern z. B., wissenschaftliche Erkenntnisse über die schichtenspezifische Sozialisation, die funktionale und intentionale Erziehung, die Bedeutung unterschiedlicher Erziehungsstile, die geschlechtsspezifische Sozialisation oder die Zuschreibung von Kriminalität (Kriminalitätstheorien) u. a. so anschaulich und praxisnah zu vermitteln, daß sie in ihrer Bedeutung für den unmittelbaren Umgang mit Gefangenen erfahrbar gemacht werden können, und gelingt es ihnen zudem noch, konkrete Handlungsalternativen vor diesem Hintergrund zu entwickeln, so haben sie wichtige Grundlagen geschaffen, den Sinn des Behandlungsgedankens und den Zweck pädagogisch orientierter Maßnahmen zu begreifen. Sie haben zudem ein grundlegendes Handwerkszeug geschaffen, das dem Vollzugsbediensteten hilft, sein schwieriges Aufgabengebiet pädagogisch zu gestalten.

b) für Gefangene

Die Tätigkeit des Lehrers als Unterrichtender für Gefangene versteht sich von selbst und wird außerdem an anderer Stelle erörtert.

• Sportlehrer

In größeren Anstalten sind häufig Lehrer tätig, die ihr Haupttätigkeitsfeld auf den Sport gelegt haben oder die speziell dafür eingestellt wurden. In ihren Aufgaben sollten sie von Angehörigen des AVD, die sich für diesen Bereich als „Sportübungsleiter" o. ä. qualifiziert haben, unterstützt werden. Aufgaben der Sportlehrer können sein:

I. Allgemeine Aufgaben: Entwicklung einer Sportkonzeption (Gesamtkonzept), Personalplanung und Anleitung der haupt- und nebenamtlichen Kräfte, Vorgesetzter der Sportübungsleiter, Erstellung der Sportpläne und Mitwirkung an den dazugehörigen Dienstplänen, Verfügung über die für den Sport bestimmten Haushaltsmittel, Beschaffung und Pflege von Sportmaterial, -bekleidung und -gerät, Anregung und Mitwirkung bei der Errichtung, Veränderung und Pflege von Sportstätten, Bearbeitung sportspezifischer Anträge, Teilnahme an Leitungs-, Abteilungs- sowie Vollzugsplankonferenzen, bei letzteren, soweit dies inhaltlich sinnvoll erscheint, Öffentlichkeitsarbeit und Pflege von Außenkontakten für den sportlichen Bereich, Motivierung, Beratung und Information von Bediensteten und Gefangenen, aktive und passive Teilnahme an Maßnahmen der Aus- und Fortbildung, Zusammenarbeit mit dem Gefangenensportverein.	**II. Sport im Rahmen von Bildungsmaßnahmen:** In allen Bildungsmaßnahmen der Anstalt wird nach Möglichkeit auch Sport als Unterrichtsfach angeboten. **III. Freizeitsport:** Planung, Organisation, Durchführung und Auswertung des Freizeit- und Anstaltssports sowie Planung des Vereinssports in der Anstalt als Breitensport einschließlich - Sportabzeichen, - Sportfesten, Turnieren o.ä. sowie - Betreuung der weitgehend selbständig betriebenen Sportarten (z.B. TT, Kraftsport), Einrichtung, Betreuung und Anleitung von wettkampforientierten Sportgruppen mit systematischem Lehrangebot, Turnieren und Spielbetrieb. **IV. Sport für besondere Zielgruppen:** Entwicklung eines Sportangebotes für bestimmte Zielgruppen, ggf. in Zusammenarbeit mit anderen Diensten, beispielsweise - Senioren, - gefährliche Gefangene, - Sport mit Unbeschäftigten oder - Sport aus gesundheitlichen Gründen. **V. Bedienstetensport** - Dienstsport - Betriebssport.

• Der Lehrer als Entscheidungsträger

In manchen Bundesländern ist es üblich, daß sich Lehrer dort, wo es im Anstaltsgefüge einen Sinn macht, auch in die „Linien-Funktion" des Justizvollzuges stellen, womit vor allem gemeint ist, die vollzugliche Leitung bestimmter Anstaltsbereiche oder der Konferenzen nach § 159 StVollzG zu übernehmen. Folgende Gesichtspunkte sollen dazu hier kurz genannt werden:

* **Qualifikation der Lehrer**

Lehrer sind durch ihre erziehungswissenschaftliche Ausbildung u. a. ausreichend befähigt, Bedingungsgefüge von Lernfeldern und -prozessen sachlich und historisch einzuordnen. Pädagogik und Didaktik sind jedoch auch angewandte Handlungswissenschaften, die nicht auf der analytischen Ebene stehenbleiben: Durch die Anbindung und Rückkopplung mit der Praxis kann ein unüberbrückbarer Widerspruch zwischen Zielvorstellungen und Alltagspraxis weitgehend vermieden werden. Praxis heißt in diesem Zusammenhang auch: intensiver und häufiger Umgang mit einer größeren Anzahl von Gefangenen.

* **Der pädagogische Anspruch des Justizvollzuges**

Der Vollzug hat auch einen herausragenden pädagogischen Anspruch, wie schon dargestellt worden ist. Wer, wenn nicht Lehrer, wäre berufen, solche Lernprozesse zu planen, durchzuführen und zu kontrollieren?

Wenn Pädagogen die Gestaltung des Vollzuges entscheidend beeinflussen können, sollte gewährleistet sein, daß Sicherheit, Ordnung und Verwaltung auf das Vollzugsziel hin ausgerichtet und nicht Selbstzweck sind.[1]

* **Sinnvoller Einsatz**

Da die Anzahl und die Arbeitskapazität der Lehrer begrenzt sind, sollten sie nach Möglichkeit solche Leitungsfunktionen nur dort übernehmen, wo eine Kombination mit ihren anderen Aufgaben möglich ist. Daher bietet sich insbesondere die Leitung von Aufnahmeabteilungen, „Schulabteilungen" oder anderen Abteilungen an, in denen in besonderem Maße aus- oder fortgebildet wird. Es wird als wenig sinnvoll angesehen, wenn Lehrer als Lückenbüßer der Personalpolitik auf „Flur X" verheizt werden.

- Aufnahmeabteilungen

Lehrer, die auch Bildungsbeauftragte ihrer Anstalt sind, arbeiten in der Regel in den Aufnahmeabteilungen mit und können durch die Leitung einer Aufnahmeabteilung die Bedeutung des Lehrgangsvollzuges zum Ausdruck bringen. Durch ihre entscheidende Mitarbeit an den Vollzugsplänen wird den Vorgaben des § 37 StVollzG (Zuweisung) eher Rechnung getragen werden können, sowohl in qualitativer als auch quantitativer Hinsicht. Fachfremden Kollegen ist

---

[1] Vgl. Eberle, Lernen im Justizvollzug, a a.O., S. 415

meist schwer klarzumachen, welche Voraussetzungen für das erfolgreiche Durchlaufen eines ein- oder mehrjährigen Lehrgangs notwendig sind.

- Schulabteilungen und Lehrgangsvollzug
Lehrer als Leiter von Vollzeitkursen, die auch zumeist darin unterrichten, kennen die daran teilnehmenden Gefangenen durch die Häufigkeit und Qualität der Begegnungen recht genau. Schon aus ökonomischen Gründen bietet es sich daher an, vollzugliche Entscheidungen über diese Gefangenen in die Hände der zuständigen Lehrer zu legen. Hinzu kommt, daß der Umgang zwischen Lehrern und Gefangenen durch die Vielschichtigkeit der Beziehung und die von den Gefangenen anerkannte Fachkompetenz in der Regel recht entspannt ist, so daß viele Probleme - einschließlich „Ablehnungen" - oft mit leichter Hand geregelt werden können.

Auch das Stichwort „ganzheitliche Erziehung" spricht für eine Übernahme dieser Abteilungen. Gerade die Kombination von Lehrgangsvollzug mit Ansätzen zum Wohngruppenvollzug erscheint günstig, zumal der Vollzug den „Wohngruppenvollzug" nach wie vor beharrlich vernachlässigt.[2]

* Differenzierter Einsatz
Es sollte - auch in diesem Punkt - die Bedeutung der Persönlichkeit des einzelnen Bediensteten im Verhältnis zum Beruf nicht unterschätzt werden. Wenn man dann noch die unterschiedlichen Bedingungen der Anstalten einbezieht, ist klar, daß es kein Patentrezept in der Frage geben kann, ob und welche Lehrer welche vollzuglichen Leitungsfunktionen übernehmen sollten, ob als Erziehungsgruppenleiter, Vollzugsabteilungs-, Vollzugs- oder Anstaltsleiter. Dieser Ansatz läßt sich folgendermaßen zusammenfassen:

Die an Lehrgängen teilnehmenden Gefangenen werden auf einer Station / einem Flügel / in einer Anstalt untergebracht. Für die vollzuglichen Entscheidungen ist ein Anstaltslehrer federführend.	(Ggf. auch Leitung der Aufnahmeabteilung oder anderer Abteilungen, die im Arbeitszusammenhang stehen.)

---

[2] Vgl. Lorch, Anita u. a.: Die Behandlungsgruppe als lernende Gemeinschaft - Grundlagen und Folgerungen, in: ZfStrVo 5/89, Seite 265 - 273

• Leiter der Gefangenenbücherei

Traditionell ist ein Lehrer als Exponent der Bildung mit der Leitung der Gefangenenbücherei, eventuell auch der Bedienstetenbücherei beauftragt. Ob dies - heute noch - sinnvoll ist, wäre im Einzelfall zu entscheiden. Aufgaben des Leiters der Gefangenenbücherei können sein:

Beantragung und Verwaltung der Haushaltsmittel, Beschaffung der Bücher unter Beteiligung der Gefangenenmitverantwortung, Organisation der Fernausleihe, Organisation der Zeitschriftenbeschaffung und -ausgabe, Einteilung und Überwachung der Tätigkeit der Büchereiarbeiter.	Darüber hinaus sind mit der Leitung der Bücherei - je nach Tradition - noch weitere Aufgaben verbunden, beispielsweise die Ausgestaltung des Film- oder Videoprogramms, die Beschaffung von Bastelmaterial o. a.

• Freizeitkoordinator

Häufig ist ein Lehrer in der Anstalt für die Freizeitgestaltung zuständig. Auch hier wird im Einzelfall zu prüfen sein, inwieweit diese Aufgaben delegiert werden könnten, so daß beim Anstaltslehrer nur die Fachaufsicht verbliebe. Aufgaben des Freizeitkoordinators können sein:

Der Freizeitkoordinator ist für die Organisation der nichtkirchlichen Freizeitangebote - außer Sport - verantwortlich.

Er trägt zur Gestaltung der Abteilung bei und ist insbesondere für den Freizeitbereich bemüht, weitere Angebote anzuregen.

Er erstellt die laufenden Freizeitpläne und Verfügungen für Freizeitbelange.

Er organisiert die Räumlichkeiten und ihre Ausstattung sowie das erforderliche Material, soweit dies nicht von den jeweiligen Gruppenleitern übernommen wird.

Er ist - ggf. in Zusammenarbeit mit dem Pastor - für die Auswahl und die Betreuung der ehrenamtlichen Mitarbeiter verantwortlich.

Er ist Ansprechpartner für die Leiter der einzelnen Gruppen.

Er führt Einzel- und Gruppengespräche über Belange der Freizeitgestaltung durch und bietet selbst Freizeitveranstaltungen an.

Er entwickelt Freizeitangebote für die nach § 42 StVollzG freigestellten Gefangenen.

Er ist um Freizeitangebote für schwierige Gefangene und die in den Sicherheitsabteilungen untergebrachten Gefangenen bemüht.

Er nimmt an den Lehrgangskonferenzen und Konferenzen der Anstalt und ihrer Abteilungen teil, soweit dies aus sachlichen Gründen oder zur Vertretung erforderlich ist, und gibt in diesem Rahmen auch Beurteilungen über Gefangene ab.

• Sonderaufgaben

Viele Lehrer sind wegen oder auch neben der eigentlichen Berufstätigkeit auf bestimmte Fachbereiche spezialisiert, ob Technik, Sport oder beispielsweise musische Bereiche. Häufig haben sie Gelegenheit oder werden gebeten, diese Fähigkeiten dienstlich zu nutzen, was sie in der Regel dann auch tun: Der eine trainiert eine Bedienstetenmannschaft, der andere führt Computerkurse für Kollegen durch, der nächste leitet möglicherweise die Gefangenenband und die Pressearbeit muß ja auch einer machen...

Rahmenbedingungen der Bildungsarbeit im Vollzug

Im folgenden werden Antworten auf die Frage zusammengestellt, wie und inwieweit der Bildungsarbeit im Vollzug Grenzen gesetzt, aber auch Chancen eröffnet werden.

Die Stellung des Lehrers im Vollzug

Erwartungen, Aufträge und Ansprüche an die Lehrer im Vollzug sind vielfältig und auf unterschiedlichen Ebenen formuliert, vor allem dort:

* Empfehlungen der UN und des Europarates zur Bildung und Erziehung im Justizvollzug,
* Bundesgesetze und Verwaltungsvorschriften (§ 2, 37, 38 StVollzG., § 91 JGG Nr. 32 und Nr. 33 VVJug, Nr. 1 und Nr. 46 UVollzO),
* Ausführungsvorschriften und Dienstanweisungen verschiedener Bundesländer.

Diese Empfehlungen, Gesetze, Vorschriften und Ausführungsbestimmungen gehen von der Annahme aus, daß Bildungsmaßnahmen, seien sie schulischer, beruflicher oder allgemeinbildender Art, entscheidenden Anteil an der Erreichung des Vollzugsziels haben.

Der Lehrer einer JVA ist somit verantwortlich für die Vermittlung dieser auf das Vollzugsziel hin auszurichtenden Bildungsangebote. Dies erfordert von ihm ein hohes Maß an Flexibilität, zumal Bildungsanforderungen ständigen Veränderungen unterworfen sind und neu definiert werden, sich die Gefangenenpopulation ändert und er mit hohen Erwartungen seitens der Mitarbeiter und der ihm anvertrauten Gefangenen konfrontiert wird.

In der Praxis im Vollzugsalltag geben Aufsichtsbehörde und die Anstaltsleitung - häufig ohne Beteiligung von pädagogischer Fachkompetenz - Arbeitsbereiche und Inhalte vor. In der Regel führt dies zu der Erwartung, daß der Lehrer

* Unterricht in für Schul- oder Berufsabschlüsse relevanten Fächern erteilt und somit möglichst viele Inhaftierte zu Schul- oder Berufsabschlüssen führt,
* ein Bildungs- und kulturbezogenes Freizeitprogramm (Kurse, Arbeitszirkel, Trainingsgruppen, Veranstaltungen u. ä.) organisiert und
* entsprechend notwendige Verwaltungstätigkeiten ausübt (Lehr- und Lernmittelsammlungen, Medienverwaltung, Haushaltsmittel-Bewirtschaftung, Kooperation mit externen Bildungsträgern und Institutionen).

Darüber hinaus ist der Lehrer im Vollzug an der Behandlungsuntersuchung der Gefangenen und der Erstellung des Vollzugsplans beteiligt (§§ 6 und 7 StVollzG) und wirkt im Rahmen des § 159 StVollzG bei der Vorbereitung wichtiger Entscheidungen, die den Vollzug betreffen, mit. Seltener werden Lehrer mit der Leitung von Abteilungen bzw. einer gesamten Vollzugsanstalt betraut.

Der dem Strafvollzug zugrundeliegende Behandlungsgedanke setzt ein pädagogisches Handeln aller Mitarbeiter voraus. Die Vermittlung pädagogischer Vorstellungen und Kompetenzen ist neben der Vermittlung kognitiver Lernziele demnach primäre Aufgabe des Pädagogen und damit Teil seines dienstlichen Auftrags und Handelns. Er kann mit seiner Tätigkeit das pädagogische Klima der Anstalt positiv beeinflussen.

Institutionelle Bedingungen

Erste Grenzen werden dem Lehrer im Vollzug durch die „totale Institution Justizvollzug" gesetzt. Vor allem der geschlossene Vollzug entmündigt die Insassen in vielerlei Hinsicht und entfremdet sie vom Leben in Freiheit. Der Strafvollzug ist unter diesen Bedingungen nur bedingt und begrenzt in der Lage, positive Veränderungen zu schaffen, und die Insassen sind selten von sich aus für die Teilnahme an Bildungsangeboten motiviert.

Eine weitere Begrenzung der Bildungsarbeit wird durch die vordergründige Vorrangstellung der Verwaltung und Administration im Vollzugsalltag verursacht. Zudem unterliegt der Lehrer im Vollzug als Angehöriger einer Justizbehörde meistens der fachfremden Fach- bzw. Disziplinaraufsicht.

Pädagogisches Handeln und Arbeiten setzen Experimentier- und Risikobereitschaft, offene Wege und Verhältnisse voraus und sind sehr oft mit viel Arbeit und Aufwand verbunden. Eben diese Aktivitäten unterliegen jedoch meist der Praktikabilitätprüfung der Verwaltung und der Genehmigung der vorgesetzten Stelle und werden allzuoft durch das Sicherheitsdenken in der Anstalt behindert. Dabei übersieht man nur zu gerne, daß sich pädagogisches Handeln und Sicherheit und Ordnung im Vollzug nicht ausschließen, sondern gegenseitig ergänzen und ermöglichen. Dies ist nicht nur ein Postulat, sondern die tägliche Vollzugspraxis zeigt, daß einerseits die Vollzugslehrer bei der Entwicklung des Bildungssystems der Anstalten zunehmend von ihren Anstaltsleitern, bei denen es sich zumeist um Juristen handelt, unterstützt werden, andererseits aber auch viele Pädagogen bereit sind, sich in die „Niederungen" des Vollzugsrechts als „Entscheidungsträger" zu begeben, so daß prinzipielle Grabenkämpfe selten sind (und meist einer sachlichen Grundlage entbehren).[1]

Anläßlich einer Geiselnahme in einer Sicherheitsanstalt wurden zwei Experten-Kommissionen eingesetzt, denen keine Pädagogen angehörten, sondern Rechtsprofessoren, (General-)Staatsanwälte, (Kriminal-)Polizisten, Anstaltsleiter u. a. Beide Kommissionen haben den Ausbau der Bildungsangebote gefordert; der zuständige Untersuchungsausschuß und ein ganzer Landtag haben sich dem angeschlossen:

---

[1] Vgl. Bierschwale, Peter: Die Pädagogische Abteilung - Zum Berufsbild der Lehrer im Justizvollzug des Landes Niedersachsen, ZfStrVo 4/94, S. 195

„Für den Normalvollzug müssen die ‚klassischen Angebote' langfristiger schulischer, beruflicher und persönlicher Bildung mit begleitender psychologischer und sozialpädagogischer Hilfe ausgebaut werden. Anreize zur Gestaltung eines möglichst akzeptablen Anstaltsalltags sollten planvoll gegeben werden "[2]

Ein großes Spannungsfeld liegt im Konflikt: „Arbeit versus Bildung". Im 5. Kapitel des StVollzG „Arbeit, Ausbildung und Weiterbildung" werden einerseits die Strafgefangenen grundsätzlich verpflichtet, eine ihnen zugewiesene, wirtschaftlich ergiebige Arbeit bzw. Beschäftigung zu verrichten. Andererseits soll geeigneten Gefangenen Gelegenheit zur Berufsausbildung, beruflicher Fortbildung, Umschulung oder zur Erreichung des Hauptschulabschlusses gegeben werden. Die Konkurrenz Arbeit versus Bildung führt immer wieder zu Konfliktstoff im Vollzugsalltag. Dies trifft insbesondere auf die nicht abschlußbezogenen Bildungsmaßnahmen zu, die aufgrund der Veränderungen der Insassenstruktur in den letzten Jahren immer notwendiger geworden sind.

Weitere Grenzen in der Bildungsarbeit sind dem Lehrer im Vollzug mit den vorhandenen räumlichen Bedingungen gegeben. Unterricht und Bildungsarbeit setzen ein ansprechendes und zweckmäßiges Umfeld voraus, in dem er seine Arbeit zu leisten hat.

Von gleicher Bedeutung sind die finanziellen Bedingungen und Möglichkeiten, unter denen pädagogisches Handeln stattfindet. Nur in den wenigsten Fällen hat der Anstaltslehrer freien Zugang zu den für Ausbildung bzw. Unterricht bestimmten Haushaltstiteln und kann nicht eigenverantwortlich die vorhandenen Mittel für seine Arbeit verwenden. Allzuoft entscheiden fachfremde Abteilungen in der Anstalt über die Notwendigkeit, den Umfang und den Einsatz von Lehr- und Lernmitteln und anderem.

Zusammenarbeit mit Externen

Im Vollzug ist der Lehrer in besonderem Maße auf die Zusammenarbeit mit verschiedensten „Externen" angewiesen:

Die Zuerkennung staatlicher (Schul-)Abschlüsse erfolgt in der Regel unter der Aufsicht und Leitung der staatlichen Schulbehörden. Die Trägerschaft liegt meist bei Volkshochschulen, Einrichtungen der ländlichen Erwachsenenbildung oder anderen gemeinnützigen Trägern. Und der Unterricht in den Kursen wird, wenn man von einzelnen Bundesländern absieht, überwiegend von Dozenten dieser Träger geleistet, wobei es sich meist um nebenamtliche Unterrichtstätigkeit von Lehrern des öffentlichen Bildungswesens handelt.

Ähnliches gilt für Berufsausbildungen. Sie können überwiegend nur unter finanzieller Förderung der Arbeitsämter und in Kooperation mit Berufsschulen und Handwerkskammern u. a. eingerichtet, durchgeführt und abgeschlossen werden.

---

[2] Niedersächsischer Landtag, Zwölfte Wahlperiode, Drucksache 12/4450, S. 131

Im offenen Vollzug kommen noch die externen Schulen und Ausbildungsbetriebe hinzu.

Wenn der Lehrer auch für den Sport, die Freizeitgestaltung oder die Gefangenenbücherei zuständig ist, kommen noch die Ehrenamtlichen Mitarbeiter, die örtlichen Sportvereine oder die kommunalen Bibliotheken dazu.

Die Zusammenarbeit mit den externen Einrichtungen und Dozenten hat sich bewährt und stellt ein differenziertes Geflecht dar, das dem Vollzug nicht nur die „Vergleichbarkeit der Abschlüsse" sichert, sondern auch ein gutes Stück „Normalität von Draußen" bringt.

Der Vollzugspädagoge hat diese Außenbeziehungen zu entwickeln und zu betreuen, was nicht immer ganz einfach ist: Welcher Dozent unterzieht sich schon gern vor und nach dem Unterricht den zeitraubenden Kontrollen. Dennoch gelingt es immer wieder, langfristig kollegiale und konstruktive Beziehungen aufzubauen, die eine tragfähige Zusammenarbeit gewährleisten und das eingefügte Bildungsangebot der Vollzugsanstalten erst ermöglichen.

Personale und qualifikatorische Bedingungen

Die Grenzen, welche die institutionellen Bedingungen dem Lehrer im Vollzug setzen, dürfen nicht das Engagement und die Risikobereitschaft für pädagogisches Handeln vermindern oder gar zerstören. Dies kann schon bei Berufsanfängern eintreten, wenn ihnen durch selbst erlebte oder bei Kollegen beobachtete Mißerfolge schnell die Grenzen ihrer Möglichkeiten im Vollzugsalltag bewußt werden, oft verstärkt dadurch, daß erfahrene Lehrer oder andere Mitarbeiter im Vollzug von Initiativen abraten mit Aussagen wie: „So was funktioniert hier nie" oder „Das haben wir alles schon mal gehabt, das ging schief". Die Gefahr, daß sich Lehrer dann in „pädagogische Enklaven" flüchten oder sich abdrängen lassen, ohne Ihre Fachkompetenz im Vollzug insgesamt voll zur Geltung zu bringen, darf nicht unterschätzt werden.

Bei der gegenwärtig angespannten Lage der Öffentlichen Haushalte müssen sich natürlich auch die Vollzugslehrer und die Bildungsangebote des Vollzuges einer kritischen Überprüfung stellen. Dies kann zu der Überlegung führen, Stellen für Vollzugslehrer oder Haushaltsgelder für Bildungsmaßnahmen einsparen zu wollen. Wenn „überall" gespart werden soll, kann sich der Bildungsbetrieb dem grundsätzlich schwer verschließen. Es reicht nicht aus, fehlendes Personal, geringe Sachmittel oder eine zunehmende Motivationslosigkeit der Gefangenen zu beklagen. Kürzungen kann nur dann offensiv begegnet werden, wenn die vorhandenen Ressourcen effektiv genutzt und gleichzeitig finanzierbare Alternativen kreativ, realistisch und überzeugend entwickelt werden. *Eine offensive Darstellung des steigenden Bildungsbedarfs der Gefangenen und ein überzeugendes Bildungsangebot dürften am ehesten vor unsinnigen Sparmaßnahmen oder gar Streichungen schützen!*

Eine Untersuchung der Rahmenbedingungen der Bildungsarbeit im Vollzug wäre nicht vollständig, ohne sich der Frage der Qualifikation bzw. der Qualifizierung der Lehrer zu widmen. Zu fragen ist, ob die durch Gesetze und Laufbahnverordnungen festgeschriebenen *Eingangsqualifikationen* für die Lehrer im Vollzug den heutigen Erfordernissen Rechnung tragen. In einigen Ländern wird z. B. nur den Grund-, Haupt- und Sonderschullehrern ermöglicht, eine Vollzugslaufbahn einzuschlagen. Die Türen der Anstalten bleiben für Kollegen mit anderen oder höheren Qualifikationen (z. B. Lehramt für Gymnasien oder Berufsschulen) von vornherein verschlossen. In diesem Zusammenhang muß kritisch vermutet werden, daß hier einige Länder offenbar aus besoldungs- bzw. statuspolitischen Gründen nicht die notwendigen Schritte in Richtung Flexibilisierung der Zugangsvoraussetzungen für Lehrer im Vollzugsdienst gehen.

Darüber hinaus stellt sich die Frage nach einer *(Weiter)-Qualifizierung der Lehrer im Vollzug und für den Vollzug.* In der Regel erfahren Lehrer nach Ihrer Einstellung zunächst lediglich eine unsystematische, durch situative Zufälligkeiten bestimmte Einarbeitung in den Vollzug. Im weiteren Berufsleben finden die Lehrer dann ein relativ bescheidenes Fortbildungsangebot vor, welches ohne die Aktivitäten der Bundesarbeitsgemeinschaft (jährliche Tagung und die Grundseminare) und der Landesarbeitsgemeinschaften noch dürftiger ausfallen würde. Die qualifikationsbezogenen Rahmenbedingungen bedürfen daher einer erheblichen Verbesserung. Nur durch entsprechende rechtliche Veränderungen und vollzugsspezifische und auf die Vielfalt der Tätigkeiten der Lehrer im Vollzug abgestimmte Weiterbildungsangebote kann hier Abhilfe geschaffen und die Effizienz der pädagogischen Arbeit erhöht werden.

Ansprüche und Wirklichkeit in der Stellung des Lehrers - Konflikte, Hindernisse und Lösungsansätze

Wie in Punkt 2.1.2 bereits ausgeführt, ergab sich ab dem ausgehenden 17. Jahrhundert eine tiefgreifende Änderung in der Bewertung von „Strafe". Die zeitlich begrenzte Freiheitsstrafe löste nach und nach die Leibes- und Lebensstrafen ab, und Rettung und Besserung verdrängten Strafzwecke, Vergeltung und Unschädlichmachung. Nach 1945 wurde der Bildungsarbeit der Lehrer als Instrument der Resozialisierung immer größere Beachtung geschenkt. In zunehmendem Maße wurden Planstellen geschaffen, und mit Inkrafttreten des Strafvollzugsgesetzes gab es auch erstmals rechtliche Rahmenbedingungen für die Lehrer und ihre Arbeit im Vollzug.

Das Strafvollzugsgesetz ist auch Ausgangspunkt von Überlegungen hinsichtlich der Ansprüche an die Vollzugslehrer. Die dort getroffenen Regelungen, insbesondere über die Bildungsarbeit im Vollzug, bilden die wichtigsten formellen Grundlagen für die Erwartungen, Aufträge und Vorgaben an die Lehrer im Vollzug (s. 2.3.1). Sie sind damit auch gleichzeitig erste Bezugsquellen für die Fremddefinition der Rolle der Lehrer. In § 155 Abs. 2 StVollzG ist von „*Päd-*

agogen" - und nicht von Lehrern - die Rede. Auch wenn das Gesetz hier bedauerlicherweise offen läßt, ob damit die Lehrer gemeint sind, und trotz der Tatsache, daß sich in der letzten Zeit auch andere Berufsgruppen neben den Lehrern mit pädagogischen Fragen beschäftigen und Ansprüche erheben, dürfte klar sein, wer sich hier angesprochen fühlen muß. Das Hauptaufgabengebiet ergibt sich aus den §§ 37 und 38 StVollzG. Dahinter steht im Grunde genommen das folgende Bildungsziel:

Der ordentliche, lernfähige und lernwillige Gefangene ohne vorherigen Bildungsabschluß soll einen ordentlichen Bildungsgang nachholen.

Das heißt, es ist ein breites Bildungsspektrum von der Sonderschule (Vermittlung von Grundfertigkeiten: Lesen, Schreiben, Rechnen) über Hauptschule, Berufsausbildung bis hin zur akademischen Bildung von den Lehrern zu betreuen. An dieser Stelle ist zunächst zu untersuchen, ob die Vorgaben des Strafvollzugsgesetzes noch zeitgemäß sind, denn seit Inkrafttreten des Strafvollzugsgesetzes hat sich die gesellschaftliche Situation verändert.

Einerseits führen weitergehende, von Aufsichtsbehörden, Anstaltsleitern und Politikern definierte und konkretisierte Arbeitsaufträge zu der Erwartung, daß die Lehrer über den Unterricht hinaus auch bildungs- und kulturbezogene Freizeitprogramme anbieten, Verwaltungstätigkeiten ausüben und bei der Ausbildung von Vollzugsbediensteten mitwirken. Diese Erwartung erfüllen heute die Lehrer im Vollzug auf vielfältige Art und Weise.

Andererseits zwingen nicht zuletzt veränderte vollzugliche Bedingungen dazu, daß sich die Lehrer über den rein schulischen Bildungsauftrag des StVollzG hinaus in einem erweiterten pädagogischen Ansatz in den Vollzug einbringen. Die Gefangenenpopulation, die primäre Zielgruppe für pädagogisches Handeln, ist nicht mehr die gleiche wie vor zwei Jahrzehnten. Drogendelinquenz, Gewaltdelikte und anderes mehr bestimmen die derzeitige Situation und erschweren die pädagogische Einflußnahme. Dazu kommen, analog zur Entwicklung in Freiheit, Zeiterscheinungen (beispielsweise das „Nullbock-Syndrom"), die die pädagogische Arbeit weiter erschweren. Defizite im kognitiven, emotionalen und sozialen Persönlichkeitsbereich der Gefangenen erfordern eine vermehrte pädagogische Zuwendung. Der Lehrer ist der Ansprechpartner der Gefangenen, der Erwartungen und Ansprüche und Forderungen erfüllen soll, die oft realitätsfremd und somit nicht zu verwirklichen sind.

Eine Beschreibung von Anspruch und Wirklichkeit im Berufsalltag des Lehrers im Vollzug wäre unvollständig, wenn man sich nicht auch der Frage zuwenden würde, ob die Lehrer im Vollzug - analog den Lehrern „draußen" - mit der Erfüllung der komplexer werdenden Anforderungen zunehmend überfordert sind. Ein wesentliches Problem liegt darin, daß die Lehrer heute in den Schulen verstärkt Abweichungen erfahren zwischen ihrem eigenen subjektiven Berufsbild und der von der Berufswirklichkeit objektiv abverlangten Rolle. Wenn ein Gleichlauf von innerem beruflichem Selbstverständnis und äußeren Bedingungen der Berufsausübung nicht mehr hergestellt werden kann, sind Störungen in der beruflichen Identifikation die Folge, was letztendlich Berufsunzufriedenheit hervorruft.

Die Lösung brennender Fragen und Probleme unserer Zeit können nicht allein vom Berufsstand des Lehrers kommen, sondern bedürfen einer gesamtgesellschaftlichen Sichtweise. Das traditionelle Bild des Lehrers war geprägt von seiner Autorität, die ihm aufgrund seiner Ausbildung und seines Amtes zukam. Dementsprechend wurde sein pädagogisches Handeln weitgehend anerkannt und kaum in Frage gestellt. Gegenwärtig muß sich der Pädagoge mit vielseitigen Fragen und vielfacher Kritik auseinandersetzen, die sein Selbstverständnis in Frage stellen und seinen Platz in der Gesellschaft verändern. Vielen Kollegen fällt es schwer, sich diesen Anforderungen und Veränderungen anzupassen. Manche von diesen ziehen sich zurück in die Nische des Wissensvermittlers und lassen Anzeichen der Resignation erkennen (fehlende Motivation, Unsicherheit, große Fluktuation, hoher Krankenstand usw.).

Der Lehrer im Vollzug ist über die eben geschilderten Schwierigkeiten, die ja alle Lehrer betreffen, noch mit einer Reihe vollzugsspezifischer Probleme und Besonderheiten belastet, die den Lehr- und Lernort Vollzugsanstalt zunehmend beeinträchtigen (Interessenskonflikt: Resozialisierung versus Sicherheit und Ordnung).

Nach der anfänglichen Euphorie und in Zeiten der „leeren Kassen" wird pädagogisches Handeln im Vollzug, das zeit-, personal- und auch kostenintensiv ist, recht kritisch betrachtet. Man weist dem Gedanken der Sicherheit und Ordnung einen höheren Stellenwert zu, was von einer Gesellschaft, die zunehmend Randgruppen ausgrenzt, bereitwillig akzeptiert wird. Gerade die nicht abschlußbezogene Bildungsarbeit gerät leichter in das Schußfeld der Kritik. Fachliche Qualität und die Stellung des Lehrers im Gefüge der Anstalt geraten dadurch in die Gefahr, ausschließlich daran gemessen zu werden, „wieviel Abschlüsse in einem Jahr produziert" werden. Unterstützt wird dieses Denken von einer immer stärker werdenden Dominanz numerisch orientierten Effektivitätsdenkens über inhaltlich-pädagogisch orientierte (Re-)Sozialisierungsbemühungen.

Ähnlich wie „draußen", wird die Arbeit der Lehrer in den Vollzugsanstalten zunehmend schwieriger. Dennoch leistet die Lehrerschaft im Vollzug solide Bildungsarbeit mit entsprechenden Ergebnissen. Gleichwohl sind viele Vollzugslehrer - eingezwängt zwischen Ansprüchen und Berufsmotivation auf der einen Seite und oft entgegengesetzter Berufswirklichkeit im Vollzug - bezüglich ihrer Berufsrolle verunsichert. Hauptursache hierfür ist das Fehlen von klar ausgearbeiteten pädagogischen Zielvorstellungen, die, eingebettet in einer vollzuglichen Rahmenkonzeption, letztendlich die Ableitung einer präzisen Tätigkeits- und Funktionsbeschreibung, sprich: eines allgemeingültigen Berufsbildes des Lehrers im Vollzug, möglich machen.

Es bedarf daher einer genaueren Konkretisierung des Berufsbildes auf Länderebene in Form einer vollzugsspezifischen Rahmenkonzeption. Eine solche Konzeption kann nur in einem permanenten Diskussionsprozeß entwickelt, praktisch umgesetzt und fortgeschrieben werden.

Ferner sind auf der Basis dieser Konzeption *vollzugsbezogene Rahmenpläne* für Bildungsmaßnahmen zu erarbeiten, die über die abschlußorientierten Curricula der öffentlichen Schule hinaus an den *spezifischen pädagogischen Aufgabenstellungen* im Vollzug orientiert sind. Die Abkehr vom traditionellen Ansatz der abschlußorientierten Priorität und die Hinwendung zu zielgruppenbezogenen, zeitlich den vollzuglichen Rahmenbedingungen und inhaltlich-thematisch den klientenbezogenen Bedürfnissen angepaßten Lerneinheiten erfordern gestufte, *modular aufgebaute Curricula*, ohne die Anforderungen des öffentlichen Bildungswesens außer acht zu lassen.

Allerdings bedarf es hierbei nicht unabdingbar einer eigenständigen, spezifischen Vollzugspädagogik. Die erziehungswissenschaftlichen Teildisziplinen sind ausreichend differenziert vorhanden, um für die vollzuglichen Anforderungen das nowendige Instrumentarium bereitzustellen (Schulpädagogik und die Fachdidaktiken, Sozialpädagogik, Erwachsenenpädagogik, Verhaltensgestörten-, Lernbehinderten-, Rehabilitationspädagogik, therapeutische Ansätze).

Neben die fachlichen Lernziele und Methoden der jeweiligen Fachdidaktiken müssen in verstärktem Maße die *allgemeinen, verhaltens- und wertungsbezogenen Lernziele* treten, und zwar unter Berücksichtigung adäquater Lehr- und Lernmethoden. Zwar ist nicht davon auszugehen, daß sich aus dem postulierten pädagogischen Strukturansatz eine einheitliche Vollzugspädagogik erarbeiten läßt, dafür sind die regionalen Vollzugsbedingungen und Aufgabenstellungen zu unterschiedlich, der systematische Vergleich der Curriculum-Hierarchien aber könnte zur Vereinheitlichung von Standards verhelfen, die hinsichtlich der Qualitäts- und Effektivitätssteigerung der vollzuglichen Bildungsmaßnahmen ohne Zweifel von Bedeutung sein dürften.

Gesamtvollzugliche Bildungskonzeptionen mit inhaltlich fachlich ausgearbeiteten Zielvorgaben, die für alle im Vollzug Tätigen bindend sind, fehlen in der Regel oder existieren nur auf Anstaltsebene in Ansätzen. Das Fehlen eines entsprechend ausgearbeiteten pädagogisch-konzeptionellen Arbeitsauftrages hat vielfach Kompetenzstreitigkeiten und Legitimationszwänge zur Folge. Die Tatsache, daß die Lehrer im Vollzug, eingebunden in den „Fachdiensten", mit Berufsgruppen wie Sozialarbeitern / -pädagogen, Psychologen, Therapeuten u. a. kooperieren sollen, von denen viele bei Fragen der Erziehung und der Pädagogik mitreden, ohne Pädagogen zu sein, mindert die Kompetenzproblematik gewiß nicht. Ein institutionell abgesichertes Berufsbild ist hier dergestalt hilfreich, daß es *Kernbereiche* festschreibt, in denen der Lehrer zweifelsohne die maßgebende Fachkraft ist und außerdem *Kooperationsbereiche* aufzeigt, in denen die Zusammenarbeit mit den anderen Berufsgruppen zwingend geboten ist.

Die Stellung des Lehrers im Vollzug könnte weiter gestärkt werden, wenn ein anderer, bisher defizitärer Bereich verbessert würde: Die Weiterbildung. Ein vollzugsspezifisches, auf die Vielfältigkeit des Berufsbildes ausgerichtetes Zusatzqualifizierungsangebot, würde mit Sicherheit dazu beitragen, daß die Lehrer die heutigen Anforderungen im Vollzug besser bewältigen können.

Für einen Berufsanfänger sollte die Zusatzqualifikation Voraussetzung für die Ernennung zum Oberlehrer (A 13) sein. Das nachstehend aufgeführte Qualifizierungsmodell hat kurz- und mittelfristigen Charakter, wünschenswert wäre ein eigenständiges Ergänzungs- oder Aufbaustudium, berufsbegleitend mit einem entsprechenden Abschluß, alternativ eine Sonderschullehrer-Ausbildung mit entsprechender Spezialisierung (Lern- / Verhaltensgestörten-Pädagogik, Resozialisierung).

Dem neu eingestellten Lehrer ermöglicht die Weiterbildung zum einen das Erkennen der Bedingungen und Strukturen des Strafvollzuges, ohne die eine pädagogische Arbeit im Vollzug nicht praktizierbar ist, zum anderen schafft sie aber auch die Grundlage für die Befähigung zur Ausübung zukünftiger Leitungsfunktionen. Letzteres trifft auch auf den etablierten Lehrer zu, denn nur durch eine Zusatzqualifikation kann die Forderung nach Beförderungsämtern im Vollzug untermauert werden.

Struktur eines Qualifizierungsmodells

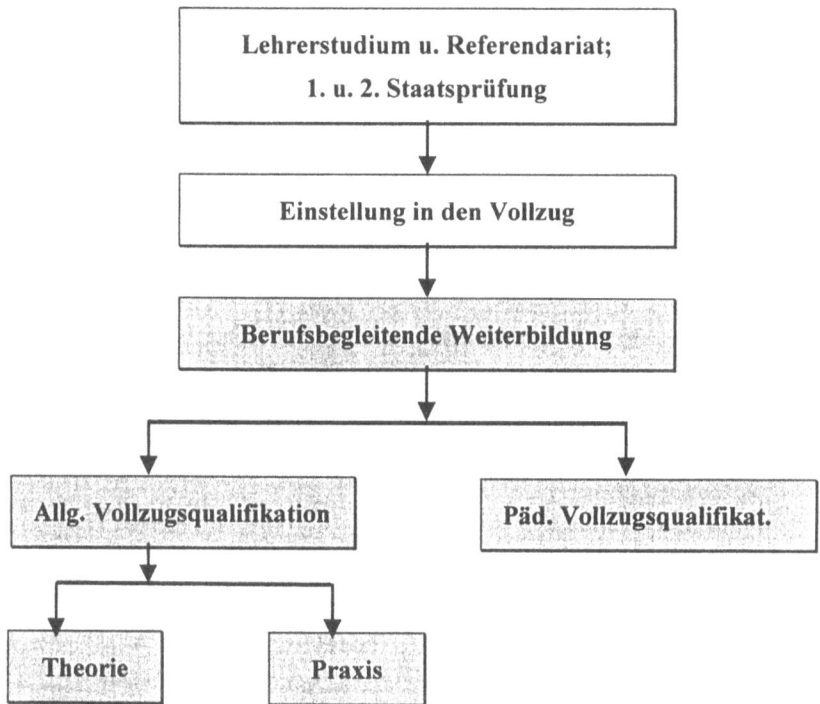

Voraussetzung für die Einstellung in den Vollzug ist zunächst eine Grundqualifikation, in der Regel ist dies die abgeschlossene Ausbildung an einer Hochschule mit der 1. und 2. Staatsprüfung für die Lehrämter an Grund- und Hauptschulen (Primar- und Sekundarstufe I), an Sonderschulen, an Realschulen (Sekundarstufe I) oder an Berufsschulen (Sekundarstufe II).

Der Eintritt in den Vollzug erfolgt frühestens nach dem Ablegen der 2. Staatsprüfung eines der o. a. Lehrämter, eine weitere Möglichkeit ist das Überwechseln nach einer gewissen Zeit im allgemeinen Schuldienst.

Nach der Einstellung beginnt die **berufsbegleitende Weiterbildung**, die auf die besondere Situation des Strafvollzuges zugeschnitten ist. Sie dient dem Erwerb einer **allgemeinen Vollzugsqualifikation** und ist dabei in theoretische und praktische Teile aufgegliedert:

• das Kennenlernen des Aufbaues einer JVA bzw. JA,

- die Hospitation in den verschiedenen Abteilungen einer Anstalt (Fachdienste, Verwaltung und AVD),
- die Einführung in die Bereiche Vollzugsgeschichte, vollzugsspezifische Verwaltungs- und Rechtskunde (StVollzG, JGG und UVollzO),
- Einführung in die Grundlagen des Haushaltsrechts (speziell die Titel „Lehr- und Lernmittel", „Bücherei", „Geräte" und „Freizeit"),
- Beamtenrecht bzw. BAT-Ordnung sowie amtlicher Schriftverkehr,
- Einführung in Struktur und Dynamik von Organisationen und
- Kennenlernen der JVA als Organisationseinheit mit ihren gruppendynamischen Prozessen.

Parallel dazu erfolgt die Vermittlung der pädagogischen Vollzugsqualifikation. Hier liegen die Schwerpunkte in folgenden Bereichen:

- Vertiefte Einführung in die *Methodik und Didaktik der Erwachsenenpädagogik* sowie das Bekanntmachen mit den *Erwachsenenbildungseinrichtungen*, die die Arbeit der Lehrer im Vollzug unterstützen und ergänzen können,
- Einführung in Theorie und Praxis des Sozial- und *Bildungsmanagements*, einschließlich Mitarbeiterführung, Teamarbeit, Kommunikationsstrategien und Motivationsförderung,
- Einführung in die Heil- und *Sonderpädagogik*; Kennenlernen der Methoden der Körper- und Bewegungstherapie, der Psychogymnastik u. ä. sowie deren Umsetzung und Anwendungsmöglichkeiten im Rahmen der Vollzugspädagogik,
- Einführung in die *Freizeitpädagogik*; Kennenlernen der Methoden zur Durchführung von Kursen in den Bereichen Sport, Basteln, Werken, Theater, Musik, Gefangenenzeitung u. ä.,
- Einführung in die *Kriminologie* und in die *Grundsätze der Kriminalpolitik*,
- Einführung in die *gesetzlichen Bestimmungen* schulischer und beruflicher Bildungsmaßnahmen, die für den Vollzug von Relevanz sind, wie nachträglicher Erwerb schulischer Abschlüsse, Fernstudium, Lehrverhältnisse sowie berufliche Umschulungs- und Weiterbildungsmaßnahmen,
- Einführung in die *Methodik der Gesprächsführung* bei Einzel- und Gruppengesprächen,
- Einführung in die *Methodik der Gruppenarbeit*; Kennenlernen des Ablaufes von gruppendynamischen Prozessen,
- Einführung in die Methodik und Didaktik des Individual- bzw. *Kleinstgruppenunterrichts*; Arbeit mit Analphabeten und lern- bzw. verhaltensgestörten Gefangenen,
- Einführung in die Methodik und Didaktik des *Unterrichts mit Ausländern* und
- Einführung in die Bildungsarbeit mit *Untersuchungsgefangenen*.

Schließlich ist es für diejenigen Lehrer, die eine Leitungsfunktion im pädagogischen Dienst oder aber im allgemeinen vollzuglichen Bereich anstreben, wichtig, daß sie Fähigkeiten erwerben bzw. verbessern, wie Teamarbeit, Kommunikationsstrategien, Motivationsförderung, Einfühlungsvermögen, Frustrationstoleranz und Mitarbeiterführung.

Die Qualifizierungsorte für die berufsbegleitenden Weiterbildungsmaßnahmen richten sich nach dem Inhalt: sie sollten entweder in einer oder noch besser in verschiedenen Justizvollzugsanstalten stattfinden (Theorie und Praxis), in Fortbildungseinrichtungen des Strafvollzugs und vor allem in Veranstaltungen der Bundesarbeitsgemeinschaft.

Die Qualifizierungsmaßnahmen könnten in eine Art Bausteinsystem aufgegliedert werden, wobei die theoretischen Abschnitte, die in ein- bis zweiwöchigen Seminaren der BAG und der Justizvollzugsschulen angeboten werden sollten (Beispiel: Einführungsseminar), kontinuierlich durch praktische Arbeit in den Justizvollzugsanstalten begleitet werden.

Die Zusatzqualifikation für Lehrer im Justizvollzug wird dem Berufsanfänger die Arbeit unter den besonders schwierigen Bedingungen des Strafvollzuges erleichtern und ihm die Möglichkeit des Aufstiegs in Beförderungsämter eröffnen. Hier schließt sich die Forderung an die Justizministerien an, einerseits die Möglichkeit einer berufsbegleitenden Weiterbildung nach dem oben beschriebenen Modell zu schaffen und anzuerkennen, andererseits aber auch Beförderungsämter (Höheren Dienst) bereitzustellen, um die Lehrer zu motivieren, sich weiterzuqualifizieren.

Zusammenfassung

Auch zukünftig werden alle Bereiche des Bildungswesens vom öffentlichen Schulwesen bis hin zur betrieblichen Fortbildung eine zentrale Rolle für den Bestand und die Fortentwicklung der Gesellschaft spielen. Komplexe Technologien und soziale Systeme erfordern ein fundiertes, umfangreiches Grund- und Fachwissen. Aber auch die Zunahme der durchschnittlichen Lebenserwartung, das „Entschwinden der Arbeitsgesellschaft" sowie der „Sockel" an Arbeitslosigkeit lassen es sinnvoll erscheinen, Junge wie Alte nicht nur für die „Arbeit" auszubilden, sondern auch hinsichtlich „Freizeit und Muße" zu bilden.

An den Bildungsdefiziten der Gefangenen hat sich in einem Jahrhundert praktisch nichts Wesentliches geändert und wird sich, wenn man den Prognosen glauben darf, auch zukünftig nichts ändern: Im Unterschied zur Normalbevölkerung besitzt ein großer Teil der Gefangenen nach wie vor weder Schul- noch Berufsabschluß. Je nach Untersuchung ist festgestellt worden, daß etwa 40 Prozent der erwachsenen Gefangenen nicht über einen Hauptschulabschluß verfügen und bis zu rund 85 Prozent der jugendlichen Gefangenen keine Berufsausbildung besitzen. Der Bildungs- und Qualifizierungsbedarf der Gefangenen dürfte in der Zukunft eher zunehmen.

Die Pädagogik hat ein verläßliches Repertoire an Fachtechniken entwickelt; anders könnte sie das hohe Bildungs- und Qualifikationsniveau gar nicht geschaffen haben und erhalten. Die Pädagogik selbst befindet sich also kaum in einer „Krise", sondern eher in einem Wandel, der gesellschaftlichen Tendenzen folgt; es sind mehr die unreflektiert von außen herangetragenen Anforderungen und Erwartungen, die nicht gleichzeitig, vollständig und widerspruchsfrei erfüllt werden können.

Erwartungen, Aufträge und Ansprüche an die Lehrer im Vollzug sind vielfältig und auf unterschiedlichen Ebenen formuliert. Dazu zählen insbesondere folgende Bereiche:

- Empfehlungen der UN und des Europarates zur Bildung und Erziehung im Justizvollzug,
- Bundesgesetze und Verwaltungsvorschriften (§ 2, 37, 38 StVollzG., § 91 JGG Nr. 32 und Nr. 33 VVJug, Nr. 1 und Nr. 46 UVollzO),
- Ausführungsvorschriften und Dienstanweisungen verschiedener Bundesländer.

Diese Empfehlungen, Gesetze, Vorschriften und Ausführungsbestimmungen definieren die Bildungsmaßnahmen als wesentlichen Faktor für das Erreichen des Vollzugsziels.

Wenn Vollzugspädagogik ganz allgemein zu selbständiger, eigenverantwortlicher und straffreier Lebensführung befähigen soll, nehmen Unterricht und Ausbildung eine zentrale Rolle ein, denn ohne eine ausreichende Beherrschung von Kulturtechniken ist eine selbständige Lebensbewältigung kaum befriedigend leistbar, und die zentrale Bedeutung der Berufsrolle für alle übrigen Bereiche ist unstrittig. Für alle Gefangenen, die von ihren gesamten Voraussetzungen dazu in der Lage sind, ist das traditionelle schulische und berufliche Bildungsangebot des Vollzuges vorzuhalten. Es gibt kein Behandlungsangebot des Vollzuges, das mehr Gefangene erreicht, wenn man Anzahl der Teilnehmer mal Zahl der Unterrichtsstunden (= Teilnehmerstunden) rechnet.

Der Lehrer an den öffentlichen Schulen findet, wenn er seine Tätigkeit beginnt, alles vor, was man als Lehrer benötigt: Gebäude, Schüler, Richtlinien, Schulbücher, Geräte, selbst seinen Stundenplan macht er nicht selbst. Anders der Vollzugslehrer: Wenn der seinen Dienst antritt, findet er gar nichts vor; sogar seine Schüler muß er sich selbst besorgen. Lehrer im Vollzug müssen daher, wenn auch in unterschiedlichen Anteilen, immer auch ein erhebliches Maß an Bildungsmanagement leisten. Da die „Anstaltsschule" durch das StVollzG nicht festgeschrieben worden ist, läßt sich diese Problematik auch nicht auflösen. Bei aller Theorie ist konkretes pädagogisches Handeln in besonderem Maße von der Persönlichkeit des Pädagogen abhängig.

Nach den bisherigen Erfahrungen und Umfragen ist der Vollzugslehrer überwiegend tätig als

- *Bildungsbeauftragter,*
- *Lehrgangsleiter,*

- *Unterrichtender in der Aus- und Fortbildung für Beamte und Gefangene*
- *Sportlehrer,*
- *Entscheidungsträger* (Erziehungsgruppenleiter, Abteilungsleiter, Vollzugsleiter etc.),
- *Leiter der Gefangenenbücherei und*
- *Freizeitkoordinator.* Darüber hinaus übernehmen Lehrer häufig
- *Sonderaufgaben.*

Pädagogisches Handeln und Arbeiten setzen Experimentier- und Risikobereitschaft, offene Wege und Verhältnisse voraus und sind sehr oft mit viel Arbeit und Aufwand verbunden. Eben diese Aktivitäten unterliegen jedoch meist der Praktikabilitätsprüfung der Verwaltung und der Genehmigung der vorgesetzten Stelle und werden allzuoft durch das Sicherheitsdenken in der Anstalt behindert. Die Erfahrung zeigt, daß nur dann im Vollzug etwas „bewegt" werden kann, wenn der Lehrer bereit ist, sich die Verwaltungs- und Rechtskenntnisse anzueignen, die erforderlich sind, um eventuelle Hindernisse aus dem Weg zu räumen. Nur in den wenigsten Fällen hat der Anstaltslehrer freien Zugang zu den für Ausbildung bzw. Unterricht bestimmten Haushaltstiteln und kann eigenverantwortlich die vorhandenen Mittel für seine Arbeit verwenden. Andererseits ist gerade Verwaltungshandeln nicht das, was sich die meisten Lehrer unter ihrer Berufstätigkeit vorgestellt haben.

Wenn es in den letzten Jahren gelegentlich Schwierigkeiten gab oder gibt, ausreichend Gefangene in den klassischen Kurskanon der Anstalten aufzunehmen, so dürften die Gründe nicht in dem mangelnden Bedarf an Bildung bei den Gefangenen zu suchen sein, sondern in einer Überforderung der Gefangenen durch diese Kurse.

Gerade bei diesen Gefangenen, aber auch bei den übrigen, ist es erforderlich, im Unterricht auch allgemeine verhaltens - und wertungsbezogene Lernziele anzustreben, die sich auf den affektiven und emotionalen Persönlichkeitsbereich des Gefangenen beziehen. Um die schwieriger gewordene Klientel zu erfolgreichen Bildungsabschlüssen bzw. zu größerer sozialer Kompetenz zu führen, bedarf es deswegen in den Bildungsmaßnahmen besonderer pädagogischer Hilfen.

Wenn es beispielsweise nicht mehr möglich ist, die Hauptschulkurse zu füllen, tut sich der Vollzug oftmals schwer, adäquate Vollzeitmaßnahmen gerade für diese schwache Klientel zu entwickeln. Prinzipien, die sich in der allgemeinbildenden Schule langsam durchzusetzen beginnen, scheitern im Vollzug noch an der „Schere im Kopf": Offene Schule, Projektunterricht, lebendiges oder selbstorganisiertes Lernen oder ein Ansatz, „Inhalte als Probleme erfahrbar zu machen", erscheinen als „strafunangemessene Vergünstigung" und streifen die Praxis allerhöchstens als Modellversuche. Wenn dann solche Ansätze in die „Freizeit" verwiesen werden sollen, müssen die Lehrer darauf hinweisen, daß bei dieser Klientel viele Jahre mißlungener schulischer und familiärer Sozialisation aufzuarbeiten sind und es eben wegen dieser ungünstigen Voraussetzungen auch erheblicher Zeiträume bedarf.

Im Kontext der Resozialisierung müssen sich die Gefangenen durch die Bildungsangebote eine Chance auf gesellschaftliche „Teilhabe" im weitesten Sinne erarbeiten können. In den Vollzugsanstalten sollte daher - abhängig von der Insassenstruktur - ein möglichst vielseitiges Bildungsprogramm angeboten werden. Dabei ist zu unterscheiden zwischen

- abschlußorientierten (in der Regel mit staatlicher Prüfung oder Vorbereitung darauf),
- nicht abschlußorientierten Vollzeitmaßnahmen sowie
- Bildungsmaßnahmen in der Freizeit.

Soweit es von seiten des Gefangenen zeitlich und fachlich möglich und sinnvoll erscheint, sollte seiner Teilnahme an einer abschlußbezogenen Bildungsveranstaltung, also insbesondere einem Schulabschluß oder einer Berufsausbildung, Priorität beigemessen werden.

Außerdem sollte bei der Betrachtung oder Planung von Bildungsangeboten der offene Vollzug im Auge behalten werden: Hier befinden sich überwiegend Gefangene geringer krimineller Vorbelastung und mit günstigeren Sozialprognosen. Das Erreichen des Vollzugsziels ist darüber hinaus durch die verhältnismäßig einfach herzustellenden Außenkontakte direkter möglich.

Die Konkurrenz „Arbeit versus Bildung" führt immer wieder zu Konfliktstoff im Vollzugsalltag, allerdings dürfte zur Zeit angesichts der hohen Arbeitslosigkeit in den meisten Anstalten bei gleichzeitiger Schwierigkeit der Lehrer, für die Einrichtung neuer Abgebote die finanziellen Mittel zusammenzubekommen, jeder neue Arbeitsplatz willkommen sein.

Weitere Grenzen in der Bildungsarbeit sind dem Lehrer im Vollzug mit den vorhandenen räumlichen Bedingungen gegeben. Unterricht und Bildungsarbeit setzen ein ansprechendes und zweckmäßiges Umfeld voraus, in dem der Anstaltslehrer seine Arbeit zu leisten hat. Außerdem gibt es natürlich keine Bildung für umsonst. Viele Bildungsangebote konnten nicht eingerichtet werden oder mußten eingestellt werden, weil der Vollzug, die Bundesanstalt für Arbeit oder andere „Geldgeber" keine Mittel bereitstellen konnten oder wollten, obwohl offensichtlich Bedarf und Interesse bei den Gefangenen vorhanden war. Das unterhöhlt den gesetzlichen Auftrag!

Für die pädagogische Ausgestaltung des Vollzuges ist es erforderlich, durch die Lehrer pädagogische Modelle und pädagogisches Denken Eingang in die Ausbildung des Allgemeinen Vollzugsdienstes finden zu lassen. Lehrer sollten sich daher an der Ausbildung beteiligen.

Wichtig ist zweifelsohne auch die (Weiter)-Qualifizierung der Lehrer im Vollzug und für den Vollzug. In der Regel erfahren Lehrer nach Ihrer Einstellung zunächst lediglich eine unsystematische, durch situative Zufälligkeiten bestimmte Einarbeitung in den Vollzug. Die Stellung des Lehrers im Vollzug könnte durch eine verbesserte Weiterbildung gestärkt werden. Für einen Berufsanfänger sollte die Zusatzqualifikation Voraussetzung für die Ernennung zum Oberlehrer (A 13) sein.

Bei den Vollzugslehrern kann von einer Krise des Berufsstandes nicht die Rede sein. Würde dies der Fall sein, dann könnte die Lehrerschaft im Vollzug nicht unverändert hervorragende Bildungsarbeit mit entsprechenden Ergebnissen, herausgehobenen Positionen und ein vielseitiges Einsatzspektrum vorweisen.

Die vorliegende Arbeit hat einerseits deutlich gemacht, daß durch die Arbeit der Lehrer im Vollzug ein wesentlicher Beitrag zum Erreichen des Vollzugszieles geleistet wird und das Berufsbild des Lehrers im Vollzug eine Vielfältigkeit aufweist, wie sonst bei kaum einem anderen Fachdienst.

Andererseits ist aber auch gezeigt worden, daß im beruflichen Alltag der Lehrer im Vollzug oftmals Lücken zwischen Anspruch und Wirklichkeit klaffen. Diese ließen sich schließen, wenn sich bei den institutionellen, personalen und qualifikatorischen Rahmenbedingungen der Bildungsarbeit im Vollzug bestimmte Veränderungen einstellten. Des weiteren haben wir festgestellt, daß es unerläßlich sein wird, eine wissenschaftlich begründete pädagogische Konzeption für den Vollzug zu erarbeiten, um die Legitimation der Bildungsarbeit zu stärken und um Kompetenzschwierigkeiten wirksam zu begegnen.

Nicht zuletzt sind aber die Lehrer selbst gefordert. Ohne Engagement, Kreativität sowie Risiko- und Kooperationsbereitschaft seitens der Pädagogen wird Bildungsarbeit im Vollzug nur Stückwerk bleiben und keine entscheidende rückfallmindernde Effizienz entwickeln.

Die Lehrer im Vollzug sind durchaus in der Lage, auch neue Aufgaben zu bewältigen und mit veränderten Herausforderungen Schritt zu halten. Vielleicht trägt diese Arbeit zu ihrer Unterstützung bei.

Anhang

Autoren und Quellennachweise

Prof. Dr. Max Busch (†) war zunächst Anstaltsleiter der Jugendstrafanstalt Wiesbaden, dann Hochschullehrer an der Gesamthochschule Wuppertal. Der Beitrag wurde abgedruckt in der ZfStrVo 3/90, S. 133-139.

Peter Caesar ist Justizminister des Bundeslandes Rheinland-Pfalz

Bernd Detmer ist Studienrat und Leiter der Schulabteilung der Jugendanstalt Hameln, Niedersachsen, und Schriftführer der Bundesarbeitsgemeinschaft.

Dr. Hans-Jürgen Eberle ist Hochschullehrer am Institut für Sozialpädagogik der Universität Hildesheim und als Vertreter der Bundesarbeitsgemeinschaft Mitglied der Schriftleitung der ZfStrVo. Der Beitrag ist erschienen in: BAG der Lehrer im JV (Hg.): Pädagogik im Justizvollzug, Herford 1988 (Selbstverlag)

Prof. Dr. Hermann Giesecke war Hochschullehrer für allgemeine Pädagogik und Sozialpädagogik an der Universität Göttingen und ist Verfasser vieler Standardwerke. Das Referat wurde am 18.05.1998 auf der Bundesarbeitstagung in Ludwigshafen gehalten.

Dr. Wolfgang Gödl ist Oberstaatsanwalt und leitet im Bundesministerium für Justiz, Wien, die Abteilung Strafvollzug. Es handelt sich um die ausgearbeitete Fassung eines Redebeitrages, der am 20.05.1998 auf der Bundesarbeitstagung im Rahmen der Podiumsdiskussion „Perspektiven des Behandlungsvollzuges in einem Europa offener Grenzen" gehalten wurde.

Herbert Hilkenbach war Leiter der Jugendanstalt Herford und von 1970 bis 1994 erster Vorsitzender der Bundesarbeitsgemeinschaft der Lehrer. Das Referat wurde am 18.05.1998 auf der Bundesarbeitstagung in Ludwigshafen gehalten.

Prof. Dr. Dr. Heinz Müller-Dietz war Hochschullehrer der Rechtswissenschaft an der Universität des Saarlandes, Saarbrücken, und ist Schriftleiter der „ZfStrVo" sowie Mitherausgeber eines Kommentars zum StVollzG. Sein Beitrag basiert auf einem Referat, das auf der Bundestagung der BAG am 17.05.1993 in Wels (Österreich) gehalten und anschließend überarbeitet in der ZfStrVo 5/93, S. 259-267, abgedruckt worden ist.

Manuel Pendon (†) war Rektor an der JVA Zweibrücken, Rheinland-Pfalz, und von der Bundesarbeitsgemeinschaft als ihr Vertreter Mitglied der Schriftleitung der ZfStrVo. (Manuel Pendon ist auf dem Höhepunkt seiner beruflichen Tätigkeit an den Folgen eines Verkehrsunfalles verstorben.)

Max Weidenhiller ist Hauptlehrer an der JVA Laufen Lebenau, Bayern.

Klaus Winchenbach ist Leiter der JVA Butzbach und stellvertretender Vorsitzender der Bundesarbeitsgemeinschaft der Anstaltsleiter. Das Referat wurde am 18.05.1998 auf der Bundesarbeitstagung in Ludwigshafen gehalten.

Peter Bierschwale ist Studienrat und Leiter der Pädagogischen Abteilung der JVA Celle, Niedersachsen. 1997 wurde er in Recklinghausen zum 1. Vorsitzenden der Bundesarbeitsgemeinschaft gewählt. Das Referat wurde auf einer öffentlichen Veranstaltung der Landesarbeitsgemeinschaft der Lehrerinnen und Lehrer im Justizvollzug des Bundeslandes Niedersachsen gehalten und in der ZfStrVo 2/97, S. 67-76, abgedruckt.

Europarat Ministerkomitee:
Empfehlung Nr. R (89) 12
des Ministerkomitees an die Mitgliedstaaten über die Weiterbildung im Strafvollzug

(Angenommen vom Ministerkomitee am 13. Oktober 1989 bei der 429. Tagung der Ministerbeauftragten)

Das Ministerkomitee, nach Artikel 15 Buchstabe b der Satzung des Europarats,

in der Erwägung, daß das Recht auf Bildung ein Grundrecht ist;

in Anbetracht der Bedeutung der Bildung für die Entwicklung des einzelnen und der Gesellschaft;

in der besonderen Erkenntnis, daß ein Großteil der Gefangenen auf dem Bildungsweg wenig erfolgreich gewesen ist und deshalb jetzt einen vielfältigen Bildungsbedarf hat;

in der Erwägung, daß die Weiterbildung im Strafvollzug dazu beiträgt, den Strafvollzug menschlicher zu gestalten und die Haftbedingungen zu verbessern;

in der Erwägung, daß Weiterbildung im Strafvollzug ein wichtiges Mittel ist, um die Rückkehr des Gefangenen in die Gesellschaft zu erleichtern;

in der Erkenntnis, daß es bei der praktischen Umsetzung bestimmter Rechte oder Maßnahmen gemäß den folgenden Empfehlungen gerechtfertigt sein kann, zwischen Strafgefangenen und Untersuchungsgefangenen zu unterscheiden;

in Anbetracht der Empfehlung Nr. R (87) 3 über die Europäischen Strafvollzugsgrundsätze und der Empfehlung Nr. R (81) 17 über die Erwachsenenbildungspolitik,

empfiehlt den Regierungen der Mitgliedstaaten, politische Maßnahmen zu treffen, die Folgendem Rechnung tragen:

1. Alle Gefangenen haben Zugang zur Weiterbildung, die Schulfächer, berufliche Bildung, kreative und kulturelle Aktivitäten, Sport, Sozialerziehung und die Möglichkeit, eine Bücherei zu benutzen, umfassen sollte.

2. Die Weiterbildung für Gefangene sollte der für entsprechende Altersgruppen außerhalb der Anstalt vorgesehenen Weiterbildung vergleichbar und das Lernangebot für Gefangene so breit wie möglich sein.

3. Die Weiterbildung im Strafvollzug sollte die Weiterentwicklung des gesamten Menschen unter Berücksichtigung seiner sozialen, wirtschaftlichen und kulturellen Lebensumstände zum Ziel haben.

4. Alle an der Strafvollzugsverwaltung und der Anstaltsleitung Beteiligten sollten die Weiterbildung möglichst weitgehend erleichtern und unterstützen.

5. Weiterbildung sollte im Strafvollzug keinen geringeren Stellenwert haben als Arbeit, und die Gefangenen sollten durch ihre Teilnahme an Weiterbildungsmaßnahmen keine finanziellen Nachteile haben.

6. Es sollten alle Anstrengungen unternommen werden, um den Gefangenen zu ermutigen, in allen Bereichen der Weiterbildung aktiv teilzunehmen.

7. Es sollten Fortbildungsprogramme vorgesehen werden, um sicherzustellen, daß das in der Anstalt tätige Lehrpersonal geeignete Methoden der Erwachsenenbildung anwendet.

8. Besondere Aufmerksamkeit sollte Gefangenen mit besonderen Schwierigkeiten, speziell denjenigen mit Lese- oder Rechtschreibproblemen zukommen.

9. Die berufliche Bildung sollte die umfassendere Entwicklung des einzelnen zum Ziel haben und Tendenzen auf dem Arbeitsmarkt berücksichtigen.

10. Gefangene sollten mindestens einmal wöchentlich unmittelbaren Zugang zu einer gut bestückten Bücherei haben.

11. Sport für Gefangene sollte stärker betont und gefördert werden.

12. Kreativen und kulturellen Tätigkeiten sollte eine bedeutende Rolle beigemessen wenden, weil diese Tätigkeiten den Gefangenen besondere Möglichkeiten der Selbstentfaltung und des eigenen Ausdrucks bieten können.

13. Die Sozialerziehung sollte praktische Elemente enthalten, die den Gefangenen befähigen, mit dem täglichen Leben im Strafvollzug zurechtzukommen, um so seine Wiedereingliederung in die Gesellschaft zu erleichtern.

14. Gefangenen sollte nach Möglichkeit die Teilnahme an Weiterbildungsmaßnahmen außerhalb der Anstalt gestattet werden.

15. Muß die Weiterbildung innerhalb der Anstalt erfolgen, so sollte die Außenwelt möglichst umfassend mit eingebunden werden.

16. Es sollten Maßnahmen getroffen werden, damit die Gefangenen nach der Entlassung ihre Weiterbildung fortsetzen können.

17. Gelder, Ausstattung und Lehrkräfte, die für eine angemessene Weiterbildung der Gefangenen nötig sind, sollten bereitgestellt werden.

(Übersetzung aus dem Englischen)

Themen und Orte der Bundesarbeitstagungen

1.	1958	Butzbach	Gründungsversammlung
2.	1959	Bad Honnef	Der Weg und die Lehre vom Weg
3.	1960	Würzburg	Bildungsideal oder Leitbild - Anlage und Umwelt
4.	1961	Hameln	Die pädagogische Situation im Strafvollzug
5.	1962	Schwäbisch Hall	Strafvollzug und Öffentlichkeitsarbeit
6.	1963	Zweibrücken	Musische Bildung und Freizeitgestaltung im Strafvollzug
7.	1964	Kassel	Erwachsenenbildung im Strafvollzug
8.	1965	Nürnberg	Pädagogik und Soziologie im Strafvollzug
9.	1966	Köln	Die Methodik der Erwachsenenbildung
10.	1967	Freiburg	Bildung im Strafvollzug - Suche nach neuen Wegen
11.	1968	Helmstedt	Gefährdete Jugend im geteilten Deutschland
12.	1969	Straubing	Bildungsmöglichkeiten und Bildungswege im Strafvollzug
13.	1970	Berlin	Studienwoche in Berlin
14.	1971	Heilbronn	Des Berufsbild des Lehrers
15.	1972	Lübeck	Das Strafvollzugsgesetz - Eine Chance für die Pädagogik?
16.	1973	Zweibrücken	Berufliche Bildung im Strafvollzug
17.	1974	Amberg	Straffälligenpädagogik und Öffentlichkeit
18.	1975	Siegburg	Pädagogische Aspekte im künftigen Strafvollzug
19.	1976	Ludwigsburg	Schwerpunkte der Vollzugspädagogik
20.	1977	Vechta	Die Mitarbeit der Gefangenen im Vollzug
21.	1978	Butzbach	Berufsvorbereitung u. Weiterbildung des Allgemeinen Vollzugsdienstes unter pädagogischen Aspekten
22.	1979	Bernau	Behandlung im Vollzug - Realität und Perspektiven

23.	1980	Schwäbisch Hall	Lernen mit Gefangenen
24.	1981	Münster	Pädagogik im Justizvollzug
25.	1982	Straubing	Arbeitsfelder des Lehrers im Strafvollzug
26.	1983	Saarlouis	Pädagogik im Strafvollzug - international
27.	1984	Hameln	Justizvollzug in Niedersachsen unter pädagogischem Aspekt
28.	1985	Freiburg	Die Aufgaben des Strafvollzugs - kritisch gesehen
29.	1986	Bremen	Bildung und Sozialisation
30.	1987	Kassel	Externe Bildungsträger im Strafvollzug
31.	1988	Augsburg	30 Jahre BAG
32.	1989	Zweibrücken	Allgemeine u. berufliche Bildung im Strafvollzug - Gegensätze?
33.	1990	Hamburg	Soziales Lernen als Prinzip für die Gestaltung des Strafvollzuges
34.	1991	Ebermannstadt	Die Tätigkeit des Lehrers unter den derzeitigen Bedingungen im Strafvollzug
35.	1992	Berlin	Perspektiven vollzuglicher Bildungsarbeit
36.	1993	Wels/Ö.	Bildungsarbeit im Strafvollzug - grenzübergreifend
37.	1994	Malente	Erziehung - Behandlung - Sicherheit
38.	1995	Ravensburg	Der Lehrer im Justizvollzug - Standortbestimmung und Zukunftsperspektiven
39.	1996	Markersbach	Gewalt - Herausforderung an die Lehrer
40.	1997	Recklinghausen	Integration in die Arbeitswelt als Ziel der Bildungsarbeit im Vollzug
41.	1998	Ludwigshafen	40 Jahre BAG der Lehrer - Tradition und Herausforderung der Pädagogik im Justizvollzug

Lösel, Friedrich / Pomplun, Oliver
Jugendhilfe statt Untersuchungshaft
Eine Evaluationsstudie zur Heimunterbringung
Studien und Materialien zum Straf- und Maßregelvollzug, Band 7,
1998, 196 S , ISBN 978-3-8255-0247-8, ca 60,- DM

Die Arbeit ist der Abschlußbericht eines Forschungs-
projeks über die Unterbringung jugendlicher Tatver-
dächtiger im nachts geschlossenen St Severinhaus
des Jugenddorfs Piusheim/Glonn Dort besteht die
Möglichkeit, 14- bis 17-jährige Tatverdächtige zur Ver-
meidung der Untersuchungshaft bis zur Hauptverhand-
lung unterzubringen und pädagogisch zu betreuen
   Die Studie dokumentiert und analysiert u a die
Maßnahme, untersucht die personellen Durchfüh-
rungsbedingungen und Akzeptanz bei bayrischen Ju-
stiz- und Jungendhilfeeinrichtungen, beschreibt die
Klientel und den Unterbringungsverlauf sowie die straf-
rechtliche Entwicklung der Jugendlichen Das Buch
bietet darüber hinaus Vorschläge zur weiteren Entwicklung des Angebots und liefert einen empirisch
fundierten Beitrag zur aktuellen Diskussion um die
Heimunterbringung schwer delinquenter junger Menschen

Ommerborn Rainer / Schuemer, Rudolf
Fernstudium im Strafvollzug
Eine empirische Untersuchung
Studien und Materialien zum Straf- und Maßregelvollzug, Band 6,
1999, 252 S , br , ISBN 978-3-8255-0232-4, ca 50,- DM

Bildungsmaßnahmen für Inhaftierte gehören zu den
unverzichtbaren Instrumenten des Strafvollzugs bei
dem Bemühen, Gefangene in die Lage zu versetzen,
„künftig in sozialer Verantwortung ein Leben ohne
Straftaten zu führen" (§ 2 StVollzG) Die Studie befaßt
sich mit den Möglichkeiten für Inhaftierte, ein universi-
täres „Fernstudium in Haft" zu absolvieren Durch die
Befragung von inhaftierten Studierenden der FernUniversität über ihre Erfahrungen mit dem Fernstudium
werden völlig neue Aufschlüsse über die Studiensitua-
tion gewonnen Es werden u a aus der Sicht der direkt
Betroffenen Vorschläge zur Optimierung des Studiums
gemacht, Vorstellungen zum verstärkten Einsatz neuer
Medien sowie die Erfahrungen ausländischer Fern-
studieneinrichtungen dargelegt

Pecher, Willi
Tiefenpsychologisch orientierte
Psychotherapie im Justizvollzug
Eine empirische Untersuchung der Erfahrungen
und Einschätzungen von Psychotherapeuten
in deutschen Gefängnissen
Studien und Materialien zum Straf- und Maßregelvollzug, Band 8,
1999, 300 + X S , br , ISBN 978-3-8255-0234-8, ca 60,- DM

Das Buch beschreibt und interpretiert Einstellungen,
Erfahrungen und Meinungen von tiefenpsychologisch
orientierten Psychotherapeuten im Justizvollzug
Wechselwirkungen zwischen Therapie und institutio-
nellem Zwangsrahmen bilden das Zentrum der Betrachtung Das Modell der Behandlung in besonderen
Einrichtungen (Sozialtherapie, Behandlungsgruppe)
berücksichtigt besser die Persönlichkeitsmerkmale
Delinquenter als ein 'quasi-ambulantes' Setting in Anlehnung an eine Psychotherapie in Freiheit

Rassow, Peter
Bibliographie Gefängnisseelsorge
Studien und Materialien zum Straf- und Maßregelvollzug, Band 5,
1998, 296 S , br , ISBN 978-3-8255-0196-9, 59,80 DM

Die Bibliographie bietet erstmals eine Ubersicht über
Publikationen zum Stichwort „Gefängnisseelsorge"
Erfaßt sind 1474 deutschsprachige Einzel- und Sam-
melwerke und in ihnen enthaltene Beiträge und Ein-
zeltitel Die Titelaufnahme wurde 1995 abgeschlossen,
die früheste Eintragung datiert aus dem Jahr 1528
Zudem enthält das Buch 229 nach 1945 publizierte
fremdsprachige Titel
   Der Autor hat der überwiegend nach Zeitabschnit-
ten geordneten Literatur kurze Überblicke vorange-
stellt, die die „Rolle der Seelsorge im Gefängnis heute"
sowie die Entwicklung der „Diskussionsthemen" be-
schreiben Neben einem umfassenden Einblick in die
Literatur erhält der Leser somit zugleich eine Orientierung und Einführung in die Thematik

MIX

Papier | Fördert
gute Waldnutzung

FSC® C083411

Zeitfracht Medien GmbH
Ferdinand-Jühlke-Straße 7
99095 Erfurt, Deutschland
produktsicherheit@kolibri360.de